start speaking languages immediately using essential phrases.

국가대표 스페인어 회화능력자

꼭 필요한 만큼, 지금 당장
'나의 스페인어 회화 능력'을
장착할 수 있는 방법이 있습니다!

pattern
Spanish

국가대표 스페인어 회화능력자

저자_ 임주인

1판 1쇄 인쇄_ 2017. 06. 25.
1판 1쇄 발행_ 2017. 07. 01.

발행처_ 북커스베르겐
발행인_ 신은영

등록번호_ 제313-2009-217호
등록일자_ 2009. 10. 6.

주소_ 경기도 고양시 일산동구 장항동 742-1 한라밀라트 B동 215호
전화_ 02) 722-6826 팩스_ 031) 911-6486

값은 표지에 있습니다.
ISBN 978-89-97343-23-2 14700
978-89-963283-5-3 (세트) 14700

「이 도서의 국립중앙도서관 출판시도서목록(CIP)은 서지정보유통지원시스템 홈페이지
(http://seoji.nl.go.kr)와 국가자료공동목록시스템(http://www.nl.go.kr/kolisnet)에서
이용하실 수 있습니다. (CIP제어번호: CIP2017013888)」

이메일_ bookersbg@naver.com

북커스베르겐은 **옥당**의 외국어 출판브랜드입니다.

It focuses on **conversation** with **fluency** and confidence.

Start speaking languages immediately using essential phrases.

국가대표 스페인어 회화능력자

pattern Spanish

It focuses on conversation with fluency and confidence.

{스페인어 회화능력, 얼마큼 필요하십니까?}

취업용 면접, 자기소개 등에 필요한 필수 핵심 회화 표현들이 있습니다!

국가대표 스페인어 회화능력자는 여러분의 회화능력을 완벽하게 지원합니다.

스페인어 회화능력,
이 정도면 어떻습니까?

안녕하십니까?

인사표현

저는 이미노라고 합니다.
저의 장점은 조직능력입니다.

현재의 나 자신을 설명하는 표현

저는 한국인/서울 출신/대학생/미혼/채식주의자/천주교인/비흡연가입니다.
저는 창조적/협업능력/책임감/소통능력이 있습니다.
저의 장점은 정확성/유연성/분석적 사고입니다.

저는 마케팅과 경제정보 복수학위가 있습니다.
저는 고객관리 분야에 경험이 있습니다.

내가 가진 모든 것을 설명하는 표현

저는 시장조사/소프트웨어 개발/회계 분야에 경험이 많습니다.
저는 SQL / JAVA / MS 운용에 능합니다.

저는 3개 국어를 할 수 있습니다.
저는 저의 지식을 넓혀 갈 것입니다.

내가 하고 있는 것, 내가 할 수 있는 것을 설명하는 표현

항상 역사 공부를 합니다./독서를 통해 외국어를 배우고 있습니다./
저는 페이스북을 자주 사용합니다./저는 행동하기 전에 두 번 생각합니다./
한계는 없습니다./결과에 달려 있습니다./저는 이것을 귀사에 약속합니다./
저는 귀사에 지원하고자 합니다.

그리고 저는 저의 최선을 다할 것입니다.
귀사에서 저의 능력을 발전시키고 싶습니다.

미래의 나, 희망과 포부, 의지의 표현

저는 인턴십을 통해 많은 경험을 쌓았습니다./
저는 주로 이 분야에서 일했습니다./이 분야에 대한 충분한 정보를 모았습니다./
저는 저의 능력을 확장하고 싶습니다./저는 귀사에서 프로그래머로서 일하고 싶습니다.

감사합니다.

감사표현

영어로 하면 I am ~, I can ~, I will ~ 까지
지금의 나와, 나의 능력, 그리고 앞으로의 나의 의지까지
자유자재로 표현할 수 있는 정도! 이 정도면 훌륭한 자기소개가 됩니다!

그래서 준비했습니다! 국가대표 회화능력자!

꼭 필요한 만큼, 바로 당장 '나의 회화 능력을 키울 수 있는 방법'이 있습니다!

국가대표 스페인어 회화능력자는 전체 5개 섹션으로 이루어져 있습니다.

초강력 회화능력을 위해 꼼꼼하게 구성하였습니다!

1st Section 워밍업 섹션 : 인사표현 패턴

S1 1st Section 은 최소의 단어로 이루어진 초간단 표현입니다.
인사 표현/감사 표현/부탁 표현/부정 표현 등을 정리했습니다.

2nd Section I am 섹션 : 핵심동사 패턴

S2 2nd Section 은 3대 핵심동사입니다.
(영어의 be 동사와 have 동사에 해당합니다.)

3rd Section I can 섹션 : 중요동사 패턴

S3 3rd Section 은 대표적인 중요동사를 테마별로 정리했습니다.
행위/감각/학습/계획/생각 등을 표현하는 동사 모음입니다.

4th Section I can 섹션 : 핵심문법 패턴

S4 4th Section 은 핵심문법을 정리했습니다.
비인칭문, 재귀동사, 의문문, 조동사 등 문법의 핵심요소입니다.

5th Section I will 섹션 : 중요문법 패턴

S5 5th Section 은 중요문법 패턴을 정리하였습니다.
명령문, 시제, 접속법 등 매우 자주 사용하는 표현입니다.

**영어로 하면 I am ~, I can ~, I will ~ 까지
지금의 나와, 나의 능력, 그리고 앞으로의 나의 의지까지
자유자재로 표현할 수 있는 정도! 훌륭한 자기소개 능력이 될 수 있습니다!**

이렇게 공부하면 핵-효과!
국가대표 회화능력자!

여러분의 회화능력을 탄탄하게 만들어 줄 최적의 방법이 딱 있습니다!

국가대표 회화능력자가
바로 그 해결책입니다.

여러분이 당장 하고 싶은 표현부터 체크하고 시작하십시오!

국가대표 회화능력자는
어떤 페이지에서
시작해도 됩니다!

처음으로 시작하는 완전초보 여러분은 부록 1의 알파벳과 발음법부터 시작하세요!

국가대표 회화능력자가
알파벳과 발음법을
30분 만에 끝냅니다!

궁금한 문법사항! 조금 더 문법이 필요하시면 부록 2를 참고하시면 됩니다!

국가대표 회화능력자가
문법 핵심을
한눈에 파악할 수 있도록
요약정리했습니다!

학습효과를 극대화하는 방법을 활용하십시오!

1.
본인에게 가장 먼저 필요한 **섹션**을 **선택**합니다.
어느 섹션을 먼저 시작해도 학습이 가능할 수 있도록
최대한 고려하여 구성했습니다.
(매 단락마다 중복으로 단어를 정리하였습니다.)

2.
선택한 섹션의 각각의 패턴으로 가서,
먼저 **'기본패턴의 핵심'**을 **이해**합니다.

3.
'기본패턴의 연습' 8문장 중 본인에게 필요가 느껴지는
문장 3~4개를 **체크**하고, **MP3 일련번호**를 이용하여
듣기연습을 반복합니다.

4.
체크한 패턴, 필요한 섹션 파트를 **짧은 시간 내에 일독**하시고,
다음 **반복 시에는 문장을 늘려** 갑니다.
이때 확장 패턴이나 응용 대화문을 함께 공부하는 것이 좋습니다.

5.
학습을 시작하기 전에 제일 먼저 **QR 코드**를 **스캔**하여,
학습 가이드 You Tube 영상 튜토리얼을 **감상**합니다.

QR 코드를 **핸드폰 스캔**하시면
YouTube 영상 튜토리얼이
곧바로 **재생**됩니다.

The **basics** of **grammar** and **sentence construction!**

The most useful **phrases** and **expressions!**

1st Section
S1 워밍업 섹션 :

2nd Section
S2 핵심동사 섹션 :

contents

3rd Section
S3 중요동사 섹션 :

The **basics** of **grammar** and **sentence construction**!

The most useful **phrases** and **expressions**!

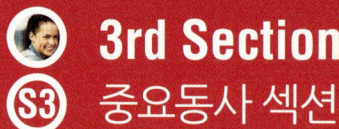

contents

The **basics** of **grammar** and **sentence construction**!

The most useful **phrases** and **expressions**!

4th Section
S4 핵심문법 섹션 :

The focus is on **conversation** and **communication**.

Start **speaking languages** immediately using **essential phrases**.

It focuses on conversation with fluency and confidence.

The **basics** of **grammar** and **sentence construction**!

The most useful **phrases** and **expressions**!

contents

5th Section
S5 중요문법 섹션 :

The basics of grammar and sentence construction!

The most useful phrases and expressions!

Presenting the **core concepts** you need to **write** and **speak**.
It focuses on the **core concepts** you need to **communicate**.

contents

The focus is on **conversation** and **communication**.

Start **speaking languages** immediately using **essential phrases**.

Start speaking languages immediately using essential phrases.
1st Section
Presenting the core concepts you need to write and speak.
It focuses on the core concepts you need to communicate.
Start speaking languages immediately using essential phrases.

It focuses on **conversation** with **fluency** and confidence.
It focuses on conversation with fluency and confidence.
With this book you will **learn languages** with thousands **of customizable phrases**.

1st Section

pattern Spanish

워밍업 섹션 : 초간단 인사 패턴!

1st Section 은 **최소의 단어**로 이루어진 **초간단 표현**입니다.
발음법도 **연습**하고, **스페인어**의 **뉘앙스**도 느껴보는 **코너**입니다.

Start speaking languages immediately using essential phrases.

1st Section
워밍업 섹션 :

1st Section 은 최소의 단어로 이루어진 간단한 표현입니다.
발음법도 연습하고, 스페인어의 뉘앙스도 맛보는 코너입니다.
(본격적인 문장에 도전하고 싶은 분은 바로 **2nd Section** 으로 이동하십시오!)

다음 섹션부터 충분한 문법내용을 소개해 드릴 것입니다.
때문에 이번 섹션의 '단어정리' 부분은 그냥 스킵하면서 진행하셔도 됩니다.

Part 01. 인사/감사 표현, 2줄요약!

❶ **¡Bueno ~!** (좋은 ~!) / **¡Hasta ~!** (~에 만납시다!)의 인사표현을 정리했습니다.
❷ **Gracias ~.** (~ 감사합니다.)의 감사표현을 정리했습니다.

Part 02. 부탁/부정 표현, 2줄요약!

❶ **¡~, por favor ~!** (~, 부탁합니다!)의 부탁표현을 정리했습니다.
❷ **¡No ~!** (~ 하지 마세요!), **¡No es ~!** (~ 아닙니다.)로 말하는 부정표현을 정리했습니다.

Learn foreign language!
Spanish

Part 1. It's a completely new way to learn foreign language! | Pattern 001

¡Buenos(as) ~! [부에노스(나스) ~!]
좋은 ~입니다!

❶ 기본패턴의 핵심!

❶ ¡Buenos días! 는 영어의 Good morning! 과 같은 인사표현입니다.
❷ ¡Buenos días! 는 buenos (좋은 : 형용사) + días (날 : 남성명사)입니다만,
인사표현이기 때문에 따질 필요 없이 그냥 통째로 연습하시면 됩니다.
❸ 스페인어는 하루 중의 시간대 별로 인사표현이 따로 있으며, 대부분 ¡Buenos(as) ~! 의 형태입니다.
❹ 스페인어의 감탄문은 느낌표가 앞뒤로 있는데 앞에는 거꾸로 ¡ 를 찍고, 뒤에는 ! 를 찍습니다.

❷ 기본패턴의 연습!

p001-01	¡Buenos días!	좋은 아침입니다! (안녕하세요!)
p001-02	¡Buenas tardes!	좋은 오후입니다!
p001-03	¡Buenas noches!	좋은 저녁입니다! (안녕히 주무세요!)
p001-04	¡Buena suerte!	행운을 빕니다!
p001-05	¡Buen viaje!	좋은 여행하세요!
p001-06	¡Buena idea!	좋은 아이디어입니다!
p001-07	¡Buen día!	좋은 날입니다!
p001-08	¡Buen provecho!	맛있게 드세요!

● ¡Buenas noches! 는 noches (밤)이 여성(복수)명사이기 때문에 buenas 입니다.
(명사, 관사 그리고 형용사에 대해서는 다음 섹션에서 찬찬히 살펴 보겠습니다.)
● ¡Buen provecho! 에서 provecho (유익)은 음식으로 건강에 '유익하다'는 의미로
'맛있게 드세요!'가 되었습니다.
● el día (날/일/낮), la tarde (오후), la noche (저녁), la suerte (행운),
el viaje (여행), la idea (아이디어), el provecho (유익)

pattern

워밍업 섹션 : 초간단 인사 패턴!

1st Section 은 **최소의 단어**로 이루어진 **초간단 표현**입니다.
발음법도 **연습**하고, **스페인어**의 **뉘앙스**도 느껴보는 **코너**입니다.

P 001

❸ 기본패턴의 확장!

p001-09	¡Feliz Navidad!	즐거운 성탄절입니다!
p001-10	¡Feliz cumpleaños!	즐거운 축일입니다! (생일 축하합니다!)

● **bueno** (좋은) 대신에 형용사 **feliz** (즐거운/기쁜)을 사용하기도 합니다.
● 스페인어 단어의 **z** 는 중남미에서 **s** 에 가깝게 발음하고, 스페인에서는 영어 **thirty** 의 **th** 에 해당하는 [θ] 로 발음합니다. 서로 약간 다르게 발음하는 부분이 있습니다.
● **feliz** (즐거운/기쁜), **la Navidad** (크리스마스), **el cumpleaños** (생일/탄생일 : 단수/복수 동형 명사)

❹ 기본패턴의 응용!

p001-11	A) ¡Buenos días, señor Lee!	이 씨(선생님), 안녕하세요!
p001-12	B) ¡Buenos días, señorita Lee!	이 양, 안녕하세요!
p001-13	A) ¡Buenas tardes, profesor Kim!	김 교수님, 안녕하세요!
p001-14	B) ¡Buenas tardes, Carlos!	까를로스, 안녕하세요!

● **Señor Lee** (이 씨), **señorita Lee** (이 양). 남녀의 호칭입니다. 결혼한 여성의 경우, **señora** 입니다
● 직업을 나타낼 경우, '정관사+직업명+성'으로 표시하지만, 여기에서는 '호격(부르는 말)'을 나타내므로 정관사를 생략합니다. (**El señor Kim es profesor de español.** 김 씨는 스페인어 선생입니다.)
● **profesor** 는 남자 교수이며, **profesora** 는 여자 교수입니다. (다음 섹션 '직업명' 부분에서 설명합니다.)
el profesor Kim / la profesora Kim ((남자) 김교수 / (여자) 김교수)
● **el señor** (씨/님), **la señorita** (부인/여사), **el/la** (정관사 남/녀 단수),
el(la) profesor(a) (남자 교수/여자 교수)

● The focus is on **conversation** and **communication**.
● Start **speaking languages** immediately using **essential phrases**.

Learn foreign language!
Spanish

Part 1. It's a completely new way to learn foreign language! | Pattern 002

¡Hasta ~! [아스따 ~!]
~에 만납시다! (헤어질 때 인사)

❶ 기본패턴의 핵심!

❶ **Hasta** 뒤에 때를 나타내는 말을 붙이면 '~에 만납시다'가 됩니다. 헤어질 때 나누는 인사말입니다.
❷ **Hasta** 의 **h** 는 발음이 되지 않으므로 '하스따'가 아니라 '아스따'입니다.
❸ **¡Hasta ~!** 를 활용하면 다양한 표현이 가능합니다.

❷ 기본패턴의 연습!

p002-01	**¡Hasta pronto!**	곧 만나요!
p002-02	**¡Hasta el lunes!**	월요일에 만나요!
p002-03	**¡Hasta mañana!**	내일 만나요!
p002-04	**¡Hasta luego!**	나중에 만나요!
p002-05	**¡Hasta más ver!**	또 만나요!
p002-06	**¡Hasta la tarde!**	오후에 만나요!
p002-07	**¡Hasta ahora!**	조금 후에 만나요!
p002-08	**¡Hasta la vista!**	안녕히 가세요!/안녕히 계세요!

- 헤어질 때 인사에서 **hasta** 대신에 **¡Nos vemos!** 도 많이 사용합니다.
- **mañana** 앞에 정관사가 오면 '오전/아침'이고, 관사 없이 쓰면 '내일'이라는 뜻입니다.
- **¡Hasta luego!** (안녕히 가세요!) **luego** (나중에)와 함께 쓰여 '나중에 만나요!'의 뜻도 됩니다.
- **¡Hasta la vista!** (안녕히 가세요!)를 직역하면 '(다시) 만날 때까지!'로 작별인사입니다.
- **pronto** (곧), **el lunes** (월요일), **mañana** (내일), **luego** (나중에), **más** (더), **ver** (보다), **la tarde** (오후), **ahora** (지금), **la vista** (만남)

The basics of grammar and sentence construction!
The most useful phrases and expressions!

워밍업 섹션 : 초간단 인사 패턴!

1st Section 은 **최소의 단어**로 이루어진 **초간단 표현**입니다.
발음법도 **연습**하고, **스페인어**의 **뉘앙스**도 느껴보는 **코너**입니다.

P 002

❸ 기본패턴의 확장!

p002-09	**¡Adiós!**	**안녕히 가세요!**
p002-10	**¡Chao!**	**잘 가!**

- **¡Adiós!** 는 **A** (~에게 : 전치사)와 **Dios** (신)이 합쳐진 말로 헤어질 때 하는 인사말입니다. 그리고 **¡Gracias a Dios!** 라고 하면 '덕분에.', '감사하게도.'의 의미로 쓰입니다.
- **¡Adiós!** 대신에 **¡Chao!** 라고 인사할 수도 있습니다. 아르헨티나/볼리비아/우루과이/페루에서는 **¡Chau!** 라고 쓰기도 합니다.
- **adiós** (안녕), **chao** (인사/안녕)

❹ 기본패턴의 응용!

p002-11	**A) ¡Hasta luego!**	**안녕히 가세요!**
p002-12	**B) ¡Hasta mañana!**	**내일 만나요!**

p002-13	**A) ¡Chao!**	**잘 가!**
p002-14	**B) ¡Chao, hasta muy pronto!**	**잘 가! 곧 다시 만나자!**

- 부사 **muy** 는 '매우/몹시'로 뒤에 나오는 형용사 **pronto** 를 강조하기 위해 사용했습니다.
- 이 외에도 '살펴가세요!'라는 의미로 어른들께는 **¡Cuídese!** 라고 인사하기도 합니다.
- **muy** (매우/몹시), **pronto** (곧)

Learn foreign language!
Spanish

Part 1. It's a completely new way to learn foreign language! | Pattern 003

Gracias ~. [그라시아스 ~.]
~ 감사합니다.

❶ 기본패턴의 핵심!

❶ **Gracias.** (감사합니다.)는 감사를 표현하는 감탄사입니다.
❷ 감사하는 정도, 대상(~에게/~에 대해) 등과 함께 다양하게 표현할 수 있습니다.

❷ 기본패턴의 연습!

p003-01	**Gracias.**	감사합니다.
p003-02	**Muchas gracias.**	매우 감사합니다.
p003-03	**Mil gracias.**	대단히 감사합니다.
p003-04	**Muchísimas gracias.**	대단히 감사합니다.
p003-05	**Gracias a Dios.**	하나님 감사합니다./덕분에.
p003-06	**Gracias, también.**	(나도) 역시 감사합니다.
p003-07	**Gracias por su favor.**	당신의 호의에 감사합니다.
p003-08	**No gracias.**	아니오, 감사합니다. (아니오, 됐습니다.)

- **No gracias.** (아니오, 감사합니다.)는 즉, '아니오, 됐습니다.'로 정중한 거절을 표현합니다.
- **muchísimos(as)** 는 **mucho** 의 '절대 최상급'으로 뒤에 오는 명사의 성수에 맞추며, '대단히/매우'의 뜻입니다.
- **gracias** + 전치사 **por** 는 '~에 대해 감사하다'입니다. (영어의 **thanks for**)
- **muchas(os)** (많은), **mil** (숫자 1000의/대단히/무척), **Dios** (신 : 기독교에서의 하나님은 대문자 **D** 를 사용하고, 그 이외의 신은 소문자 **d** 를 사용하여 구별), **también** (역시), **por** (~으로 인해서/~때문에), **su** (당신의), **el favor** (호의), **no** (아니다)

워밍업 섹션 : 초간단 인사 패턴!

1st Section 은 최소의 단어로 이루어진 초간단 표현입니다.
발음법도 연습하고, 스페인어의 뉘앙스도 느껴보는 코너입니다.

P 003

❸ 기본패턴의 확장!

p003-09	Gracias por todo.	여러모로 감사합니다.
p003-10	Gracias a usted.	당신에게 감사합니다. (당신 덕분입니다.)

- **Gracias a ~.** 는 '~덕분에 감사합니다.'입니다. **Gracias a usted.** 는 영어의 **Thanks to you.** 입니다.
- **todo** (모든 것), **a** (~에게), **usted** (당신)

❹ 기본패턴의 응용!

p003-11	A) Muchas gracias.	매우 고맙습니다.
p003-12	B) De nada.	별말씀을요.
p003-13	A) Mil gracias.	참 고맙습니다.
p003-14	B) No hay de qué.	천만에요.

- **De nada.** 에서 **de** 는 '~로부터'이고, **nada** 는 '없음/하찮은 것'을 뜻합니다.
- **No hay de qué.** 를 직역하면 '수고랄 게 뭐 없네요.'이며, '부탁/상대방의 감사 표시에 대한 대답'으로 사용합니다. 매우 자주 사용하는 관용 표현입니다.
- **de** (~의/~로부터), **nada** (아무것도/무), **hay** (있다), **no hay** (없다), **qué** (무엇)

The focus is on conversation and communication.
Start speaking languages immediately using essential phrases

Learn foreign language!
Spanish

Part 2. It's a completely new way to learn foreign language! | Pattern 004

¡~, por favor! [~, 뽀르 파보르!]
~, 부탁합니다!

❶ 기본패턴의 핵심!

❶ **por favor** 는 영어의 **please** 와 같습니다. '부탁'할 때 사용하는 표현입니다.
❷ 원하시는 것 + **por favor!** (~, 부탁합니다!)의 구조로 말씀하시면 됩니다.
❸ 간단하지만 정중하게 부탁할 수 있는 표현법입니다.

❷ 기본패턴의 연습!

p004-01	¡Una paella, por favor!	빠에야 하나, 부탁합니다!
p004-02	¡Una servilleta, por favor!	냅킨 한 장, 부탁합니다!
p004-03	¡La carta, por favor!	메뉴판, 부탁합니다!
p004-04	¡El menú del día, por favor!	오늘의 요리, 부탁합니다!
p004-05	¡Un momento, por favor!	잠시만요!
p004-06	¡La cuenta, por favor!	계산서, 부탁합니다!
p004-07	¡Un café, por favor!	커피 한 잔, 부탁합니다!
p004-08	¡Una cerveza más, por favor!	맥주 하나 더, 부탁합니다!

● **el menú** 는 '식단/메뉴'이며, **el menú del día** 는 '오늘의 요리' 세트로 구성된 '런치메뉴'를 말합니다.
● **más** 는 '더 (많이)'라는 뜻으로 쓰입니다.
● **un/una** (어떤/하나의), **la paella** (빠에야), **la servilleta** (냅킨), **la carta** (메뉴판), **del** (~의 : **de** + **el** 관사 축약), **el menú** (메뉴), **el día** (날), **un momento** (순간), **la cuenta** (계산서), **el café** (커피), **la cerveza** (맥주), **más** (더)

The basics of grammar and sentence construction!
The most useful phrases and expressions!

워밍업 섹션 : 초간단 인사 패턴!

1st Section 은 **최소의 단어**로 이루어진 **초간단 표현**입니다.
발음법도 **연습**하고, **스페인어**의 **뉘앙스**도 느껴보는 **코너**입니다.

P 004

❸ 기본패턴의 확장!

p004-09	**¡Una copa de vino, por favor!**	와인 한 잔, 부탁합니다!
p004-10	**¡Una botella de vino, por favor!**	와인 한 병, 부탁합니다!

● **uno** 는 '하나'를 뜻하는 수형용사인데 뒤에 여성명사가 와서 **una** 가 되었습니다.
una copa de vino (와인 한 잔), **una botella de vino** (와인 한 병)
● **la copa** (잔/컵), **el vino** (와인), **la botella** (병)

❹ 기본패턴의 응용!

p004-11	**A) ¿Qué le apetece?**	무엇을 드시겠습니까?
p004-12	**B) ¡La carta, por favor!**	메뉴판, 부탁합니다!

p004-13	**A) ¿Qué quiere tomar?**	무엇을 마시길 원하십니까?
p004-14	**B) ¡Una cerveza más, por favor!**	맥주 한 잔 더, 부탁합니다!

● **¿Qué le apetece?** (무엇을 드시겠습니까?)에서 동사 **apetecer** 는 '원하다'이지만, '먹고 싶다'라는 뜻으로도 많이 쓰입니다.
● **querer** (원하다) + 동사원형은 '~하기를 원하다'입니다.
● **qué** (무엇을), **querer** (원하다), **tomar** (마시다)

Learn foreign language!
Spanish

Part 2. | Pattern 005

¡No ~! [노 ~!]
~하지 마세요! (~금지!)

❶ 기본패턴의 핵심!

❶ ¡No + 동사원형!은 금지를 나타냅니다. 경고문에 주로 많이 사용합니다.
❷ ¡No + 동사원형!은 불특정 다수를 상대로 하는 명령입니다.
❸ 우리말로 해석할 때는 '~금지!' 혹은 '~하지 마세요!'라고 하면 됩니다.

❷ 기본패턴의 연습!

p005-01	¡No fumar!	담배 피우지 마세요!
p005-02	¡No aparcar!	주차하지 마세요!
p005-03	¡No comer!	먹지 마세요!
p005-04	¡No entrar!	들어가지 마세요!
p005-05	¡No beber alcohol!	술 마시지 마세요!
p005-06	¡No pisar el césped!	잔디를 밟지 마세요!
p005-07	¡No tirar basura!	쓰레기를 버리지 마세요!
p005-08	¡No escupir en el suelo!	바닥에 침을 뱉지 마세요!

● **fumar** (흡연하다), **aparcar** (주차하다), **comer** (먹다), **entrar** (들어가다), **beber** (마시다), **el alcohol** (술), **pisar** (밟다), **el césped** (잔디), **tirar** (던지다), **la basura** (쓰레기), **escupir** (침을 뱉다), **en** (~에), **el suelo** (바닥)

워밍업 섹션 : 초간단 인사 패턴!

1st Section 은 **최소의 단어**로 이루어진 **초간단 표현**입니다.
발음법도 **연습**하고, **스페인어**의 **뉘앙스**도 느껴보는 **코너**입니다.

P 005

❸ 기본패턴의 확장!

p005-09	**¡No introducir comida o bebida!**	**음식이나 음료를 반입하지 마세요!**
p005-10	**¡No usar el móvil en clase!**	**수업 중에 휴대폰을 사용하지 마세요!**

- **la bebida** 는 '음료'라는 뜻 이외에 '알코올 음료'를 뜻하기도 합니다.
- **el móvil** (핸드폰)은 **el teléfono móvil** 혹은 **el teléfono celular** 라고 표현하는데, 보통은 **el teléfono** 를 생략하고 그냥 **el móvil**, 혹은 **el celular** 라고 합니다.
- **introducir** (가지고 들어오다/반입하다), **la comida** (음식), **o** (혹은), **la bebida** (음료), **usar** (사용하다), **el móvil** (휴대폰), **en** (~안에서), **la clase** (수업)

❹ 기본패턴의 응용!

p005-11	**A) ¡No usar el móvil en clase!**	**수업 중에 휴대폰을 사용하지 마세요!**
p005-12	**B) ¡Vale!**	**알겠습니다!**

p005-13	**A) ¡No entrar en el césped!**	**잔디밭에 들어가지 마세요!**
p005-14	**B) Ah, lo siento.**	**앗, 잘못했습니다.**

- **¡Vale!** 는 '알겠습니다/그렇게 하겠습니다.'(오케이.)의 뜻으로 사용됩니다.
- **lo** 는 목적대명사로 **siento** 와 함께 와서 '미안하다/유감이다'라는 뜻으로 쓰입니다. (목적대명사 **lo** 에 대해서는 다른 섹션에서 배우게 됩니다.)
- **vale** (오케이), **sentir** (송구스럽다)

The focus is on **conversation** and **communication**.

Start **speaking languages** immediately using **essential phrases**.

Learn foreign language!
Spanish

Part 2. It's a completely new way to learn foreign language! | Pattern 006

No es ~. [노 에스 ~.]
~ 아닙니다/않습니다.

❶ 기본패턴의 핵심!

❶ no (아니다)는 부정을 나타내는 부사입니다. **No es ~.** (~ 아닙니다.)
❷ **No es** + 형용사/부사.의 구조로 '부정/거부'를 표현할 수 있습니다.
❸ **No es** + 명사/형용사는 '~하지 않습니다/~가 아닙니다.'입니다.

❷ 기본패턴의 연습!

p006-01	**No es posible.**	가능하지 않습니다. (설마/그럴 수가.)
p006-02	**No es verdad.**	사실이 아닙니다.
p006-03	**No es malo.**	나쁘지 않습니다.
p006-04	**No es bueno.**	좋지 않습니다.
p006-05	**No es caro.**	비싸지 않습니다.
p006-06	**No es tan barato.**	그렇게 싸지 않습니다.
p006-07	**No es interesante.**	흥미롭지 않습니다.
p006-08	**No es necesario.**	필요하지 않습니다.

● **No es verdad.** 의 끝을 살짝 올려서 **¿No es verdad?** 이라고 하면 상대방의 동의를 구하는 '그렇지 않습니까?'의 뜻이 됩니다.
● **posible** (가능한), **la verdad** (사실/진실), **malo(a)** (나쁜), **bueno(a)** (좋은), **caro(a)** (비싼), **barato(a)** (싼), **tan** (그렇게), **interesante** (흥미 있는), **necesario(a)** (필요한)

The basics of grammar and sentence construction!
The most useful phrases and expressions!

pattern

워밍업 섹션 : 초간단 인사 패턴!

1st Section 은 **최소의 단어**로 이루어진 **초간단 표현**입니다.
발음법도 **연습**하고, **스페인어**의 **뉘앙스**도 느껴보는 **코너**입니다.

P 006

❸ 기본패턴의 확장!

p006-09	**Todavía no.**	아직 아닙니다.
p006-10	**No es caro sino barato.**	비싸지 않고 쌉니다.

- '**A** 가 아니라 **B** 이다.'는 **no A sino B** 입니다. (영어의 **not A but B** 에 해당)
- **todavía** (아직), **sino** ((~이 아니고) ~이다)

❹ 기본패턴의 응용!

p006-11	**A) ¿Está lista?**	준비 됐습니까?
p006-12	**B) Todavía no.**	아직 아닙니다.

p006-13	**A) ¿Es caro el coche usado?**	중고차는 비쌉니까?
p006-14	**B) No es caro sino barato.**	비싸지 않고 쌉니다.

- 스페인어는 일반적으로 형용사가 명사를 수식할 때 명사 뒤에 위치합니다.
(**el coche usado** 중고차)
- **está** (~이다/있다), **listo(a)** (준비된), **el coche** (차), **usado(a)** (중고의)

● The focus is on **conversation** and **communication**.

● Start **speaking languages** immed ately using **essential phrases**.

Start **speaking languages** immediately using **essential phrases**.

2nd Section

pattern Spanish

Presenting the **core concepts** you need to **write** and **speak**.
It focuses on the **core concepts** you need to **communicate**.

Start speaking languages immediately using essential phrases

It focuses on conversation with fluency and confidence.

With this book you will **learn languages**
of customizable phrases.

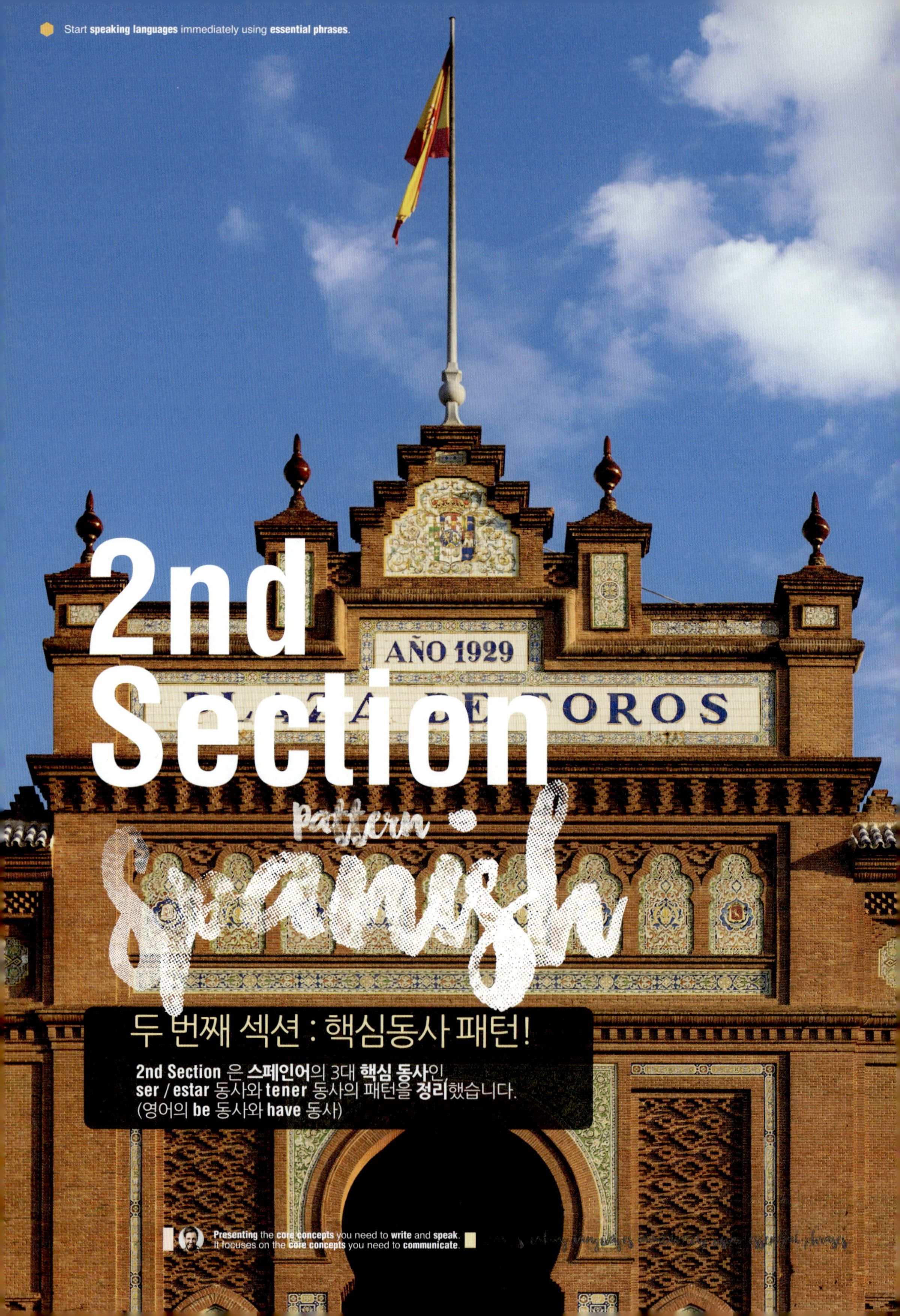

2nd Section

pattern spanish

두 번째 섹션 : 핵심동사 패턴!

2nd Section 은 **스페인어**의 3대 **핵심 동사**인
ser / estar 동사와 **tener** 동사의 패턴을 **정리**했습니다.
(영어의 **be** 동사와 **have** 동사)

2nd Section
핵심동사 섹션 :

2nd Section 은 스페인어의 3대 핵심동사인, **ser** 동사, **estar** 동사 그리고 **tener** 동사의 패턴을 정리했습니다. (**ser / estar** 는 영어의 **be** 동사, **tener** 는 영어의 **have** 동사)
(**ser / estar** 와 **tener** 동사의 문법설명은 부록편을 참고하시면 됩니다.)

ser / estar 동사와 **tener** 동사만으로도 수많은 표현이 가능합니다.
다른 어떤 동사보다 **ser / estar** 와 **tener** 동사를 제일 먼저 소개해 드리는 이유이기도 합니다.

Part 01. ser 동사, 2줄요약!

❶ **(Yo) soy ~.** (나는 ~이다.)로 나의 모든 것을 말할 수 있습니다.
❷ **ser** 동사는 이름/국적/직업/종교/취향/신분/체형/외모/능력/특징을 말합니다.

estar 동사, 2줄요약!

❶ **(Yo) estoy ~.** (나는 ~에 있다/나는 ~하다.)로 나의 상태/위치를 말할 수 있습니다.
❷ **estar** 동사는 일시적인 상태/위치를 나타냅니다.

Part 02. tener 동사, 2줄요약!

❶ **(Yo) tengo ~.** (나는 ~ 가지고 있다.)로 나의 모든 소유를 말할 수 있습니다.
❷ 사람/사물/시간/증상/통증/생각/희망/학위/지식/경험/무소유 등입니다.

The focus is on **conversation** and **communication**.

I am
It focuses on conversation with fluency and confidence.
With this book you will **learn languages** with thousands **of customizable phrases**.

Start **speaking languages** immediately using **essential phrases**.

Learn foreign language!
Spanish

Part 1. It's a completely new way to learn foreign language! | Pattern 007

Soy ~. [소이 ~.]
나는 ~입니다. (이름/국적)

① 기본패턴의 핵심!

❶ **(Yo) soy** + 이름. (나는 ~입니다.)에서 인칭대명사 **Yo** (나)는 생략하고 말합니다.
Soy + 이름.은 **Me llamo ~.** (나는 나 자신을 ~라고 부른다.)라고 말하기도 합니다.
❷ 일반적으로 국가명은 대문자로, 국적형용사는 소문자로 표기합니다.
❸ **ser** 동사의 인칭변화형은 **Yo soy, Tú eres, Él/Ella/Usted es, Nosotros somos, Vosotros sois, Ellos/Ellas/Ustedes son** 입니다.

② 기본패턴의 연습!

p007-01	Soy	Misoo Kim.	나는 김미수입니다.
p007-02	Soy	Kim.	나는 김입니다.
p007-03	Soy	Misoo.	나는 미수입니다.
p007-04	Soy	coreano.	나는 한국 남자입니다.
p007-05	Soy	coreana.	나는 한국 여자입니다.
p007-06	Soy	español.	나는 스페인 남자입니다.
p007-07	Soy	española.	나는 스페인 여자입니다.
p007-08	Soy	canadiense.	나는 캐나다 남자/여자입니다.

● 국적은 국가명의 형용사형입니다. **España** (스페인) > **español** (스페인 남자)
● 국적의 여성형은 보통 자음으로 끝나면 남성형+**a** 이고, 모음 **-o** 로 끝나면 여성형은 **-o** 를 **-a** 로 바꾸면 됩니다. (**español** 스페인 남자, **española** 스페인 여자)
● **canadiense** (캐나다 남자/여자)처럼 남성형과 여성형이 같은 경우도 있습니다.
● **coreano** (한국 남자), **coreana** (한국 여자), **español** (스페인 남자), **española** (스페인 여자), **canadiense** (캐나다 남자/여자)

pattern sho

두 번째 섹션 : 핵심동사 패턴!

2nd Section 은 **스페인어**의 3대 **핵심 동사**인,
ser / estar 동사와 **tener** 동사의 패턴을 **정리**했습니다.
(영어의 **be** 동사와 **have** 동사)

P 007

③ 기본패턴의 확장!

p007-09	**Soy Misoo Kim de Corea.**	나는 한국에서 온 김미수입니다.
p007-10	**Soy de Madrid, la capital de España.**	나는 스페인의 수도인 마드리드 출신입니다.

- 전치사 **de** (~로 부터)와 함께 출신을 표현할 수 있습니다. **de** 다음에는 국가나 도시 등의 지명이 옵니다.
- 출신을 말할 때 **venir** (오다) 동사를 사용하여 **(Yo) vengo de Corea.** (나는 한국에서 왔습니다./ 출신입니다.)라고도 합니다. (영어의 **I'm from Korea.**)
- **Corea** (한국), **de** (~에서/로부터), **la capital** (수도)

④ 기본패턴의 응용!

p007-11	**A) ¿Es usted china?**	당신은 중국인입니까?
p007-12	**B) No, soy coreana.**	아니오, 나는 한국인입니다.

---

p007-13	**A) ¿Es usted la señora Kim?**	당신이 김 여사입니까?
p007-14	**B) Sí, soy Mina Kim.**	네, 나는 김미나입니다.

- **Tú eres/Usted es ~.** (너/당신은 ~입니다.) (부록부 **ser** 동사의 활용표를 참고하시면 됩니다.)
- **¿Es usted ~?** (당신은 ~입니까?)처럼 주어와 동사의 위치를 바꾸거나, **¿Usted es ~?** 처럼 짧은 평서문은 끝을 살짝 올려 읽는 것만으로 의문문이 됩니다.
- 의문사가 없는 의문문의 대답은 **Sí.** (네.), **No.** (아니오.)로 시작합니다. (의문문에 대해서는 섹션 3., 어순에 대해서는 부록편을 참고하시면 됩니다.)
- **usted(es)** (당신/당신들), **chino(a)** (중국인), **la señora** (여자/부인/여사)

Learn foreign language!
Spanish

Part 1. It's a completely new way to learn foreign language! | Pattern 008

Soy ~. [소이 ~.]
나는 ~입니다. (직업/종교/취향)

① 기본패턴의 핵심!

❶ **Soy** + 명사. (나는 ~입니다.)로 '나의 직업/종교/기호/취향' 등을 표현할 수 있습니다.
❷ 나의 직업/종교/기호/취향 등을 말할 때, 관사는 필요 없습니다.
❸ 직업명 등의 남성명사를 여성명사로 만드는 방법은 일반적으로 **-a** 를 붙입니다.
❹ **ser** 동사의 인칭변화형은 **Yo soy, Tú eres, Él/Ella/Usted es, Nosotros somos, Vosotros sois, Ellos/Ellas/Ustedes son** 입니다.

② 기본패턴의 연습!

p008-01 **Soy estudiante.** 나는 학생(남/녀)입니다.

p008-02 **Soy empleado / empleada.** 나는 남/녀 회사원입니다.

p008-03 **Soy camarero / camarera.** 나는 남/녀 종업원입니다.

p008-04 **Soy vegetariano / vegetariana.** 나는 남/녀 채식가입니다.

p008-05 **Soy fumador / fumadora.** 나는 남/녀 흡연가입니다.

p008-06 **Soy turista.** 나는 여행자입니다.

p008-07 **Soy cristiano / cristiana.** 나는 남/녀 기독교인입니다.

p008-08 **Soy budista / católico(a).** 나는 불교인/천주교인입니다.

● '흡연자'는 **fumador(a)** 처럼 **r** 로 끝나는 남성형은 **a** 를 붙여 여성형을 만듭니다.
● **el/la estudiante** (남/녀 학생), **la alumna** (여학생), **el empleado** (남 회사원), **la empleada** (여 회사원), **el camarero** (남자 종업원), **la camarera** (여자 종업원), **el vegetariano** (채식남), **la vegetariana** (채식녀), **el fumador** (흡연남), **la fumadora** (흡연녀), **el/la turista** (남/녀 여행자), **el cristiano** (기독교인 남자), **la cristiana** (기독교인 여자), **el/la budista** (남/녀 불교도), **el católico** (천주교인 남자), **la católica** (천주교인 여자)

pattern sho

두 번째 섹션 : 핵심동사 패턴!

2nd Section 은 **스페인어**의 3대 **핵심 동사**인,
ser / estar 동사와 **tener** 동사의 패턴을 **정리**했습니다.
(영어의 **be** 동사와 **have** 동사)

P 008

③ 기본패턴의 확장!

p008-09 **Soy alumna de la Universidad Complutense de Madrid.** 나는 마드리드 콤플루텐세 대학교 학생입니다.

p008-10 **Soy católico(a) desde hace 3 años.** 나는 3년 전부터 천주교도입니다.

- '어느 대학교의 학생'은 **alumno(a) de la Universidad ~** 라고 하면 됩니다.
- 전치사 **desde hace** + 시간은 '~ 이래로'라는 뜻입니다.
- **el/la alumno(a)** (학생), **de** (~의/~소속의), **la universidad** (대학교), **desde** (~로부터), **hace** (~전/~동안), **tres** (3), **el año** (해/년)

④ 기본패턴의 응용!

p008-11 **A) ¿Cuál es su profesión?** 당신은 직업이 무엇입니까?

p008-12 **B) Soy empleada de la empresa comercial.** 나는 무역회사 직원입니다.

---

p008-13 **A) ¿Es usted fumadora o no fumadora?** 당신은 흡연자 혹은 비흡연자입니까?

p008-14 **B) Soy fumadora.** 나는 흡연자입니다.

- **cuál** (어떤)은 의문대명사입니다.
- **su** 는 '당신(들)의'라는 뜻의 소유형용사입니다.
(스페인어 형용사에 대한 문법 설명은 부록편을 참고하시면 됩니다.)
- 접속사 **o** 는 '혹은'이라는 뜻이며, 뒤에 **o** 로 시작하는 단어가 오면 **u** 로 바뀝니다.
- **cuál** (어떤 : 의문대명사), **su** (당신의), **la profesión** (직업), **la empleada** (여성직원), **el empleado** (남성직원), **la empresa** (회사), **comercial** (상업의), **no** (아니다), **o** (또는/혹은 : 접속사)

The focus is on **conversation** and **communication**.

Start **speaking languages** immediately using **essential phrases**.

Learn foreign language!
Spanish

Part 1. It's a completely new way to learn foreign language! | Pattern 009

Estoy ~. [에스또이 ~.]
나는 ~합니다. (신분/상태)

① 기본패턴의 핵심!

❶ **(Yo) estoy** + 형용사. (나는 ~입니다/합니다.)로 '나의 신분/상태'를 표현할 수 있습니다.
❷ 스페인어 형용사는 수식하는 명사 또는 대명사의 성과 수에 따라 어미가 변화합니다.
(스페인어 형용사에 대한 문법 설명은 부록편을 참고하시면 됩니다.)
❸ **estar** 동사의 인칭변화형은 **Yo estoy, Tú estás, Él/Ella/Usted está, Nosotros estamos, Vosotros estáis, Ellos/Ellas/Ustedes están** 입니다.

② 기본패턴의 연습!

p009-01	Estoy	soltero(a).	나는 미혼입니다.
p009-02	Estoy	casado(a).	나는 기혼입니다.
p009-03	Estoy	separado(a).	나는 별거 중입니다.
p009-04	Estoy	divorciado(a).	나는 이혼한 상태입니다.
p009-05	Estoy	embarazada.	나는 임신 중입니다.
p009-06	Estoy	ocupado(a).	나는 바쁩니다.
p009-07	Estoy	libre.	나는 한가합니다.
p009-08	Estoy	cansado(a).	나는 피곤합니다.

● **libre** (한가한)은 남/녀의 형태가 같습니다.
● **soltero(a)** (미혼의), **casado(a)** (기혼의), **separado(a)** (별거 중인), **divorciado(a)** (이혼한), **embarazado(a)** (임신한), **ocupado(a)** (바쁜), **libre** (한가한), **cansado(a)** (피곤한)

pattern

두 번째 섹션 : 핵심동사 패턴!

2nd Section 은 **스페인어**의 3대 **핵심 동사**인,
ser / estar 동사와 **tener** 동사의 패턴을 **정리**했습니다.
(영어의 **be** 동사와 **have** 동사)

P 009

③ 기본패턴의 확장!

p009-09	**Estoy siempre ocupado(a).**	나는 늘 바쁩니다.
p009-10	**Estoy muy ocupado(a) ahora.**	나는 지금 매우 바쁩니다.

- **siempre** (언제나/늘), **muy** (매우) 등의 부사를 활용하면 표현이 더욱 풍부해집니다.
- 부사는 일반적으로 형용사 앞에 위치하는 경우가 많습니다. (**muy ocupado(a)** 매우 바쁜)
- **siempre** (언제나/늘), **muy** (매우), **ahora** (지금/현재)

④ 기본패턴의 응용!

p009-11	**A) ¿Está usted todavía soltera?**	당신은 아직 미혼입니까?
p009-12	**B) No, ya estoy casada.**	아니오. 나는 이미 결혼했습니다.
p009-13	**A) ¿Está usted ahora libre?**	당신은 지금 한가합니까?
p009-14	**B) No, estoy muy ocupada.**	아니오, 나는 매우 바쁩니다.

- **Usted está ~.** (당신은 ~입니다.) (**estar** 동사의 활용표를 참고해 주세요.)
- **Usted está ~?** 처럼 짧은 평서문은 끝을 살짝 올려 읽으면 그대로 의문문이 됩니다.
- **usted** (당신), **todavía** (아직), **no** (아니오), **ya** (이미)

Learn foreign language!
Spanish

Part 1. It's a completely new way to learn foreign language! | Pattern 010

Soy ~. [소이 ~.]
나는 ~합니다. (체형/외모)

① 기본패턴의 핵심!

❶ **Soy** + 형용사. (나는 ~입니다/합니다.)로 '나의 체형/외모'를 표현할 수 있습니다.
❷ 스페인어 형용사는 수식하는 명사 또는 대명사의 성과 수에 따라 어미가 변화합니다.
(스페인어 형용사에 대한 문법 설명은 부록편을 참고하시면 됩니다.)
❸ ser 동사의 인칭변화형은 **Yo soy, Tú eres, Él/Ella/Usted es, Nosotros somos, Vosotros sois, Ellos/Ellas/Ustedes son** 입니다.

② 기본패턴의 연습!

p010-01	Soy	delgado(a).	나는 날씬합니다.
p010-02	Soy	gordo(a).	나는 뚱뚱합니다.
p010-03	Soy	grande.	나는 (몸집이) 큽니다.
p010-04	Soy	pequeño(a).	나는 (몸집이) 작습니다.
p010-05	Soy	moreno(a).	나는 갈색(머리)입니다.
p010-06	Soy	guapo(a).	나는 잘생겼습니다. (예쁩니다.)
p010-07	Soy	encantador(a).	나는 귀엽습니다.
p010-08	Soy	elegante.	나는 멋집니다.

● **o** 로 끝나는 형용사의 경우, 남성은 **o** 를 그대로 두고, 여성은 **a** 로 바꾸면 됩니다.
● **delgado(a)** (날씬한), **gordo(a)** (뚱뚱한), **grande** (큰), **pequeño(a)** (작은), **moreno(a)** (갈색의), **guapo(a)** (잘생긴/예쁜), **encantador(a)** (귀여운), **elegante** (멋진)

pattern

두 번째 섹션 : 핵심동사 패턴!

2nd Section 은 **스페인어**의 3대 **핵심 동사**인,
ser / estar 동사와 **tener** 동사의 패턴을 **정리**했습니다.
(영어의 **be** 동사와 **have** 동사)

P 010

③ 기본패턴의 확장!

p010-09	**Soy más alto(a) que usted.**	나는 당신보다 키가 큽니다.
p010-10	**Soy tan alto(a) como usted.**	나는 당신만큼 키가 큽니다.

● **A más B que C** 는 '**A** 는 **C** 보다 더 **B** 하다'라는 뜻입니다.
B 자리에 형용사를 넣고, **C** 자리에 비교대상을 넣으면 됩니다.
● **A tan B como C** 는 '**A** 는 **C** 만큼 **B** 하다'입니다. 참고로 **A menos B que C** 는 '**A** 는 **C** 보다 덜 **B** 하다'입니다.
● **más** (더), **que** (~보다 : 비교 접속사), **tan** (그렇게/그 정도로), **como** (~만큼),
alto(a) (키가 큰), **usted** (당신/당신들)

④ 기본패턴의 응용!

p010-11	**A) ¿Cuál es su talla?**	당신은 키가 어떻게 되십니까?
p010-12	**B) Soy tan alta como usted.**	나는 당신만큼 키가 큽니다.

p010-13	**A) ¿Es usted más alta que yo?**	당신이 나보다 키가 큽니까?
p010-14	**B) No. Soy más baja que usted.**	아니오. 나는 당신보다 작습니다.

● **su** 는 소유형용사로 '당신(들)의'입니다.
● **cuál** (어떤 : 의문대명사), **su** (당신의), **la talla** (신장/사이즈), **bajo(a)** (키가 작은), **yo** (나), **no** (아니다)

Learn foreign language!
Spanish

Part 1. It's a completely new way to learn foreign language! | Pattern 011

Soy ~. [소이 ~.]
나는 ~합니다. (성격)

① 기본패턴의 핵심!

❶ **Soy** + 형용사. (나는 ~입니다/합니다.)로 '나의 성격'을 말할 수 있습니다.
❷ 스페인어 형용사는 수식하는 명사의 성과 수에 따라 어미가 변화합니다.
(스페인어 형용사에 대한 문법 설명은 부록편을 참고하시면 됩니다.)
❸ **ser** 동사의 인칭변화형은 **Yo soy, Tú eres, Él/Ella/Usted es, Nosotros somos, Vosotros sois, Ellos/Ellas/Ustedes son** 입니다.

② 기본패턴의 연습!

p011-01	Soy	amable.	나는 다정합니다.
p011-02	Soy	simpático(a).	나는 친절합니다.
p011-03	Soy	honesto(a).	나는 정직합니다.
p011-04	Soy	inteligente.	나는 똑똑합니다.
p011-05	Soy	pesimista.	나는 비관적입니다.
p011-06	Soy	optimista.	나는 낙천적입니다.
p011-07	Soy	perezoso(a).	나는 게으릅니다.
p011-08	Soy	trabajador(a).	나는 부지런합니다.

● **pesimista, optimista** 는 여성/남성 모두 같은 형태이고, **inteligente** 도 성에 따라 바뀌지 않습니다.
● **amable** (다정한/상냥한), **simpático(a)** (친절한), **honesto(a)** (정직한), **inteligente** (똑똑한/지적인), **pesimista** (비관적인), **optimista** (낙천적인), **perezoso(a)** (게으른), **trabajador(a)** (부지런한)

두 번째 섹션 : 핵심동사 패턴!

2nd Section 은 **스페인어**의 3대 **핵심 동사**인,
ser / estar 동사와 **tener** 동사의 패턴을 **정리**했습니다.
(영어의 **be** 동사와 **have** 동사)

P 011

③ 기본패턴의 확장!

p011-09	Soy un poco tímido(a).	나는 약간 소심합니다.
p011-10	No soy tacaño(a).	나는 인색하지 않습니다.

● 스페인어는 일반적으로 동사 앞에 부정 부사를 둡니다. (**No soy ~.** 나는 ~하지 않다.)
● **un** (부정관사 : 남성단수명사 앞), **poco** (조금), **un poco** (약간), **tímido(a)** (소심한),
no soy ~ (나는 ~ 하지 않다), **tacaño(a)** (인색한)

④ 기본패턴의 응용!

p011-11	A) ¿Es ella simpática?	그녀는 친절합니까?
p011-12	B) No, (ella) no es simpática.	아니오, 그녀는 친절하지 않습니다.
p011-13	A) ¿Cuál es su personalidad?	당신은 어떤 성격입니까?
p011-14	B) Soy optimista.	나는 낙천적입니다.

● **ella** (그녀), **no** (아니다), **cuál** (어떤), **su** (당신의), **la personalidad** (성격/인격)

Learn foreign language!
Spanish

Part 1. It's a completely new way to learn foreign language! | Pattern 012

Estoy ~. [에스또이 ~.]

나는 ~합니다. (기분/정서)

① 기본패턴의 핵심!

❶ **Estoy** + 형용사. (나는 ~합니다/입니다.)로 '나의 기분/정서'를 말할 수 있습니다.
❷ 스페인어 형용사는 수식하는 명사 또는 대명사의 성과 수에 따라 어미가 변화합니다.
(스페인어 형용사에 대한 문법 설명은 부록편을 참고하시면 됩니다.)
❸ **estar** 동사의 인칭변화형은 **Yo estoy, Tú estás, Él/Ella/Usted está, Nosotros estamos, Vosotros estáis, Ellos/Ellas/Ustedes están** 입니다.

② 기본패턴의 연습!

p012-01	Estoy	alegre.	나는 기쁩니다.
p012-02	Estoy	triste.	나는 슬픕니다.
p012-03	Estoy	solitario(a).	나는 외롭습니다.
p012-04	Estoy	desilusionado(a).	나는 실망스럽습니다.
p012-05	Estoy	emocionado(a).	나는 감동합니다.
p012-06	Estoy	contento(a).	나는 만족합니다.
p012-07	Estoy	feliz.	나는 행복합니다.
p012-08	Estoy	infeliz.	나는 불행합니다.

● 괄호( )는 여성형이며, 일반적으로 **feliz** (행복한), **infeliz** (불행한)처럼 자음으로 끝나는 형용사는 남성형과 여성형이 동일합니다.
● **alegre** (기쁜), **triste** (슬픈), **solitario(a)** (외로운), **desilusionado(a)** (실망한), **emocionado(a)** (감동한), **contento(a)** (만족한), **feliz** (행복한), **infeliz** (불행한)

두 번째 섹션 : 핵심동사 패턴!

2nd Section 은 **스페인어**의 3대 **핵심 동사**인,
ser / estar 동사와 **tener** 동사의 패턴을 **정리**했습니다.
(영어의 **be** 동사와 **have** 동사)

P 012

③ 기본패턴의 확장!

p012-09 **Estoy enfadado(a) con María.** 나는 마리아에게 화가 납니다.

p012-10 **Estoy contento(a) con el coche.** 나는 그 차에 만족합니다.

- **estar** 동사 다음에는 일시적으로 바뀔 수 있는 상태를 나타내는 형용사가 옵니다. **enfadado(a)** (화가 난)은 그 중의 하나이며 '~에게 화가 나다'는 전치사 **con** (~에 대해)를 함께 씁니다.
- **estoy contento(a) con ~** 은 '~에 만족하다'는 뜻의 숙어 표현입니다.
- **enfadado(a)** (화가 난), **con** (~에 대해), **el coche** (자동차)

④ 기본패턴의 응용!

p012-11 **A) ¿Estás contenta con tu vida?** 너는 너의 삶에 만족하니?

p012-12 **B) Sí. Estoy muy feliz.** 응. 나는 매우 행복해.

---

p012-13 **A) ¿Está contenta con su empleo?** 당신은 당신의 직장에 만족하십니까?

p012-14 **B) Sí. Estoy contenta con el mío.** 네. 나는 내 것(직장)에 대해 만족합니다.

- **estoy contento(a) con ~** 은 '~에 만족하다'입니다.
- **mío(a)** (나의 것)은 소유대명사입니다. 앞에 있는 **empleo** (직장)을 대신 받고 있습니다. 소유대명사 앞에는 정관사를 함께 씁니다. (**empleo** 가 남성단수명사이므로 **el** 을 사용한 것입니다.)
- **tu** (너의), **la vida** (인생/삶), **sí** (네), **muy** (매우), **su** (당신의), **el empleo** (직장/일자리), **el mío** (나의 것)

The focus is on conversation and communication.
Start speaking languages immediately using essential phrases.

Learn foreign language!
Spanish

Part 1. It's a completely new way to learn foreign language! | Pattern 013

Estoy ~. [에스또이 ~.]
나는 ~합니다. (상태/태도)

① 기본패턴의 핵심!

❶ **(Yo) estoy** + 형용사.(나는 ~입니다/합니다.)로 '나의 상태/태도'를 표현할 수 있습니다.
❷ 스페인어 형용사는 수식하는 명사 또는 대명사의 성과 수에 따라 어미가 변화합니다.
(스페인어 형용사에 대한 문법 설명은 부록편을 참고하시면 됩니다.)
❸ **estar** 동사의 인칭변화형은 **Yo estoy, Tú estás, Él/Ella/Usted está, Nosotros estamos, Vosotros estáis, Ellos/Ellas/Ustedes están** 입니다.

② 기본패턴의 연습!

p013-01	Estoy	libre.	나는 한가합니다.
p013-02	Estoy	listo(a).	나는 준비되어 있습니다.
p013-03	Estoy	seguro(a).	나는 확신합니다.
p013-04	Estoy	embarazada.	나는 임신 중입니다.
p013-05	Estoy	asustado(a).	나는 놀랍니다.
p013-06	Estoy	muy enfermo(a).	나는 매우 아픕니다.
p013-07	Estoy	de acuerdo.	나는 찬성합니다.
p013-08	Estoy	en contra.	나는 반대합니다.

● **de acuerdo** 는 단독으로 사용할 수도 있어서, **¡De acuerdo!** (알겠습니다!)는 영어의 **O.K.** 와 같습니다.
● **libre** (한가한/자유로운), **listo(a)** (준비된), **seguro(a)** (확신하는), **embarazada** (임신 중인), **asustado(a)** (놀란), **muy** (매우), **enfermo(a)** (아픈), **el acuerdo** (합의/일치/동의), **de acuerdo** (찬성하는), **contra** (반대로), **en contra** (반대하는)

The basics of grammar and sentence construction!
The most useful phrases and expressions!

pattern

두 번째 섹션 : 핵심동사 패턴!

2nd Section 은 **스페인어**의 3대 **핵심 동사**인,
ser / estar 동사와 tener 동사의 패턴을 **정리**했습니다.
(영어의 be 동사와 have 동사)

P 013

③ 기본패턴의 확장!

p013-09	Estoy a punto de salir.	나는 막 나가려는 참입니다.
p013-10	Estoy de acuerdo con usted.	나는 당신에게 찬성합니다.

● **Estoy a punto de** 뒤에 동사원형이 오면 '막 ~하려던 참이다'라는 뜻이 됩니다.
punto 는 '점/순간'입니다. (**Estoy a punto de trabajar.** 나는 막 일하려던 참입니다.)
● **a** (~인 상태), **el punto** (점), **de** (~에게/대하여 : 전치사), **salir** (나가다),
el acuerdo (합의), **con** (~와 함께), **usted** (당신)

④ 기본패턴의 응용!

p013-11	A) ¿Qué hace?	당신은 뭐 하십니까?
p013-12	B) Estoy a punto de trabajar.	나는 막 공부(일)하려던 참입니다.
p013-13	A) ¿Qué piensas del racismo?	넌 인종차별주의에 대해 어떻게 생각하니?
p013-14	B) Estoy absolutamente en contra.	나는 전적으로 반대해.

● **qué** (무엇)은 의문대명사입니다.
● **pensar de ~** 는 '~에 대해 생각하다'입니다.
● **de** 뒤에 정관사 **el** 이 오면 반드시 축약형태인 **del** 을 씁니다.
● **qué** (무엇), **hacer** (하다/만들다), **trabajar** (공부하다/일하다), **pensar** (생각하다),
del (**de + el** : 정관사 축약), **de** (~에 관하여), **el racismo** (인종차별주의),
absolutamente (전적으로), **en** (~에), **contra** (~에 반대하여)

Learn foreign language!
Spanish

Part 1. It's a completely new way to learn foreign language! | Pattern 014

Soy ~. [소이 ~.]
나는 ~합니다. (경쟁력/능력)

① 기본패턴의 핵심!

❶ **Soy** + 형용사. (나는 ~입니다/합니다.)로 '나의 경쟁력/능력'을 말할 수 있습니다.
❷ 자기소개, 취업 면접, 인터뷰 등에서 꼭 필요한 것이 자신의 장점, 경쟁력의 표현입니다.
❸ 본인의 특성을 콤마와 **y/e** (그리고)로 연결하면 됩니다.
❹ **ser** 동사의 인칭변화형은 **Yo soy, Tú eres, Él/Ella/Usted es, Nosotros somos, Vosotros sois, Ellos/Ellas/Ustedes son** 입니다.

② 기본패턴의 연습!

p014-01	Soy	creativo(a).	나는 창조적입니다.
p014-02	Soy	ambicioso(a).	나는 야심이 있습니다.
p014-03	Soy	competente.	나는 능력이 있습니다.
p014-04	Soy	prudente.	나는 신중합니다.
p014-05	Soy	perseverante.	나는 끈기가 있습니다.
p014-06	Soy	abierto(a).	나는 개방적입니다.
p014-07	Soy	racional.	나는 합리적입니다.
p014-08	Soy	responsable.	나는 책임감이 있습니다.

● 괄호( ) 안은 여성형입니다.
● **creativo(a)** (창조적인), **ambicioso(a)** (야심이 있는), **competente** (능력 있는), **prudente** (신중한), **perseverante** (끈기 있는), **abierto(a)** (개방적인), **racional** (합리적/이성적인), **responsable** (책임감이 있는)

The basics of grammar and sentence construction!
The most useful phrases and expressions!

pattern

두 번째 섹션 : 핵심동사 패턴!

2nd Section 은 **스페인어**의 3대 **핵심 동사**인, **ser / estar** 동사와 **tener** 동사의 패턴을 **정리**했습니다. (영어의 **be** 동사와 **have** 동사)

P 014

③ 기본패턴의 확장!

p014-09 **Soy competente en la informática.** 나는 정보과학 분야에 능력이 있습니다.

p014-10 **Usted es orgulloso(a).** 당신은 자존심이 강하시네요.

- 전치사 **en** (~에)로 분야를 표현할 수 있습니다.
- **en** (~의 분야에서), **la informática** (정보과학/컴퓨터), **orgulloso(a)** (자존심이 강한)

④ 기본패턴의 응용!

p014-11 **A) ¿En qué es usted competente?** 당신은 어떤 분야에 능력 있습니까?

p014-12 **B) Soy competente en el campo computacional.** 나는 컴퓨터 분야에 능력 있습니다.

p014-13 **A) ¿Cuáles son sus virtudes?** 당신의 장점들은 무엇입니까?

p014-14 **B) Soy perseverante y prudente.** 나는 끈기 있고 신중합니다.

- **qué** (무엇)은 의문대명사입니다. 전치사와 함께 사용하여 **En qué ~?** 는 '어떤 것에서 ~?'입니다.
- **su** 는 소유형용사로 '당신(들)의'입니다. 뒤에 오는 명사가 복수이면 **su** 가 **sus** 가 됩니다.
- 의문사가 문장 앞에 오면 주어와 동사가 도치됩니다.
- **en** (~에서), **cuál** (무엇 : 의문대명사), **el campo computacional** (컴퓨터 분야), **su(s)** (당신의/당신들의), **la virtud** (장점), **son** (~이다 : estar 동사의 3인칭 복수형), **y** (그리고)

Learn foreign language!
Spanish

Part 1. It's a completely new way to learn foreign language! | Pattern 015

Mi ~ es ~. [미 ~ 에스 ~.]
나의 ~는 ~입니다. (이름/가족)

① 기본패턴의 핵심!

❶ **mi** (나의)는 소유형용사입니다. (영어의 **my**)
❷ **mi** 는 뒤에 오는 명사의 수에 따라, 단수일 때 **mi**, 복수일 때 **mis** 가 됩니다.
❸ **Mi(s) ~ es(son) ~.** (나의 ~는 ~입니다.)로 '나의 이름/가족'을 말할 수 있습니다.

② 기본패턴의 연습!

p015-01 **Mi nombre y apellido es Misoo Kim.** 나의 성명은 김미수입니다.

p015-02 **Mi nombre es Misoo.** 나의 이름은 미수입니다.

p015-03 **Mi apellido es Kim.** 나의 성은 김입니다.

p015-04 **Mi apodo es águila roja.** 나의 별명은 빨간 독수리입니다.

p015-05 **Mi padre es profesor.** 나의 아버지는 교사입니다.

p015-06 **Mi madre es enfermera.** 나의 어머니는 간호사입니다.

p015-07 **Mi hijo es activo.** 나의 아들은 활동적입니다.

p015-08 **Mis hermanos son estudiantes.** 나의 형제들은 (대)학생들입니다.

● 복수일 경우, 패턴은 **Mis ~ son ~.** (나의 ~들은 ~입니다.)가 됩니다.
● **el nombre y apellido** (성명), **el nombre** (이름), **el apellido** (성씨), **el apodo** (별명), **el águila** (독수리), **rojo(a)** (붉은), **el padre** (아버지), **el profesor** (교사/교수), **la madre** (어머니), **la enfermera** (여자 간호사), **el hijo** (아들), **activo(a)** (활동적인), **el hermano** (형/오빠/남동생 : 복수형태는 **hermanos**), **el estudiante** (남/녀 학생)

The basics of grammar and sentence construction!
The most useful phrases and expressions!

pattern

두 번째 섹션 : 핵심동사 패턴!

2nd Section 은 **스페인어**의 3대 **핵심 동사**인,
ser / estar 동사와 tener 동사의 패턴을 **정리**했습니다.
(영어의 be 동사와 have 동사)

P 015

③ 기본패턴의 확장!

p015-09 **Mi hermano es profesor.** 나의 형은 교수입니다.

p015-10 **Mi hermana es cocinera.** 나의 여동생은 요리사입니다.

● 나의 형제/자매를 말할 때 형/누나는 **mi hermano mayor / mi hermana mayor**,
나의 남동생/여동생은 **mi hermano menor / mi hermana menor** 라고 합니다.
● 스페인어의 소유형용사는 다음에 위치하는 명사의 성과 수에 따라 형태가 변합니다.
(부록편 스페인어 형용사 변화에 관한 문법 요약을 참고하시면 됩니다.)
● **mayor** (더 나이 든), **menor** (더 어린/작은), **la hermana** (누나/언니/여동생), **la cocinera** (여자 요리사)

④ 기본패턴의 응용!

p015-11 **A) ¿Qué hace su marido?** 당신의 남편은 무엇을 하십니까? (직업)

p015-12 **B) Mi marido es enfermero.** 나의 남편은 간호사입니다.

---

p015-13 **A) ¿Le va bien a su hijo?** 당신의 아이는 잘 지냅니까?

p015-14 **B) Sí, mi hijo(a) es siempre activo(a).** 네, 나의 아이는 늘 활동적입니다.

● **le** 는 목적어 **su hijo** 를 받는 간접목적대명사입니다. (목적대명사는 부록부를 참고하시면 됩니다.)
● **va** (가다 : **ir** 동사) + **bien** (좋은 : 부사)?로 '잘 있습니까/진행되고 있습니까?'의 뜻입니다.
● **qué** (무엇 : 의문사), **hacer** (하다/만들다), **su(s)** (당신/당신들의), **el marido** (남편),
la mujer (부인/여자), **el enfermero** (남자 간호사), **ir** (가다/(안부가) ~하다), **el/la hijo(a)** (아들/딸),
bien (잘), **sí** (네), **siempre** (언제나/늘), **activo(o)** (활동적인)

The focus is on **conversation** and **communication**.

Start **speaking languages** immediately using **essential phrases**.

Learn foreign language!
Spanish

Part 1. It's a completely new way to learn foreign language! | Pattern 016

Mi ~ es ~. [미 ~ 에스 ~.]
나의 ~는 ~입니다. (개인정보)

① 기본패턴의 핵심!

❶ **mi** (나의)는 소유형용사입니다. (영어의 **my**)
❷ 소유형용사는 다음에 오는 명사의 성과 수에 따라 형태가 변합니다.
❸ **Mi ~ es ~.** 에서 **mi** 는 명사의 성과 수에 따라, **mi** (남/녀 단수), **mis** (남/녀 복수)가 됩니다.
❹ **Mi(s) ~ es(son) ~.** (나의 ~(들)은 ~입니다.)로 '나의 개인정보'를 말할 수 있습니다.

② 기본패턴의 연습!

- p016-01 **Mi grupo sanguíneo es A+(A positivo).** 나의 혈액형은 A+입니다.
- p016-02 **Mi lengua materna es el coreano.** 나의 모국어는 한국어입니다.
- p016-03 **Mi número de teléfono es el 011-2345-6789.** 나의 전화번호는 011-2345-6789입니다.
- p016-04 **Mi número de cuenta bancaria es el 01-234-567.** 나의 은행계좌번호는 01-234-567입니다.
- p016-05 **Mi dirección es Uam-dong, Nam-gu, Busan.** 나의 주소는 부산 남구 우암동입니다.
- p016-06 **Mi lugar de nacimiento es Seúl.** 나의 출생지는 서울입니다.
- p016-07 **Mi profesión es policía.** 나의 직업은 경찰관입니다.
- p016-08 **Mi religión es el cristianismo.** 나의 종교는 기독교입니다.

● 혈액형은 **A, B, AB, O** 그리고 **+ (positivo), - (negativo)**로 표현합니다.
● 스페인어로 주소는 번지 > 도로명 > 구 > 도시 순서입니다.
● **cero (0), uno (1), dos (2), tres (3), cuatro (4), cinco (5), seis (6), siete (7), ocho (8), nueve (9)**
● **el grupo sanguíneo** (혈액형), **la lengua materna** (모국어), **el coreano** (한국어), **el número de teléfono** (전화번호), **el número de cuenta** (계좌번호), **bancario(a)** (은행의), **la dirección** (주소), **el lugar de nacimiento** (출생지), **la profesión** (직업), **la policía** (경찰관), **le carrera** (직업), **la religión** (종교), **el cristianismo** (기독교)

pattern

두 번째 섹션 : 핵심동사 패턴!

2nd Section 은 **스페인어**의 3대 **핵심 동사**인,
ser / estar 동사와 **tener** 동사의 패턴을 **정리**했습니다.
(영어의 **be** 동사와 **have** 동사)

P 016

③ 기본패턴의 확장!

p016-09 **Mi fecha de nacimiento es el 11 de diciembre de 1990.** 나의 생년월일은 1990.12.11.입니다.

p016-10 **Mi correo electrónico es kim@mail.com.** 나의 이메일 주소는 kim@mail.com 입니다.

- 스페인어는 일 > 월 > 년 순서로 말합니다. 생년월일은 '정관사 **el** + 일 **de** 월 **de** 년'으로 말합니다.
- **1990 (mil novecientos noventa)**
- 이메일 주소의 기호 **@** 는 **arroba** 로 읽고, **.** 는 **punto** (마침표/점)으로 읽습니다.
- **la fecha de nacimiento** (생년월일), **once** (11), **el diciembre** (12월), **el correo electrónico** (이메일 주소)

④ 기본패턴의 응용!

p016-11 **A) ¿Cuándo es su cumpleaños?** 당신의 생일은 언제입니까?

p016-12 **B) Mi fecha de nacimiento es el 14 de mayo de 1994.** 나의 생년월일은 1994.5.14.입니다.

---

p016-13 **A) ¿Habla usted español?** 당신은 스페인어를 합니까?

p016-14 **B) Mi lengua materna es el español.** 나의 모국어는 스페인어입니다.

- **cuándo** (언제)는 의문사입니다. (스페인어 의문사에 대한 문법 설명은 부록편을 참고하시면 됩니다.)
- 해당 국가의 언어는 '정관사 **el** + 국가명의 형용사 남성형' 입니다.
- **hablar** (언어를 말하다)와 함께 사용하면 관사를 생략합니다.
- **cuándo** (언제), **su(s)** (당신/당신들의), **el cumpleaños** (생일), **la fecha** (날짜), **de** (~의), **mayo** (5월), **hablar** (언어를 말하다), **el español** (스페인어), **la lengua** (언어), **materno(a)** (어머니의)

Learn foreign language!
Spanish

Part 1. It's a completely new way to learn foreign language! | Pattern 017

Mi ~ es ~. [미 ~ 에스 ~.]

나의 ~는 ~입니다. (취미/기호/전공)

① 기본패턴의 핵심!

❶ **mi** (나의)는 소유형용사입니다. (영어의 **my**)
❷ 스페인어 소유형용사는 2개가 있으며, 명사의 앞에 오면 전치형, 뒤에 오면 후치형이라 합니다.
이번 과에서 배우는 것은 전치형으로 뒤에 오는 명사의 수에 따라 달라집니다. (부록편을 참고하십시오.)
❸ **mi ~ es ~** 에서 **mi** 는 명사의 수에 따라, **mis** (남/녀 복수)가 됩니다.
❹ **Mi(s) ~ es(son) ~.** (나의 ~(들)은 ~입니다.)로 '나의 취미/기호/전공'을 표현할 수 있습니다.

② 기본패턴의 연습!

p017-01 **Mi hobby es leer.** 나의 취미는 독서입니다.

p017-02 **Mi hobby es la música.** 나의 취미는 음악입니다.

p017-03 **Mi comida favorita es la paella.** 나의 선호음식은 파에야입니다.

p017-04 **Mi color favorito es azul.** 나의 선호색은 파랑색입니다.

p017-05 **Mi deporte favorito es el fútbol.** 나의 선호스포츠는 축구입니다.

p017-06 **Mi especialidad es el derecho.** 나의 전공은 법학입니다.

p017-07 **Mi especialidad es la economía.** 나의 전공은 경제학입니다.

p017-08 **Mi especialidad secundaria es la filosofía.** 나의 부전공은 철학입니다.

● '취미'는 **el hobby** 로 외래어를 사용합니다.
● 명사 뒤에 형용사 **favorito(a)** (선호하는)을 붙여 좀 더 좋아하는 것을 표현할 수 있습니다.
● **el hobby** (취미), **leer** (읽다), **la música** (음악), **la comida** (음식),
favorito(a) (선호하는), **la paella** (빠에야), **el color** (색깔), **el azul** (파랑색), **el deporte** (스포츠),
el fútbol (축구), **la especialidad** (전공), **el derecho** (법학), **la economía** (경제학),
la especialidad secundaria (부전공), **la filosofía** (철학)

pattern

두 번째 섹션 : 핵심동사 패턴!

2nd Section 은 **스페인어**의 3대 **핵심 동사**인,
ser / estar 동사와 **tener** 동사의 패턴을 **정리**했습니다.
(영어의 **be** 동사와 **have** 동사)

P 017

③ 기본패턴의 확장!

p017-09 **Mi hobby es la colección de sellos.** 나의 취미는 우표수집입니다.

p017-10 **Mi pasatiempo favorito es navegar por internet.** 나의 선호하는 취미는 인터넷 서핑입니다.

- **la colcción de** (~의 수집)
- **ser** 동사 바로 다음에 동사원형이 오면 '~하는 것/~하기'의 뜻입니다.
- **la colección** (수집), **de** (~의), **el sello** (우표), **el pasatiempo** (취미/오락), **navegar** (서핑하다), **por** (~ 통해서), **el internet** (인터넷)

④ 기본패턴의 응용!

p017-11 **A) ¿Cuál es su hobby?** 당신의 취미는 무엇입니까?

p017-12 **B) Mi hobby es ir de compras.** 나의 취미는 쇼핑입니다.

p017-13 **A) ¿Cuál es su especialidad?** 당신의 전공은 무엇입니까?

p017-14 **B) Mi especialidad es la literatura española.** 나의 전공은 스페인 문학입니다.

- **ir de compras** 는 '쇼핑 가다/장보러 가다'입니다. 관용적인 표현으로 사용됩니다.
- **cuál** (어떤), **su(s)** (당신/당신들의), **la compra** (쇼핑), **la literatura española** (스페인 문학)

Learn foreign language!
Spanish

It's a completely new way to learn foreign language!

Part 1. | Pattern 018

Mi virtud es ~. [미 비르뚯 에스 ~.]
나의 장점은 ~입니다. (장점)

① 기본패턴의 핵심!

❶ **mi** (나의)는 소유형용사입니다. (영어의 **my**)
❷ **Mi virtud es ~.** (나의 장점은 ~입니다.)로 '나의 장점' 등을 표현할 수 있습니다.

② 기본패턴의 연습!

- p018-01 **Mi virtud es la exactitud.** 나의 장점은 정확성입니다.
- p018-02 **Mi virtud es la adaptabilidad.** 나의 장점은 적응성입니다.
- p018-03 **Mi virtud es la flexibilidad.** 나의 장점은 유연성입니다.
- p018-04 **Mi virtud es la simpatía.** 나의 장점은 공감능력입니다.
- p018-05 **Mi virtud es la puntualidad.** 나의 장점은 시간을 잘 지키는 것입니다.
- p018-06 **Mi virtud es la facultad de organización.** 나의 장점은 조직능력입니다.
- p018-07 **Mi virtud es la capacidad de análisis.** 나의 장점은 분석력입니다.
- p018-08 **Mi virtud es lograr las buenas relaciones humanas.** 나의 장점은 좋은 대인관계입니다.

● **-tión/dad** 으로 끝나면 여성명사입니다.
● **bueno(a)** (좋은/우수한) 뒤에 여성복수 명사가 오면 **buenas** 가 됩니다.
● **la virtud** (장점), **la exactitud** (정확성), **la adaptabilidad** (적응성), **la flexibilidad** (유연성), **la simpatía** (공감능력), **la puntualidad** (시간엄수), **la facultad** (능력), **de** (~의), **la organización** (조직), **la capacidad** (능력), **el análisis** (분석), **lograr** (이루다/형성하다), **bueno(a)** (좋은/우수한), **la relación** (관계), **humano(a)** (인간적인)

두 번째 섹션 : 핵심동사 패턴!

2nd Section 은 **스페인어**의 3대 **핵심 동사**인,
ser / estar 동사와 **tener** 동사의 패턴을 **정리**했습니다.
(영어의 **be** 동사와 **have** 동사)

P 018

③ 기본패턴의 확장!

p018-09 **Mi cualidad principal es la puntualidad.** 나의 중요한 장점은 시간엄수입니다.

p018-10 **Mi defecto es el perfeccionismo.** 나의 단점은 완벽주의입니다.

- **las mejores cualidades** (최고의 장점들)로 강조하여 말할 수도 있습니다.
mejor 는 '더 좋은/더 잘'이라는 뜻인데 앞에 정관사가 오면 '제일 좋은/최고의'라는 뜻이 됩니다.
(**Mi mejor cualidad es la puntualidad.** 나의 최고의 장점은 시간엄수입니다.)
- **la cualidad** (장점), **principal** (주된/중요한), **el defecto** (단점), **el perfeccionismo** (완벽주의)

④ 기본패턴의 응용!

p018-11 **A) ¿Cuál es su virtud principal?** 당신의 중요한 장점은 무엇입니까?

p018-12 **B) Mi virtud es la exactitud.** 나의 장점은 정확성입니다.

---

p018-13 **A) ¿Cuáles son sus cualidades principales?** 당신의 중요한 장점들은 무엇입니까?

p018-14 **B) Mis cualidades principales son la facultad de organización y la flexibilidad.**
나의 중요한 장점들은 조직능력과 유연성입니다.

- **cuál** (어떤)은 의문대명사입니다. **la cualidad** (장점)의 수에 맞추어 사용했습니다.
(이후의 의문사 파트에서 자세히 설명드립니다.)
- 특징/장점이 복수일 경우, **Mis cualidades son ~.** (나의 장점들은 ~입니다.)가 됩니다.
- **cuál** (어떤), **su(s)** (당신/당신들의), **y** (그리고)

Learn foreign language!
Spanish

Part 1. It's a completely new way to learn foreign language! | Pattern 019

Eso es ~. [에소 에스 ~.]
그것은 ~합니다/입니다. (특성/성향)

❶ 기본패턴의 핵심!

❶ **eso** 는 대명사로 사용되며, 앞에 나온 문장 전체나 이름을 알 수 없는 사물을 가리킵니다. (영어의 **that**)
❷ 스페인어의 중성지시대명사는 **esto** (이것), **eso** (그것), **aquello** (저것)이 있고 단수입니다.
❸ **Eso es ~.** 는 영어의 **It is ~.** 와 같습니다. (**es** 는 **ser** 동사의 3인칭 단수 형태입니다.)
❹ **Eso es** + 형용사. (그것은 ~합니다/입니다.)로 '특성/성향'을 말할 수 있습니다.

❷ 기본패턴의 연습!

p019-01	Eso es perfecto.	그것은 완벽합니다.
p019-02	Eso es exacto.	그것은 정확합니다.
p019-03	Eso es claro.	그것은 명확합니다.
p019-04	Eso es inútil.	그것은 무의미합니다.
p019-05	Eso es seguro.	그것은 확실합니다.
p019-06	Eso es gratuito.	그것은 무료입니다.
p019-07	Eso es todo.	그것이 전부입니다. (이상입니다.)
p019-08	Eso no es nada.	그것은 아무것도 아닙니다.

- **in-** 은 '없음/아님'을 나타내는 접두사입니다. **in** (없는) + **útil** (유용한)
- **nada** (아무것도 ~않다)가 동사 뒤에 올 때에는 동사 앞에 반드시 **no** 를 써줍니다.
- **perfecto** (완벽한), **exacto** (정확한), **claro** (명확한), **inútil** (쓸데없는/무용한), **seguro** (확실한), **gratuito** (무료의), **todo** (전부/모두), **nada** (아무것도 ~ 않다)

The basics of grammar and sentence construction!
The most useful phrases and expressions!

pattern

두 번째 섹션 : 핵심동사 패턴!

2nd Section 은 **스페인어**의 3대 **핵심 동사**인,
ser / estar 동사와 **tener** 동사의 패턴을 **정리**했습니다.
(영어의 **be** 동사와 **have** 동사)

P 019

③ 기본패턴의 확장!

p019-09	Eso es claro para mí.	그것은 나에게 명확합니다.
p019-10	Eso no es absolutamente nada.	그것은 전혀 아무것도 아닙니다.

- 전치사 뒤에는 전치격 인칭대명사가 옵니다. **para** (~를 위해/~에게) + 전치격 인칭대명사는 '~를 위해/~에게 있어서'가 됩니다.
- **absolutamente** (전혀 ~ 아니다)를 붙여 부정문에서 '부정의 의미'를 강조할 수 있습니다.
- **para** (~에게/~를 위해), **mí** (나 : 전치격 인칭대명사 1인칭 단수), **absolutamente** (전혀 ~ 아니다)

④ 기본페턴의 응용!

p019-11	A) ¿Eso es gratuito?	그거 공짜입니까?
p019-12	B) Seguro que sí.	그렇고 말고요.

p019-13	A) ¿Para quién es la carta?	그 편지는 누구에게 온 것입니까?
p019-14	B) Esa es para mí.	그것은 나에게 온 것입니다.

- **Seguro** (확실한) + **que** (접속사) + **sí** (네).로 '그렇고 말고요.'라는 뜻입니다.
- 전치사 **para** 는 대상을 나타내는 표현이며, 뒤에는 인칭대명사의 전치사형을 씁니다. 1인칭 단수 **yo** 와 2인칭 단수 **tú** 는 전치사 뒤에 각각 **mí**, **ti** 로 씁니다.
- **gratuito(a)** (무료의/공짜의), **quién** (누구), **para quién** (누구에게), **la carta** (편지), **mí** (나 : 강세형 인칭대명사 1인칭 단수)

The focus is on **conversation** and **communication**.

Start **speaking languages** immediately using **essential phrases**.

Learn foreign language!
Spanish

Part 1. It's a completely new way to learn foreign language! | Pattern 020

Eso es ~. [에소 에스 ~.]
그것은 ~합니다/입니다. (성질/특징)

① 기본패턴의 핵심!

❶ **eso** (그것)은 중성지시대명사입니다.
❷ **eso** 는 앞의 문장 전체 또는 상대방에게 가까이 있는 것으로 '이름'을 모르는 대상에 사용합니다.
❸ **Eso es ~.** 는 영어의 **It is ~.** 와 같습니다. (**es** 는 **ser** 동사의 3인칭 단수 형태입니다.)
❹ **Eso es** + 형용사. (그것은 ~합니다/입니다.)로 '성질/특징'을 말할 수 있습니다.

② 기본패턴의 연습!

p020-01	Eso es	importante.	그것은 중요합니다.
p020-02	Eso es	inseguro.	그것은 불확실합니다.
p020-03	Eso es	posible.	그것은 가능합니다.
p020-04	Eso es	injusto.	그것은 불공정합니다.
p020-05	Eso es	interesante.	그것은 흥미롭습니다.
p020-06	Eso es	peligroso.	그것은 위험합니다.
p020-07	Eso es	nuevo.	그것은 새롭습니다.
p020-08	Eso es	incorrecto.	그것은 틀립니다.

● 부정의 접두사 **in-** (없음/아님) 또는 **im-** (없음/아님)을 붙여 반대어를 만들 수 있습니다.
in (없는) + **justo** (공정한) = **injusto** (불공정한), **im** (없는) + **posible** (가능한) = **imposible** (불가능한)
● **importante** (중요한), **inseguro** (불확실한), **posible** (가능한), **imposible** (불가능한),
justo(a) (공정한), **injusto(a)** (불공정한), **interesante** (흥미로운), **peligroso(a)** (위험한),
nuevo(a) (새로운), **incorrecto(a)** (틀린)

pattern sho

두 번째 섹션 : 핵심동사 패턴!

2nd Section 은 **스페인어**의 3대 **핵심 동사**인,
ser / estar 동사와 tener 동사의 패턴을 **정리**했습니다.
(영어의 be 동사와 have 동사)

P 020

③ 기본패턴의 확장!

p020-09	Eso no es importante.	그것은 중요하지 않습니다.
p020-10	Eso no es aceptable.	그것은 받아들일 수 없습니다.

- **No es ~.** 는 '~하지 않다.'입니다. 부정문에서 **no** 는 동사 앞에 옵니다.
- 접미사 **-able** 는 '가능한'입니다. **in-acept-able** (받아들일 수 없는)
- **no ~ es** (~하지 않다), **aceptable** (받아들일 수 있는), **inaceptable** (받아들일 수 없는)

④ 기본패턴의 응용!

p020-11	A) ¡No comer la comida de otras compañías!	다른 회사들 음식은 먹지 마시오!
p020-12	B) Eso es injusto.	그것은 불공정합니다.
p020-13	A) ¿Qué piensa de la pena de muerte?	당신은 사형에 대해 어떻게 생각하십니까?
p020-14	B) Eso es inaceptable.	그것은 받아들일 수 없습니다.

- **No comer ~** 처럼 동사원형 앞에 **no** 를 써서 부정의 명령을 나타냅니다.
- **pensar de ~** 는 '~에 대해 생각하다'입니다.
- 의문사가 나오는 의문문에서 전치사가 올 경우, 의문사 앞에 전치사를 둡니다.
- **comer** (먹다), **la comida** (음식), **otro(a)** (다른), **la compañía** (회사), **de** (~에 대하여), **qué** (무엇), **pensar** (생각하다), **la pena de muerte** (사형)

Learn foreign language!
Spanish

Part 1. It's a completely new way to learn foreign language! | Pattern 021

Esta es ~. [에스따 에스 ~.]
이것은 ~입니다. (정의/사실)

① 기본패턴의 핵심!

❶ **este** 는 지시대명사/형용사 등으로 사용되며, 여기서 **este** (이것)은 대명사입니다. (영어의 **this**)
(여성형은 **esta** 이고 각각 복수형은 **estos** 와 **estas** 입니다. 그리고 중성 **esto** 가 있는데 이것은 이름(혹은 성)을 알 수 없는 단어 또는 문장 전체를 지칭할 수 있습니다.)
❷ **Este(a) es ~.** 는 다음에 나오는 명사의 성과 수에 따라 바뀝니다. (**es** 는 **ser** 동사의 3인칭 단수 형태)
❸ **Este(a) es** + 명사. (이것은 ~입니다.)로 '정의/사실'을 말할 수 있습니다.

② 기본패턴의 연습!

p021-01	Esta es	la verdad.	이것은 진실입니다.
p021-02	Esta es	la diferencia.	이것은 차이점입니다.
p021-03	Esta es	la regla.	이것은 규정입니다.
p021-04	Esta es	la conclusión.	이것은 결론입니다.
p021-05	Esta es	la respuesta.	이것이 대답입니다.
p021-06	Esta es	la solución.	이것이 해결책입니다.
p021-07	Esta es	la vida.	이것이 인생입니다.
p021-08	Esta es	la ficción.	이것이 픽션입니다.

● **la verdad** (진실), **la diferencia** (차이점), **la regla** (관례/규정), **la conclusión** (결론), **la respuesta** (대답), **la solución** (해결책), **la vida** (인생), **la ficción** (픽션/허구)

두 번째 섹션 : 핵심동사 패턴!

2nd Section 은 **스페인어**의 3대 **핵심 동사**인,
ser / estar 동사와 **tener** 동사의 패턴을 **정리**했습니다.
(영어의 **be** 동사와 **have** 동사)

P 021

③ 기본패턴의 확장!

p021-09 **Esta es la pura verdad.** 이것은 엄연한 진실입니다.

p021-10 **Esto es solo un problema de tiempo.** 이것은 시간 문제에 불과합니다.

- 형용사를 첨가하여(정관사 + 형용사 + 명사) 보다 구체적으로 표현할 수 있습니다.
- 명사 앞에 **solo** (오직 ~일 뿐이다)를 넣으면 '~에 불과하다/~일 뿐이다'가 됩니다.
또는 **ser** 동사 앞에 **no es más que** 를 넣어도 같은 뜻이 됩니다.
Carlos no es más que un niño. (까를로스는 소년에 불과합니다.)
- **puro(a)** (순수한/단순한), **solo** (오직 ~일 뿐이다), **un** (하나의 : 부정관사), **el problema** (문제), **de** (~의), **el tiempo** (시간), **el niño** (소년)

④ 기본패턴의 응용!

p021-11 A) **¿Es verdad o mentira esto?** 이것은 사실입니까 또는 거짓입니까?

p021-12 B) **Esto es la pura verdad.** 이것은 엄연한 진실입니다.

---

p021-13 A) **¿Cuál es el problema?** 무엇이 문제입니까?

p021-14 B) **Esto es solo un problema de tiempo.** 이것은 시간 문제에 불과합니다.

- **Esto es solo un problema de tiempo.** 이것은 시간 문제에 불과합니다. > 시간이 지나면 해결됩니다.
- **cuál** 은 의문대명사입니다. **¿Qué ~?** 와는 달리 바로 뒤에 명사가 올 수는 없습니다
¿De qué color es el libro? (그 책은 무슨 색깔입니까?)
- **o** (또는), **la mentira** (거짓), **cuál** (무엇 : 의문대명사)

Learn foreign language!
Spanish

Part 1. It's a completely new way to learn foreign language! | Pattern 022

Ese es demasiado ~. [에세 에스 데마시아도 ~.]
그것은 너무 ~합니다. (강조)

① 기본패턴의 핵심!

❶ **ese** 는 대명사/지시형용사 등으로 사용되며, 여기서 **ese** (그것)은 대명사입니다. (영어의 **that**)
(중성대명사 **eso** 는 단어 또는 문장 전체를 지칭할 수 있습니다.)
❷ **Ese es demasiado** + 형용사.는 '그것은 너무 ~ 합니다.'입니다.
❸ **demasiado** 는 '너무 ~하다'로 '강조'의 뜻을 표현합니다. (영어의 **too**)

② 기본패턴의 연습!

p022-01	Ese(a) es demasiado	pequeño(a).	그것은 너무 작습니다.
p022-02	Ese(a) es demasiado	grande.	그것은 너무 큽니다.
p022-03	Ese(a) es demasiado	tarde.	그것은 너무 늦었습니다.
p022-04	Ese(a) es demasiado	salado(a).	그것은 너무 짭니다.
p022-05	Ese(a) es demasiado	caro(a).	그것은 너무 비쌉니다.
p022-06	Ese(a) es demasiado	fuerte.	그것은 너무 강합니다. (너무 심합니다.)
p022-07	Ese(a) es demasiado	fácil.	그것은 너무 쉽습니다.
p022-08	Ese(a) es demasiado	difícil.	그것은 너무 어렵습니다.

● **Ese(a) es demasiado fuerte.** 그것은 너무 강합니다. > 너무 심합니다.
● **pequeño(a)** (작은), **grande** (큰), **tarde** (늦은), **salado(a)** (짠), **caro(a)** (비싼), **fuerte** (강한/심한), **fácil** (쉬운), **difícil** (어려운)

pattern

두 번째 섹션 : 핵심동사 패턴!

2nd Section 은 **스페인어**의 3대 **핵심 동사**인,
ser / estar 동사와 **tener** 동사의 패턴을 **정리**했습니다.
(영어의 **be** 동사와 **have** 동사)

P 022

③ 기본패턴의 확장!

p022-09 **Ese(a) es demasiado caro(a) para mí.** 그것은 나에게는 너무 비쌉니다.

p022-10 **Ese(a) es demasiado peligroso(a) para los niños.** 그것은 아이들에게 너무 위험합니다.

- 전치사 **para** (~을 위해/대해서)로 구체적인 대상을 표현할 수 있습니다.
- 전치사 뒤에는 명사 또는 강세형 인칭대명사가 옵니다.
(**para mí** 나에게는 / **para usted** 당신에게는 / **para ti** 너에게는)
- **para** (~을 위해/대해서), **mí** (나 : 전치격 인칭대명사 1인칭 단수), **peligroso(a)** (위험한), **el niño** (남자 아이), **la niña** (여자 아이)

④ 기본패턴의 응용!

p022-11 **A) ¿Aprende usted árabe?** 당신은 아랍어를 배웁니까?

p022-12 **B) Eso es demasiado difícil.** 그것은 너무 어렵습니다.

---

p022-13 **A) ¿Podemos subir a la montaña con mis niños?** (우리들이) 아이들과 함께 등산할 수 있을까요?

p022-14 **B) Eso es demasiado peligroso para los niños.** 그것은 아이들에게 너무 위험합니다.

- **aprender** (배우다), **usted** (당신), **el árabe** (아랍어), **nosotros** (우리), **poder** (할 수 있다), **subir a la montaña** (등산하다), **con** (~와 함께)

The focus is on **conversation** and **communication**.

Start **speaking languages** immediately using **essential phrases**.

Learn foreign language!
Spanish

Part 1. | Pattern 023

It's a completely new way to learn foreign language!

Aquello es ~ para mí. [아께요 에스 ~ 빠라 미.]
저것은 나에게 ~합니다. (판단/평가)

① 기본패턴의 핵심!

❶ **aquello** (저것)은 대명사입니다. (영어의 **that** 에 해당합니다.)
(**aquello** 는 단어 또는 문장 전체를 지칭할 수 있습니다.)
❷ **para** (~을 위하여/~에게 있어)는 전치사입니다. (영어의 **for**)
❸ **Aquello es** + 형용사 + **para mí.** 는 '저것은 나에게 ~합니다.'입니다.

② 기본패턴의 연습!

p023-01	**Aquello es importante para mí.**	저것은 나에게 중요합니다.
p023-02	**Aquello es complicado para mí.**	저것은 나에게 복잡합니다.
p023-03	**Aquello es imposible para mí.**	저것은 나에게 불가능합니다.
p023-04	**Aquello es difícil para mí.**	저것은 나에게 어렵습니다.
p023-05	**Aquello es necesario para mí.**	저것은 나에게 필요합니다.
p023-06	**Aquello es inaceptable para mí.**	저것은 나에게 받아들일 수 없습니다.
p023-07	**Aquello es simple para mí.**	저것은 나에게 간단합니다.
p023-08	**Aquello no es simple para mí.**	저것은 나에게 간단하지 않습니다.

● 부정표현은 동사 앞에 **no** (아니다)를 쓰면 됩니다. **Aquello no es ~.** (저것은 아닙니다.)
● **importante** (중요한), **complicado** (복잡한), **imposible** (불가능한), **difícil** (어려운), **necesario(a)** (필요한), **inaceptable** (받아들일 수 없는), **simple** (간단한), **no** (아니다)

pattern

두 번째 섹션 : 핵심동사 패턴!

2nd Section 은 **스페인어**의 3대 **핵심 동사**인,
ser / estar 동사와 **tener** 동사의 패턴을 **정리**했습니다.
(영어의 **be** 동사와 **have** 동사)

P 023

③ 기본패턴의 확장!

p023-09 **Para mí, aquello es complejo(a).** 나에게 저것은 복잡합니다.

p023-10 **Aquello es absolutamente imposible para mí.** 저것은 나에게 전적으로 불가능합니다.

- **para mí** (나에게/나에 대해)의 위치는 문장 앞이나 뒤 모두 가능합니다.
- 부사를 활용하면 좀 더 강조하여 말할 수 있습니다.
(**absolutamente** 전적으로, **muy** 매우, **totalmente** 완전히, **verdaderamente** 정말로)
- **absolutamente** (전적으로)

④ 기본패턴의 응용!

p023-11 **A) ¿Es posible para usted aquel trabajo?** 당신에게 저 일이 가능합니까?

p023-12 **B) Es absolutamente imposible para mí.** 저것은 나에게 전적으로 불가능합니다.

p023-13 **A) ¿Entiende usted aquel libro?** 당신은 저 책을 이해합니까?

p023-14 **B) No, es complicado para mí.** 아니오, 나에게 복잡합니다.

- **aquel** (저)는 지시형용사로 뒤에 명사에 따라 형태가 바뀝니다.
(**aquel** + 남성단수, **aquella** + 여성단수, **aquellos** + 남성복수, **aquellas** + 여성복수)
- **posible** (가능한), **usted** (당신), **aquel** (저것), **el trabajo** (일/노동),
entender (이해하다), **el libro** (책), **no** (아니오)

Learn foreign language!
Spanish

Part 1. | Pattern 024

It's a completely new way to learn foreign language!

Ese es demasiado ~ para mí. [에쎄 에스 데마시아도 ~ 빠라 미.]
그것은 나에게 너무 ~합니다. (강조)

① 기본패턴의 핵심!

❶ **ese(a)** (그것)은 대명사입니다. (영어의 **that**)
(**eso** 는 단어 또는 문장 전체를 지칭할 수 있습니다.)
❷ **para** (~을 위하여/~에게 있어)는 전치사입니다. (영어의 **for**)
❸ **demasiado** 는 '너무 ~하다'로 '강조'의 뜻을 나타냅니다. (영어의 **too**)
❹ **Ese(a) + es + demasiado** + 형용사 + **para mí.** 는 '그것은 나에게 너무 ~합니다.'입니다.

② 기본패턴의 연습!

- p024-01 **Ese(a) es demasiado caro(a) para mí.** 그것은 나에게 너무 비쌉니다.
- p024-02 **Ese(a) es demasiado complejo(a) para mí.** 그것은 나에게 너무 복잡합니다.
- p024-03 **Ese(a) es demasiado simple para mí.** 그것은 나에게 너무 간단합니다.
- p024-04 **Ese(a) es demasiado alto(a) para mí.** 그것은 나에게 너무 높습니다.
- p024-05 **Ese(a) es demasiado mucho para mí.** 그것은 나에게 너무 많습니다.
- p024-06 **Ese(a) es demasiado pequeño(a) para mí.** 그것은 나에게 너무 적습니다.
- p024-07 **Ese(a) es demasiado difícil para mí.** 그것은 나에게 너무 어렵습니다.
- p024-08 **Ese(a) es demasiado fácil para mí.** 그것은 나에게 너무 쉽습니다.

● **caro(a)** (비싼), **complejo(a)** (복잡한), **simple** (간단한), **alto(a)** (높은), **mucho** (많은), **pequeño(a)** (적은), **difícil** (어려운), **fácil** (쉬운)

pattern sho

두 번째 섹션 : 핵심동사 패턴!

2nd Section 은 **스페인어**의 3대 **핵심 동사**인,
ser / estar 동사와 **tener** 동사의 패턴을 **정리**했습니다.
(영어의 **be** 동사와 **have** 동사)

P 024

③ 기본패턴의 확장!

p024-09 **Esa escuela está demasiado lejos para mí.** 그 학교는 내게 너무 멉니다.

p024-10 **Ese problema es demasiado complejo para mí.** 그 문제는 나에게 너무 복잡합니다.

- **para** 뒤에 동사원형을 쓰면 '~하기에는'이 됩니다.
- **ese(a)** 는 지시형용사로 뒤에 명사가 옵니다.
(**ese** + 남성단수, **esa** + 여성단수, **esos** + 남성복수, **esas** + 여성복수)
- **la escuela** (학교), **estar** (있다), **lejos** (먼), **el problema** (문제)

④ 기본패턴의 응용!

p024-11 **A) ¿Puede ayudarme?** 나를 도와주실 수 있습니까?

p024-12 **B) El problema es demasiado difícil para mí.** 그 문제는 나에게 너무 어렵습니다.

---

p024-13 **A) ¿Está esa escuela lejos de aquí?** 그 학교는 여기에서 멉니까?

p024-14 **B) Está demasiado lejos para mí.** 나에게는 너무 멉니다.

- **¿Puede ayudarme?** (나를 도와주실 수 있습니까?)는 일상에서 매우 자주 사용하는 표현입니다.
- **poder** (~할 수 있다), **ayudar** (돕다), **me** (나를), **de** (~로부터), **aquí** (여기)

Learn foreign language!
Spanish

Part 2. It's a completely new way to learn foreign language! | Pattern 025

Tengo ~. [뗑고 ~.]
나는 ~를 가지고 있습니다. (사람/사물)

❶ 기본패턴의 핵심!

❶ **tener** (가지다/소유하다)는 목적어를 필요로 하는 타동사입니다. (영어의 **have**)
❷ **tener** 동사의 활용법은 부록부 문법 요약부를 참고하시면 됩니다. (**Yo tengo, Tú tienes, Él/Ella/Usted tiene, Nosotros tenemos, Vosotros tenéis, Ustedes/Ellos/Ellas tienen**)
(스페인어는 일반적으로 1, 2인칭 단수와 복수에서 주어를 생략합니다.)
❸ **(Yo) tengo** + 명사. (나는 ~이 있습니다/~를 가지고 있습니다.)로 '나의 소유'를 말할 수 있습니다.

❷ 기본패턴의 연습!

p025-01	Tengo	un hermano.	나는 형제가 한 명 있습니다.
p025-02	Tengo	una hermana.	나는 자매가 한 명 있습니다.
p025-03	Tengo	un hijo.	나는 아들이 한 명 있습니다.
p025-04	Tengo	amigos.	나는 친구들이 있습니다.
p025-05	Tengo	un coche.	나는 자동차 하나를 가지고 있습니다.
p025-06	Tengo	una bicicleta.	나는 자전거 하나를 가지고 있습니다.
p025-07	Yo no tengo casa.		나는 집을 가지고 있지 않습니다.
p025-08	Yo no tengo hermanos.		나는 형제자매가 없습니다.

● 부정관사 **un** (하나의/어떤)은 다음에 오는 명사의 성수에 따라 어미변화를 합니다. (**un/una/unos/unas**)
● 스페인어 명사 중에서 **-o** 로 끝나는 것은 여성일 때 **-a** 로 바뀝니다.
● **un/una/unos/unas** (하나의/어떤 : 부정관사), **el hermano** (형제/형/동생/오빠), **la hermana** (자매/언니/동생/누나), **el hijo** (아들), **el(la) amigo(a)** (남자 친구/여자 친구), **el coche** (자동차), **la bicicleta** (자전거), **la casa** (집), **los hermanos** (형제자매)

pattern

두 번째 섹션 : 핵심동사 패턴!

2nd Section 은 **스페인어**의 3대 **핵심 동사**인,
ser / estar 동사와 **tener** 동사의 패턴을 **정리**했습니다.
(영어의 **be** 동사와 **have** 동사)

P 025

③ 기본패턴의 확장!

p025-09	Tengo muchos amigos extranjeros.	나는 많은 외국의 친구들이 있습니다.
p025-10	Tengo amigos en el extranjero.	나는 외국에 친구들이 있습니다.

- **muchos(as)** + 명사는 '많은/다수의 ~'입니다. 단, **gente** (군중)처럼 항상 단수인 명사 앞에 올 때는 **mucha gente** (많은 군중)이라고 단수로 씁니다.
- 스페인어 형용사는 꾸며주는 명사의 성과 수에 일치시켜 줍니다. **amigos extranjeros** (외국의 친구들)
- **mucho(a)** (많은), **extranjero** (외국의), **en** (~에), **el extranjero** (외국)

④ 기본패턴의 응용!

p025-11	A) ¿Tiene usted hermanos?	당신은 형제자매가 있습니까?
p025-12	B) No, no tengo hermanos.	아니오, 나는 형제자매가 없습니다.
p025-13	A) ¿Dónde viven sus amigos?	당신의 친구들은 어디에 삽니까?
p025-14	B) Tengo amigos en el extranjero.	나는 친구들이 외국에 있습니다.

- **usted** (당신), **no** (아니오), **dónde** (어디), **vivir** (살다), **su(s)** (당신의/당신들의)

Learn foreign language!
Spanish

Part 2. It's a completely new way to learn foreign language! | Pattern 026

Tengo ~. [뗑고 ~.]
나는 ~를 가지고 있습니다. (시간)

① 기본패턴의 핵심!

❶ **tener** (가지다/소유하다)는 목적어를 필요로 하는 타동사입니다. (영어의 **have**)
❷ **tener** 동사의 활용법은 부록부 문법 요약부를 참고하시면 됩니다.
(**Yo tengo, Tú tienes, Él/Ella/Usted tiene, Nosotros tenemos, Vosotros tenéis, Ustedes/Ellos/Ellas tienen**) 스페인어는 일반적으로 1, 2인칭 단수와 복수에서 주어를 생략합니다.
❸ **Tengo** + 명사. (나는 ~이 있습니다.)로 다양한 '나의 시간'을 말할 수 있습니다.

② 기본패턴의 연습!

p026-01	Tengo	un curso.	나는 강의 하나가 있습니다.
p026-02	Tengo	una exposición.	나는 발표 하나가 있습니다.
p026-03	Tengo	un compromiso.	나는 약속 하나가 있습니다.
p026-04	Tengo	un problema.	나는 문제 하나가 있습니다.
p026-05	Tengo	una reunión.	나는 회의 하나가 있습니다.
p026-06	Tengo	un seminario.	나는 세미나 하나가 있습니다.
p026-07	Tengo	una conferencia.	나는 강연이 하나 있습니다.
p026-08	Tengo	tiempo.	나는 시간이 있습니다.

● 부정관사 **un** (하나의/어떤)은 다음에 오는 명사의 성과 수에 따라 변화를 합니다.
● **tener** 동사 다음에 명사가 올 때, 때에 따라서는 '~이 있다'로 해석하는 것이 적합한 경우도 있습니다.
● **tener** 동사가 추상명사와 관용어구를 이룰 때는 관사를 사용하지 않습니다. (**el tiempo** 시간 : 추상명사)
● **el curso** (수업), **la exposición** (발표), **el compromiso** (약속), **el problema** (문제),
la reunión (회의), **el seminario** (세미나), **la conferencia** (강연/회의), **el tiempo** (시간)

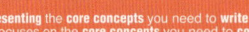

The basics of grammar and sentence construction!
The most useful phrases and expressions!

pattern sho

두 번째 섹션 : 핵심동사 패턴!

2nd Section 은 **스페인어**의 3대 **핵심 동사**인,
ser / estar 동사와 **tener** 동사의 패턴을 **정리**했습니다.
(영어의 **be** 동사와 **have** 동사)

P 026

③ 기본패턴의 확장!

p026-09 **Tengo 23 años.** 나는 23세입니다.

p026-10 **No tengo tiempo.** 나는 시간이 없습니다.

● **Tengo ~ años.** (나는 ~세입니다.)로 나이를 말할 수 있습니다. 나이를 말할 때 2세부터는 복수형입니다.
● 부정문은 동사 앞에 **no** 나 부정의 의미를 나타내는 부정어를 쓰면 됩니다.
● **No tengo ningún amigo.** (나는 친구가 한 명도 없습니다.)
(**ningún** 부정을 강조하는 의미로 '하나도 없다'라는 뜻이고, 뒤에 남성단수명사가 옵니다)
● **el año** (해/년), **veintitrés** (23), **no** (아니다)

④ 기본패턴의 응용!

p026-11 **A) ¿Cuántos años tiene usted?** 당신은 몇 살이세요?

p026-12 **B) Tengo 23 años.** 나는 23세입니다.

---

p026-13 **A) ¿Viene usted a Madrid?** 당신은 마드리드에 올 것입니까?

p026-14 **B) No, no tengo tiempo para ir ahí.** 아니오, 나는 거기 갈 시간이 없습니다.

● 의문형용사 **cuántos(as)** (얼마나)는 다음에 오는 명사에 따라 어미변화합니다.
(**cuánto** (남성단수), **cuántos** (남성복수), **cuánta** (여성단수), **cuántas** (여성복수))
● **cuántos(as)** (얼마나 : 의문형용사), **el año** (나이/연령), **usted** (당신),
venir (오다), **a** (~에/~로), **para** (~을 위한), **ir** (가다), **ahí** (거기)

Learn foreign language!
Spanish

Part 2. It's a completely new way to learn foreign language! | Pattern 027

Tengo ~. [뗑고 ~.]
나는 ~이 있습니다. (감각/생각)

The **basics** of **grammar** and **sentence construction**!

❶ 기본패턴의 핵심!

❶ **tener** (가지다/소유하다)는 목적어를 필요로 하는 타동사입니다. (영어의 **have**)
❷ **tener** 동사의 활용법은 부록부 문법 요약부를 참고하시면 됩니다.
(**Yo tengo, Tú tienes, Él/Ella/Usted tiene, Nosotros tenemos, Vosotros tenéis, Ustedes/Ellos/Ellas tienen**) 스페인어는 일반적으로 1, 2인칭 단수와 복수에서 주어를 생략합니다.
❸ **Tengo** + 명사. (나는 ~이 있습니다.)로 다양한 '나의 감각/생각'을 말할 수 있습니다.

❷ 기본패턴의 연습!

The most useful **phrases** and **expressions**!

p027-01	Tengo	hambre.	나는 배고픕니다.
p027-02	Tengo	sed.	나는 목마릅니다.
p027-03	Tengo	frío.	나는 춥습니다.
p027-04	Tengo	calor.	나는 덥습니다.
p027-05	Tengo	sueño.	나는 졸립습니다.
p027-06	Tengo	miedo.	나는 무섭습니다.
p027-07	Tengo	vergüenza.	나는 부끄럽습니다.
p027-08	Tengo	dudas.	나는 의심스럽습니다.

● **Tengo hambre.** (나는 배고픔이 있습니다. > 나는 배가 고픕니다.)
● **tener** 동사가 추상명사와 관용어구를 이룰 때는 관사를 사용하지 않습니다.
● **el hambre** (배고픔/허기), **la sed** (목마름/갈증), **el frío** (추위), **el calor** (더위), **el sueño** (졸음), **el miedo** (공포), **la vergüenza** (부끄러움/수치), **la duda** (의심/의혹)

pattern sho

두 번째 섹션 : 핵심동사 패턴!

2nd Section 은 **스페인어**의 3대 **핵심 동사**인,
ser / estar 동사와 **tener** 동사의 패턴을 **정리**했습니다.
(영어의 **be** 동사와 **have** 동사)

P 027

③ 기본패턴의 확장!

p027-09	**Tengo ganas de viajar.**	**나는 여행가고 싶습니다.**
p027-10	**Tengo miedo a las ratas.**	**나는 쥐들에 대해 공포가 있습니다.**

- **Tengo ganas de viajar.** 나는 여행하는 욕망이 있습니다. > 여행가고 싶습니다.
- **tener ganas de ~** (~에 대한 욕망을 가지다/~하고싶다)입니다. **de** + 명사/동사가 올 수 있습니다.
- **tener miedo a ~** (~에 대해 공포를 가지다/~를 두려워하다)입니다. **a** + 명사/동사가 올 수 있습니다.
- **la gana** (의욕), **de** (~에 대한), **viajar** (여행하다), **la rata** (쥐)

④ 기본패턴의 응용!

p027-11	**A) ¿Está usted seguro?**	**당신은 확신합니까?**
p027-12	**B) Tengo dudas.**	**나는 의심스럽습니다.**
p027-13	**A) ¿A qué le tiene miedo (usted)?**	**당신은 무엇에 대해 공포가 있습니까?**
p027-14	**B) Tengo miedo a las serpientes.**	**나는 뱀들에 대해 공포가 있습니다.**

- **qué** 는 의문대명사입니다. 전치사 **a** 와 함께 사용하여 **¿A qué le tiene miedo ~?** 는 '무엇에 대해 공포가 있습니까?'입니다.
- 의문사가 문장 앞에 오면 일반적으로 주어와 동사가 도치됩니다.
- **estar** (~이다), **usted** (당신), **seguro(a)** (확실한), **a** (~에 대해), **qué** (무엇), **la serpiente** (뱀)

Learn foreign language!
Spanish

Part 2. It's a completely new way to learn foreign language! | Pattern 028

Tengo ~. [뗑고 ~.]
나는 ~를 가지고 있습니다. (증상/통증)

① 기본패턴의 핵심!

❶ **tener** (가지다/소유하다)는 목적어를 필요로 하는 타동사입니다. (영어의 **have**)
❷ **tener** 동사의 활용법은 부록부 문법 요약부를 참고하시면 됩니다.
(**Yo tengo, Tú tienes, Él/Ella/Usted tiene, Nosotros tenemos, Vosotros tenéis, Ustedes/Ellos/Ellas tienen**) 스페인어는 일반적으로 1, 2인칭 단수와 복수에서 주어를 생략합니다.
❸ **Tengo** + 명사. (나는 ~이 있습니다.)로 다양한 '나의 증상/통증'을 말할 수 있습니다.

② 기본패턴의 연습!

p028-01	Tengo	tos.	나는 기침합니다.
p028-02	Tengo	indigestión.	나는 소화불량이 있습니다.
p028-03	Tengo	heridas.	나는 상처가 있습니다. (다쳤습니다.)
p028-04	Tengo	diarrea.	나는 설사가 납니다.
p028-05	Tengo	fiebre.	나는 열이 있습니다.
p028-06	Tengo	dolor de cabeza.	나는 머리에 통증이 있습니다. (두통이 있습니다.)
p028-07	Tengo	dolor de tripa.	나는 배에 통증이 있습니다. (복통이 있습니다.)
p028-08	Tengo	dolor de muelas.	나는 이에 통증이 있습니다. (치통이 있습니다.)

● '약간 ~'의 의미를 나타내고 싶으면 **un poco de ~** 를 붙이면 됩니다.
(**Tengo un poco de fiebre.** 나는 약간 열이 있습니다.)
● **Tengo dolor** + **de** + 신체부위.는 '나는 ~에 통증이 있다(아프다).'입니다.
● **la tos** (기침), **la indigestión** (소화불량), **la herida** (상처/부상), **la diarrea** (설사), **la fiebre** (열), **el dolor** (병/고통), **de** (~에), **la cabeza** (머리), **la tripa** (배), **la muela** (치아)

pattern sho

두 번째 섹션 : 핵심동사 패턴!

2nd Section 은 **스페인어**의 3대 **핵심 동사**인,
ser / estar 동사와 **tener** 동사의 패턴을 **정리**했습니다.
(영어의 **be** 동사와 **have** 동사)

P 028

③ 기본패턴의 확장!

p028-09 **Me duele aquí.** 나는 여기에 통증이 있습니다.

p028-10 **Tengo la nariz congestionada.** 나는 코가 막혔습니다.

● **tengo dolo de** + 신체와 같은 의미로 **Me duele(n)** + 신체가 있습니다.
me (나에게)는 간접목적대명사이고, **doler** (아프다)의 주어는 뒤에 나오는 '신체'입니다.
Me duele la cabeza. (나는 머리가 아픕니다.)
● **tengo** + 명사 + 형용사로 증상을 표현할 수 있습니다.
(**Tengo la nariz congestionada.** 나는 막힌 코를 가지고 있습니다. > 나는 코가 막혔습니다.)
● **me** (나에게), **doler** (아프다), **aquí** (여기), **la nariz** (코), **congestionado(a)** (막힌)

④ 기본패턴의 응용!

p028-11 **A) ¿Dónde le duele a usted?** 당신은 어디가 아프세요?

p028-12 **B) Me duele el pie derecho.** 나는 오른쪽 발에 통증이 있습니다.

p028-13 **A) ¿Cómo se siente hoy?** 오늘 기분이 어떻습니까?

p028-14 **B) Tengo indigestión.** 나는 소화불량이 있습니다.

● **sentirse** (느낌/기분이 ~하다)는 재귀대명사 **se** 를 동반하는 동사입니다. 재귀대명사는 인칭에 따라 변화합니다. (**me / te / se / nos / os / se**) (**Usted se siente ~.** 당신은 기분이 ~라고 느끼다.)
● **le** 는 3인칭 단수 간접목적대명사이며, '그에게/그녀에게/당신에게'라는 뜻입니다.
● **dónde** (어디), **doler** (아프다 : 간접대명사와 함께 씀), **usted** (당신), **el pie** (발), **derecho(a)** (오른쪽의), **izquierdo(a)** (왼쪽의), **cómo** (어떻게), **sentirse** (느낌/기분이 ~하다), **hoy** (오늘)

Learn foreign language!
Spanish

Part 2. It's a completely new way to learn foreign language! | Pattern 029

Tengo ~. [뗑고 ~.]
나는 ~를 가지고 있습니다. (생각/희망)

① 기본패턴의 핵심!

❶ **tener** (가지다/소유하다)는 목적어를 필요로 하는 타동사입니다. (영어의 **have**)
❷ **tener** 동사의 활용법은 부록부 문법 요약부를 참고하시면 됩니다.
(**Yo tengo, Tú tienes, Él/Ella/Usted tiene, Nosotros tenemos, Vosotros tenéis, Ustedes/Ellos/Ellas tienen**) 스페인어는 일반적으로 1, 2인칭 단수와 복수에서 주어를 생략합니다.
❸ **Tengo** + 명사. (나는 ~이 있습니다.)로 다양한 '나의 생각/희망'을 말할 수 있습니다.

② 기본패턴의 연습!

- p029-01 **Tengo un problema.** 나는 문제 하나가 있습니다.
- p029-02 **Tengo una idea.** 나는 아이디어 하나가 있습니다.
- p029-03 **Tengo esperanza.** 나는 소망이 있습니다.
- p029-04 **Tengo un proyecto.** 나는 계획이 있습니다.
- p029-05 **Tengo un deseo.** 나는 소원 하나가 있습니다.
- p029-06 **Tengo una pregunta.** 나는 질문 하나가 있습니다.
- p029-07 **Tengo cuidado.** 나는 주의하고 있습니다.
- p029-08 **Tengo razón.** 나는 이성이 있습니다. (내가 옳습니다.)

● **tener** + 무관사 명사(**error / razón**)로 '그르다/옳다'를 표현할 수 있습니다.
● **el problema** (문제), **la idea** (아이디어), **la esperanza** (소망/희망), **el proyecto** (계획), **el deseo** (소원), **la pregunta** (질문), **el cuidado** (주의), **la razón** (이성)

pattern sho

두 번째 섹션 : 핵심동사 패턴!

2nd Section 은 **스페인어**의 3대 **핵심 동사**인,
ser / estar 동사와 tener 동사의 패턴을 **정리**했습니다.
(영어의 be 동사와 have 동사)

P 029

③ 기본패턴의 확장!

p029-09	Tengo otra idea.	나는 다른 아이디어가 있습니다.
p029-10	Disculpe, tengo preguntas.	실례합니다, 질문 있습니다.

● 형용사를 다양하게 사용하면 더욱 풍부한 표현이 가능해집니다.
(**bueno(a)** (좋은), **nuevo(a)** (새로운), **pequeño(a)** (사소한) 등이며 괄호 안은 여성용 형용사)
● **Disculpe.** (실례합니다./죄송합니다.)는 인사표현입니다.
● **otro(a)** (다른), **disculpar** (용서/사과하다)

④ 기본패턴의 응용!

p029-11	A) ¿Qué le pasa?	무슨 일이 있습니까?
p029-12	B) Tengo problemas.	나는 문제가 있습니다.

p029-13	A) ¿Por qué no damos un paseo?	우리 산책하러 갈까요?
p029-14	B) Tengo otro proyecto.	나는 다른 계획이 있습니다.

● **¿Qué le(te) pasa?** (무슨 일입니까?)는 관용구입니다. 안부를 묻는 표현으로 사용할 수 있습니다.
(**le** 당신/그/그녀에게, **te** 너에게 : 간접목적대명사는 문법부록편에서 더 자세히 공부하겠습니다.)
● **¿Por qué no ~?** 는 '왜 ~안합니까?'라는 이유를 나타내는 표현에도 사용되지만,
'~할까요?'라는 청유형으로도 쓰입니다.
● **dar** (주다), **dar un paseo** (산책하다), **el paseo** (산책)

The focus is on **conversation** and **communication**.

Start **speaking languages** immediately using **essential phrases**.

Learn foreign language!
Spanish

Part 2. | Pattern 030

It's a completely new way to learn foreign language!

Tengo ~. [뗑고 ~.]
나는 ~를 가지고 있습니다. (학위/지식)

① 기본패턴의 핵심!

❶ **tener** (가지다/소유하다)는 목적어를 필요로 하는 타동사입니다. (영어의 **have**)
❷ **tener** 동사의 활용법은 부록부 문법 요약부를 참고하시면 됩니다.
(**Yo tengo, Tú tienes, Él/Ella/Usted tiene, Nosotros tenemos, Vosotros tenéis, Ustedes/Ellos/Ellas tienen**) 스페인어는 일반적으로 1, 2인칭 단수와 복수에서 주어를 생략합니다.
❸ **Tengo** + 명사. (나는 ~이 있습니다.)로 다양한 '나의 학위/지식'을 말할 수 있습니다.

② 기본패턴의 연습!

p030-01 **Tengo un título en informática.** 나는 컴퓨터 분야 학위가 있습니다.

p030-02 **Tengo un título en comunicación de medios.** 나는 미디어커뮤니케이션 분야 학위가 있습니다.

p030-03 **Tengo un título en administración de empresas.** 나는 경영학 분야 학위가 있습니다.

p030-04 **Tengo un título en marketing internacional.** 나는 국제마케팅 분야 학위가 있습니다.

p030-05 **Tengo aptitudes para aplicar Microsoft Office.** 나는 MS 운용에 능합니다.

p030-06 **Tengo aptitudes para aplicar Adobe Dreamweaver.** 나는 AD 운용에 능합니다.

p030-07 **Tengo aptitudes para aplicar Photoshop.** 나는 Photoshop 운용에 능합니다.

p030-08 **Tengo aptitudes para aplicar Illustrator.** 나는 Illustrator 운용에 능합니다.

● **tener aptitudes para aplicar ~** 는 '~ 운용에 대한 상당한 지식을 가지고 있다(능통하다)'의 뜻입니다.
● 전치사 다음에 동사원형이 오면, 즉 **para** + 동사원형은 '~하기 위한/~할 만한'의 뜻이 됩니다.
● **el título** (학위), **en** (~에/~의 분야에), **la informática** (컴퓨터과학/정보처리), **de** (~의/~에 대한), **la comunicación de medios** (미디어커뮤니케이션), **la administración de empresas** (경영), **el marketing** (마케팅), **internacional** (국제적), **la aptitud** (능력), **para** (~를 위한), **aplicar** (운용하다/적용하다)

pattern

두 번째 섹션 : 핵심동사 패턴!

2nd Section 은 **스페인어**의 3대 **핵심 동사**인,
ser / estar 동사와 tener 동사의 패턴을 **정리**했습니다.
(영어의 be 동사와 have 동사)

P 030

③ 기본패턴의 확장!

p030-09 **Tengo títulos múltiples en marketing y administración de empresas.** 나는 마케팅과 경영 분야 복수 학위가 있습니다.

p030-10 **Tengo muchas aptitudes para aplicar Illustrator.** 나는 Illustrator 운용에 매우 능합니다.

- 복수전공은 **títulos múltiples** (학위들)이고, 학과는 **y** (그리고)로 연결합니다.
- **muchos(as)** (많은) 문장에서 **aptitudes** 가 여성복수명사이므로 **muchas** 가 와야합니다.
- 해석하면 '나는 일러스트레이터를 운용하기에 많은 능력을 갖고 있습니다.'이지만, **tener aptitudes** 를 '많은 능력을 갖고 있다' 보다는 '능통하다'는 말로 해석하는 것이 더 자연스럽습니다.

④ 기본패턴의 응용!

p030-11 **A) ¿Qué título tiene usted?** 당신은 무슨 학위를 가지고 있습니까?

p030-12 **B) Tengo un título en comunicación de medios.** 나는 미디어커뮤니케이션 분야 학위가 있습니다.

---

p030-13 **A) ¿Puede usar Photoshop?** 당신은 Photoshop 을 사용할 줄 압니까?

p030-14 **B) Tengo aptitudes en Photoshop.** 나는 Photoshop 운용에 능합니다.

- **poder** (할 수 있다) 뒤에는 동사원형이 와서 '~을 할 수 있다'가 됩니다.
- **tener aptitudes en ~** 은 '~분야에 능통하다'입니다.
- **qué** (무엇), **poder** (할 수 있다), **usar** (사용하다)

Learn foreign language!
Spanish

Part 2. It's a completely new way to learn foreign language! | Pattern 031

Tengo ~. [뗑고 ~.]
나는 ~를 가지고 있습니다. (경험)

① 기본패턴의 핵심!

❶ **tener** (가지다/소유하다)는 목적어를 필요로 하는 타동사입니다. (영어의 **have**)
❷ **tener** 동사의 활용법은 부록부 문법 요약부를 참고하시면 됩니다.
(**Yo tengo, Tú tienes, Él/Ella/Usted tiene, Nosotros tenemos, Vosotros tenéis, Ustedes/Ellos/Ellas tienen**) 스페인어는 일반적으로 1, 2인칭 단수와 복수에서 주어를 생략합니다.
❸ **Tengo** + 명사. (나는 ~이 있습니다.)로 다양한 '나의 경험'을 말할 수 있습니다.

② 기본패턴의 연습!

p031-01 **Tengo mucha experiencia en aplicar Java.** 나는 Java 운용에 많은 경험이 있습니다.

p031-02 **Tengo mucha experiencia en aplicar HTML.** 나는 HTML 운용에 많은 경험이 있습니다.

p031-03 **Tengo mucha experiencia en aplicar CSS.** 나는 CSS 운용에 많은 경험이 있습니다.

p031-04 **Tengo mucha experiencia en aplicar SQL.** 나는 SQL 운용에 많은 경험이 있습니다.

p031-05 **Tengo mucha experiencia en realizar encuestas de mercado.** 나는 시장조사 실행에 많은 경험이 있습니다.

p031-06 **Tengo mucha experiencia en el dominio de la contabilidad.** 나는 회계 분야에 많은 경험이 있습니다.

p031-07 **Tengo mucha experiencia en el dominio de la gestión financiera.** 나는 재정관리 분야에 많은 경험이 있습니다.

p031-08 **Tengo mucha experiencia en el dominio del desarrollo de software.** 나는 소프트웨어개발 분야에 많은 경험이 있습니다.

- **mucho(a)** + 무관사 명사는 '많은/다량의 ~'입니다. (**mucha experiencia en ~** ~에 많은 경험)
- **el dominio de ~** 는 '~ 의 분야에서'의 의미입니다.
- **mucho(a)** (많은/다량의), **la experiencia** (경험), **en** (~에/~안에), **aplicar** (운용하다/적용하다), **realizar** (실행하다), **la encuesta** (연구/조사), **el mercado** (시장), **el dominio** (분야), **de** (~의), **la contabilidad** (회계), **la gestión** (경영/관리), **financiero(a)** (재정의), **del** (**de + el** : 정관사축약), **el desarrollo** (개발/발전), **el software** (소프트웨어)

The basics of grammar and sentence construction!
The most useful phrases and expressions!

두 번째 섹션 : 핵심동사 패턴!

2nd Section 은 **스페인어**의 3대 **핵심 동사**인,
ser / estar 동사와 **tener** 동사의 패턴을 **정리**했습니다.
(영어의 **be** 동사와 **have** 동사)

P 031

③ 기본패턴의 확장!

- p031-09 **No tengo experiencia en gestión de los clientes.** 나는 고객관리에 관한 경험이 없습니다.
- p031-10 **Tengo poca experiencia de este dominio.** 나는 이 분야에 대한 경험이 적습니다.

● **poco(a)** + 무관사명사는 '조금/적게'의 뜻입니다.
● **no** (아니다), **el cliente** (고객), **poco(a)** (조금/적게), **este(a)/ese(a)/aquel(la)** (이/그/저 : 지시형용사)

④ 기본패턴의 응용!

- p031-11 **A) ¿En qué dominio tiene mucha experiencia?** 당신은 어떤 분야에 경험이 많습니까?
- p031-12 **B) Tengo mucha experiencia en el dominio del control.** 나는 제어 분야에 많은 경험이 있습니다.

- p031-13 **A) ¿Tiene usted experiencia en aplicar C#?** 당신은 C# 운용에 경험이 있습니까?
- p031-14 **B) Tengo mucha experiencia en aplicar C#.** 나는 C# 운용에 많은 경험이 있습니다.

● 의문사가 있는 의문문에서 전치사는 의문사 앞에 옵니다.
● **qué** (어떤 : 의문형용사), **el control** (제어)

Learn foreign language!
Spanish

Part 2. It's a completely new way to learn foreign language! | Pattern 032

No tengo ~. [노 뗑고 ~.]
나는 ~를 가지고 있지 않습니다. (무소유)

① 기본패턴의 핵심!

❶ **tener** (가지다/소유하다)는 목적어를 필요로 하는 타동사입니다. (영어의 **have**)
❷ **tener** 동사의 활용법은 부록부 문법 요약부를 참고하시면 됩니다.
(**Yo tengo, Tú tienes, Él/Ella/Usted tiene, Nosotros tenemos, Vosotros tenéis, Ustedes/Ellos/Ellas tienen**) 스페인어는 일반적으로 1, 2인칭 단수와 복수에서 주어를 생략합니다.
❸ **No tengo** + 명사. (나는 ~이 없습니다.)로 '무소유'를 표현할 수 있습니다.

② 기본패턴의 연습!

p032-01	No tengo suerte.	나는 운이 없습니다.
p032-02	No tengo paciencia.	나는 참을성이 없습니다.
p032-03	No tengo miedo.	나는 두려움이 없습니다.
p032-04	No tengo apetito.	나는 식욕이 없습니다.
p032-05	No tengo idea.	나는 아이디어가 없습니다.
p032-06	No tengo tiempo.	나는 시간이 없습니다.
p032-07	No tengo dinero.	나는 돈이 없습니다.
p032-08	No tengo cambio.	나는 잔돈이 없습니다.

● **tener** 동사 다음에 추상명사가 오는 부정문인 경우, 관사 없이 씁니다.
● **la suerte** (행운), **la paciencia** (인내/참을성), **el miedo** (공포), **el apetito** (식욕), **la idea** (아이디어), **el tiempo** (시간), **el dinero** (돈), **el cambio** (잔돈/동전)

The basics of grammar and sentence construction!
The most useful phrases and expressions!

pattern sho

두 번째 섹션 : 핵심동사 패턴!

2nd Section 은 **스페인어**의 3대 **핵심 동사**인,
ser / estar 동사와 **tener** 동사의 패턴을 **정리**했습니다.
(영어의 **be** 동사와 **have** 동사)

P 032

③ 기본패턴의 확장!

p032-09 No tengo tiempo para almorzar. 나는 점심을 먹을 시간이 없습니다.

p032-10 No tengo dinero ahora mismo. 나는 지금 당장 돈이 없습니다.

- **No tengo tiempo para/de** + 동사원형.은 '나는 ~할 시간이 없다.'입니다.
- **desayunar** (아침을 먹다), **almorzar** (점심을 먹다), **cenar** (저녁을 먹다)
- **ahora mismo** 는 '지금 당장'이라는 뜻입니다. **mismo** 가 명사 앞에 오면 '같은'이라는 의미이고, 명사 뒤에 오면 '자신, 몸소'라는 뜻입니다. (**El presidente mismo viene.** 대통령이 몸소 오십니다.)
- **para** (~을 위한), **almorzar** (점심을 먹다), **ahora** (지금), **mismo** (동일한/바로 그), **el presidente** (대통령), **ir** (가다)

④ 기본패턴의 응용!

p032-11 A) ¿Quiere algo para comer? 뭐 좀 드시겠습니까?

p032-12 B) No, no tengo apetito. 아니오, 나는 식욕이 없습니다.

---

p032-13 A) ¿Tiene usted cambio? 당신은 잔돈을 가지고 있습니까?

p032-14 B) No, no tengo dinero ahora mismo. 아니오, 나는 지금 당장 돈이 없습니다.

- **algo** + **que** + 동사원형은 '~할 어떤 것'입니다.
- **querer** (원하다), **algo** (어떤 것), **para** (~할), **comer** (먹다), **el cambio** (잔돈)

Learn foreign language!
Spanish

Part 2. It's a completely new way to learn foreign language! | Pattern 033

¿Tiene usted ~? [띠에네 우스뗃 ~?]
당신은 ~를 가지고 있습니까?

① 기본패턴의 핵심!

❶ **tener** (가지다/소유하다)는 목적어를 필요로 하는 타동사입니다. (영어의 **have**)
❷ **tener** 동사의 활용법은 부록부 문법 요약부를 참고하시면 됩니다.
(**Yo tengo, Tú tienes, Él/Ella/Usted tiene, Nosotros tenemos, Vosotros tenéis, Ustedes/Ellos/Ellas tienen**) 스페인어는 일반적으로 1, 2인칭 단수와 복수에서 주어를 생략합니다.
❸ **¿Tiene usted ~?** (당신은 ~를 가지고 있습니까?)를 활용한 일상에서 가장 자주 사용하는 질문 8가지를 소개합니다.

② 기본패턴의 연습!

p033-01	¿Tiene usted	algún compromiso?	당신은 약속이 있습니까?
p033-02	¿Tiene usted	otro diseño?	당신은 다른 모델(디자인)이 있습니까?
p033-03	¿Tiene usted	el DVD de Almodovar?	당신은 알모도바르의 DVD가 있습니까?
p033-04	¿Tiene usted	cambio?	당신은 잔돈을 가지고 있습니까?
p033-05	¿Tiene usted	experiencia?	당신은 경험이 있습니까?
p033-06	¿Tiene usted	un poco de tiempo?	당신은 잠깐 시간이 있습니까?
p033-07	¿Tiene usted	preguntas?	당신은 질문들이 있습니까?
p033-08	¿Tiene usted	problemas?	당신은 문제들이 있습니까?

● **alguno** (어떤)은 불특정한 것을 나타내고 뒤에 오는 명사에 따라 형태가 바뀝니다.
algún + 남성단수, **alguna** + 여성단수, **algunos** + 남성복수, **algunas** + 여성복수명사가 옵니다.
● **alguno** (어떤), **el compromiso** (약속), **otro(a)** (다른), **el diseño** (모델/디자인), **el DVD** (DVD), **de** (~의), **el cambio** (잔돈), **la experiencia** (경험), **un poco de** (약간의), **el tiempo** (시간), **la pregunta** (질문), **el problema** (문제)

The basics of grammar and sentence construction!
The most useful phrases and expressions!

두 번째 섹션 : 핵심동사 패턴!

2nd Section 은 **스페인어**의 3대 **핵심 동사**인,
ser / estar 동사와 **tener** 동사의 패턴을 **정리**했습니다.
(영어의 **be** 동사와 **have** 동사)

P 033

③ 기본패턴의 확장!

p033-09	**¿Tiene hora?**	몇 시입니까?
p033-10	**¿Tiene preguntas sobre eso?**	당신은 그것에 대해 질문들이 있습니까?

- **¿Tiene hora?** (몇 시입니까?)는 **¿Qué hora es?** 라고도 합니다.
- 짧은 평서문은 끝을 올려 읽는 것만으로도 의문문이 됩니다.
- **ese** (그것)은 지시대명사입니다. 문장전체를 받거나, 이름을 알 수 없는 경우 **eso** 를 씁니다.
(**ese** 남성단수, **esa** 여성단수, **esos** 남성복수, **esas** 여성복수, **eso** 중성지시대명사)
- **la hora** (시간/시/시각), **sobre** (~에 대해)

④ 기본패턴의 응용!

p033-11	**A) ¿Tiene hora?**	몇 시입니까?
p033-12	**B) Son las 8.**	8시입니다.

---

p033-13	**A) ¿Tiene usted algún problema?**	당신은 무슨 문제가 있습니까?
p033-14	**B) Sí. Mi móvil no funciona.**	네. 나의 핸드폰이 작동하지 않습니다.

- **es(son)** + 여성정관사 **(la/las)** ~ **hora(s).** 는 '~시입니다.'이고, 시간은 날씨와 마찬가지로 주어가 없습니다. 1시인 경우에는 **Es la una.** 이고, 그 이상은 모두 **ser** 의 3인칭 복수 **son** 을 사용합니다.
- **mi** (나의), 소유형용사는 다음에 오는 명사의 수에 따라 형태가 바뀝니다.
(**mi** + 남성/여성 단수; **mis** + 남성/여성 복수명사)
- **ser** (~이다), **ocho** (8), **sí** (네), **mi** (나의), **el móvil** (핸드폰), **funcionar** (작동하다)

3rd Section

pattern Spanish

It focuses on **conversation** with **fluency** and confidence.
It focuses on conversation with fluency and confidence
With this book you will **learn languages**
with thousands **of customizable phrases.**

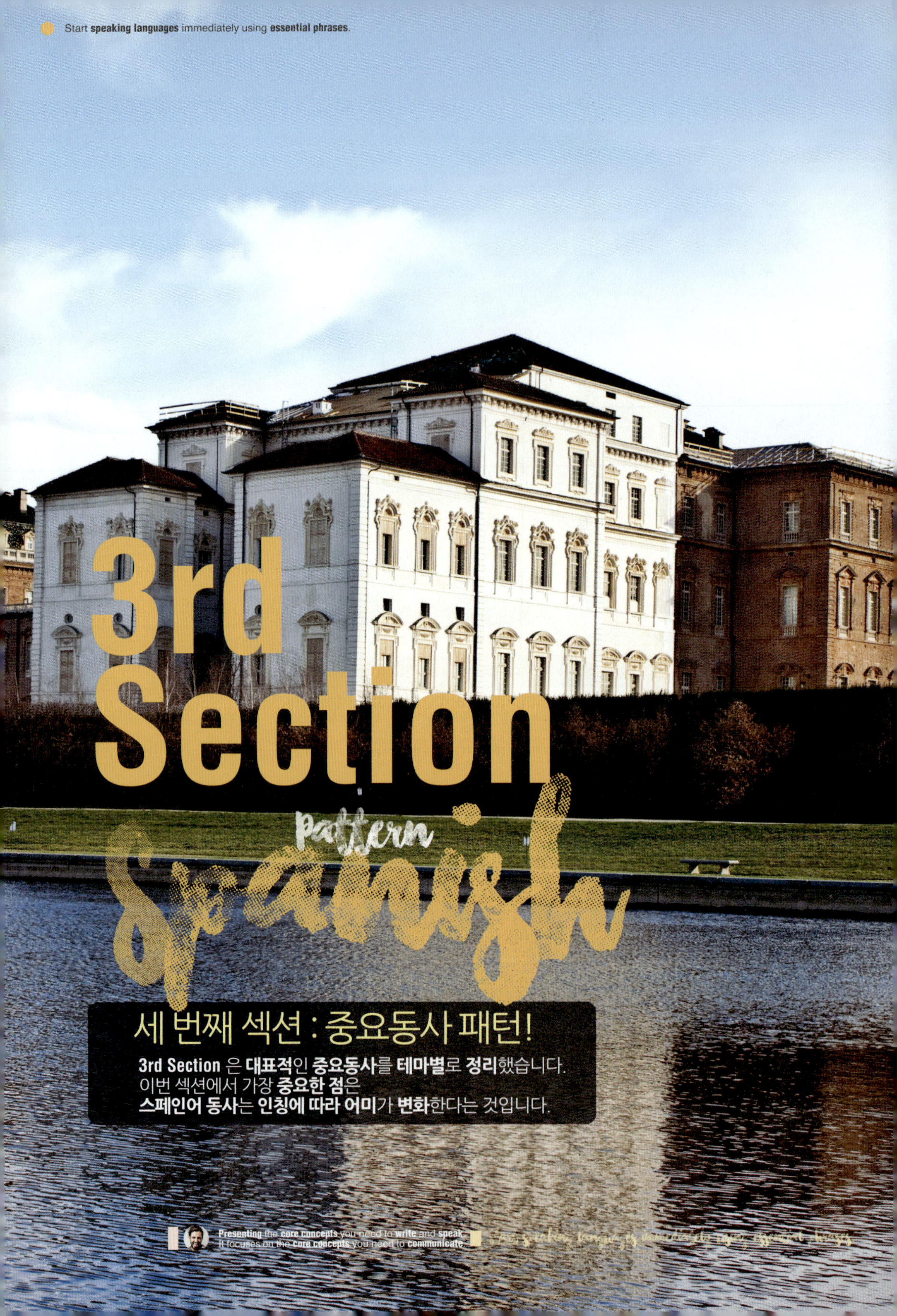

3rd Section

pattern Spanish

세 번째 섹션 : 중요동사 패턴!

3rd Section 은 **대표적**인 **중요동사**를 **테마별**로 **정리**했습니다.
이번 섹션에서 가장 **중요한 점**은
스페인어 동사는 **인칭에 따라 어미**가 **변화**한다는 것입니다.

3rd Section
중요동사 섹션 :

3rd Section 은 대표적인 중요동사를 테마별로 정리했습니다.
이번 섹션의 핵심은 스페인어 동사는 인칭에 따라 어미가 변화한다는 것입니다.
(규칙동사와 불규칙동사에 대한 문법설명은 부록편을 참고하시면 됩니다.)

사용 빈도가 높은 베스트 동사 패턴을 우선적으로 정리하였습니다.
학습자 여러분께서는 먼저 필요한 동사부터 체크하고, 다음으로 선별하신 문장을 학습하시면 됩니다.

Part 01. '행위'를 표현하는 동사 모음입니다!

❶ **ir** (가다), **venir** (오다), **salir** (떠나다), **viajar** (여행하다), **vivir** (거주하다), **seguir** (따르다)
❷ **hacer** (하다), **trabajar** (일하다), **jugar** (놀다), **dar** (주다), **recibir** (받다)

Part 02. '감각'을 표현하는 동사 모음입니다!

❶ **ver** (보다), **escuchar** (듣다), **comer** (먹다)
❷ **tomar** (마시다), **oler** (냄새 맡다)

Part 03. '학습'을 표현하는 동사 모음입니다!

❶ **leer** (읽다), **escribir** (쓰다), **aprender** (배우다), **estudiar** (공부하다)
❷ **decir** (이야기하다), **hablar** (말하다), **explicar** (설명하다), **enseñar** (가르치다), **conocer** (알고있다), **entender** (이해하다), **saber** (알다)

Part 04. '계획'을 표현하는 동사 모음입니다!

❶ **preparar** (준비하다), **necesitar** (필요하다), **buscar** (찾다), **probar** (시도하다)
❷ **recomendar** (추천하다), **tomar** (취하다), **utilizar** (사용하다), **intentar** (계획하다), **proponer** (제안하다), **aceptar** (동의하다)

Part 05. '생각'을 표현하는 동사 모음입니다!

❶ **querer** (좋아하다), **detestar** (싫어하다), **esperar** (희망하다), **prometer** (약속하다)
❷ **pedir** (청하다), **desear** (기원하다), **agradecer** (감사하다), **pensar** (생각하다), **considerar** (생각하다), **creer** (생각하다/믿다)

The focus is on **conversation** and **communication**.

Start **speaking languages** immediately using **essential phrases**

It focuses on conversation with fluency and confidence.

Learn foreign language!
Spanish

Part 1. It's a completely new way to learn foreign language! | Pattern 034

Voy. [보이.]
나는 갑니다.

① 기본패턴의 핵심!

❶ **Voy ~.** 는 '나는 ~ 갑니다.'입니다.
❷ **ir** (가다)는 규칙변화동사이며, 인칭변화형을 활용하여 다양한 주어의 문장을 만들 수 있습니다.
(**Yo voy, Tú vas, Él/Ella/Ud. va, Nosotros vamos, Vosotros vais, Ellos/Ellas/Uds. van**)
❸ **ir + a** + 동사원형은 '~하러 가다'와 '~할 것이다'(근접미래)의 두 가지 뜻이 있습니다.
(**ir a trabajar** 일하러 가다/일할 것이다, **ir a comprar** 사러 가다/살 것이다)

② 기본패턴의 연습!

p034-01	**Voy**	**solo(a).**	나는 혼자서 갑니다.
p034-02	**Voy**	**ahora.**	나는 지금 갑니다.
p034-03	**Voy**	**a trabajar.**	나는 일하러 갑니다. (일할 것입니다.)
p034-04	**Voy**	**a partir.**	나는 떠날 것입니다.
p034-05	**Voy**	**a probar.**	나는 시도할 것입니다.
p034-06	**Voy**	**a casa.**	나는 집으로 갑니다.
p034-07	**Voy**	**a Madrid.**	나는 마드리드에 갑니다.
p034-08	**Voy**	**a pie.**	나는 걸어서 갑니다.

- 전치사 **a** 는 다음에 장소가 나오면 '~에/~으로'입니다.
- **a pie** 는 '발로', 즉 '걸어서' 라는 의미입니다. 관사는 붙이지 않습니다.
- **solo(a)** (혼자서), **ahora** (지금), **trabajar** (일하다), **partir** (떠나다), **probar** (시도하다), **a** (~에/~으로), **la casa** (집), **el pie** (발)

세 번째 섹션 : 중요동사 패턴!

3rd Section 은 **대표적**인 **중요동사**를 **테마별**로 **정리**했습니다.
이번 섹션에서 가장 **중요한 점**은
스페인어 동사는 **인칭에 따라 어미**가 **변화**한다는 것입니다.

P 034

③ 기본패턴의 확장!

p034-09	Voy a la cama.	나는 자러 갑니다.
p034-10	Todo me va muy bien.	나는 매우 잘 지냅니다.

- 전치사 **a** 는 방향을 나타내는 뜻으로 쓰였습니다. 뒤에 장소를 나타내는 명사가 옵니다.
(단, 뒤에 남성단수명사가 오면 정관사 **el** 과 전치사 **a** 가 축약되어 **al** 이 됩니다.
(**al mercado** 시장으로, **al teatro** 극장으로, **al cine** 영화관으로)
- **ir** 동사는 안부를 묻고 답할 때에도 사용합니다.
- **la cama** (침대), **todo** (모든 것), **me** (나에게), **muy** (매우), **bien** (잘/만족스럽게)

④ 기본패턴의 응용!

p034-11	A) ¿A dónde vas?	너 어디 가니?
p034-12	B) Voy al cine.	나는 영화관에 가.

p034-13	A) ¿Cómo te va?	당신 어떻게 지내세요? (안녕하세요?)
p034-14	B) Todo me va bien, gracias.	나는 잘 지냅니다, 감사합니다.

- **¿Cómo te va?** (어떻게 지내세요?)는 인사말입니다. 친한 사이에는 **¿Cómo estás?** 라고 합니다.
- **a dónde** (어디로), **el cine** (영화관), **cómo** (어떻게), **gracias** (감사합니다)

Learn foreign language!
Spanish

Part 1. It's a completely new way to learn foreign language! | Pattern 035

Vengo. [벵고.]
나는 옵니다.

① 기본패턴의 핵심!

❶ **Vengo ~.** 는 '나는 ~ 옵니다.'입니다. 상대의 입장에서는 '갑니다'로 해석하기도 합니다.
❷ **venir** (오다)는 불규칙변화동사이며, 인칭변화형을 활용하여 다양한 주어의 문장을 만들 수 있습니다.
(**Yo vengo, Tú vienes, Él/Ella/Ud. viene, Nosotros venimos, Vosotros venís, Ellos/Ellas/Uds. vienen**)
❸ **venir de ~** 는 '~ 출신이다/~에서 오다'이며, 장소/나라/도시명과 함께 말하시면 됩니다.

② 기본패턴의 연습!

p035-01	Vengo	hoy.	나는 오늘 옵니다.
p035-02	Vengo	en metro.	나는 지하철로 옵니다.
p035-03	Vengo	luego.	나는 나중에 옵니다.
p035-04	Vengo	con usted.	나는 당신과 함께 옵니다.
p035-05	Vengo	de la escuela.	나는 학교에서 옵니다.
p035-06	Vengo	de Corea.	나는 한국에서 왔습니다. (한국 출신입니다.)
p035-07	Vengo	de Seúl.	나는 서울에서 왔습니다. (서울 출신입니다.)
p035-08	No vengo.		나는 오지 않습니다.

- 전치사 **en** 은 뒤에 교통수단이 와서 '~를 타고'라는 뜻이 됩니다.
- **luego / después / más tarde** (나중에/후에)
- 부정문은 동사 앞에 부정부사 **no** (~아니다)를 붙입니다.
- **hoy** (오늘), **el metro** (지하철), **con** (~와 함께), **de** (~로부터), **la escuela** (학교), **Corea** (한국), **no** (아니다)

The basics of grammar and sentence construction!
The most useful phrases and expressions!

pattern

세 번째 섹션 : 중요동사 패턴!

3rd Section 은 **대표적**인 **중요동사**를 **테마별**로 **정리**했습니다.
이번 섹션에서 가장 **중요한 점**은
스페인어 동사는 **인칭에 따라 어미**가 **변화**한다는 것입니다.

P 035

③ 기본패턴의 확장!

p035-09	**Vengo de Turquía.**	나는 터키 출신입니다.
p035-10	**Vengo a tomar café.**	나는 커피 마시러 오는 중입니다.

- 스페인어에서 국가명은 항상 대문자를 사용합니다.
단, 국적형용사는 여성과 남성 구분이 있으며 반드시 소문자로 씁니다.
- **venir + a +** 동사원형은 '~하러 오다'입니다.
- **Turquía** (터키), **tomar** (마시다), **el café** (커피)

④ 기본패턴의 응용!

p035-11	**A) ¿De dónde viene usted?**	당신은 어디에서 왔습니까?
p035-12	**B) Vengo de Corea.**	나는 한국에서 왔습니다.

p035-13	**A) ¿Dónde estás?**	너 어디 있니?
p035-14	**B) Vengo a tomar café.**	나 커피 마시러 오는 중이야.

- 의문사가 있는 의문문에서 전치사는 의문사 앞에 와야 합니다.
- **de dónde** (어디로부터), **usted** (당신), **dónde** (어디), **estar** (~있다)

The focus is on **conversation** and **communication**.

Start **speaking languages** immediately using **essential phrases**.

Learn foreign language!
Spanish

Part 1. It's a completely new way to learn foreign language! | Pattern 036

Salgo. [살고.]
나는 떠납니다.

① 기본패턴의 핵심!

❶ **Salgo ~.** 는 '나는 ~ 떠납니다.'입니다.
❷ **salir** (떠나다/출발하다)는 1인칭 단수형만 불규칙입니다.
인칭변화형을 활용하여 다양한 주어의 문장을 만들 수 있습니다.
(**Yo salgo, Tú sales, Él/Ella/Ud. sale, Nosotros salimos, Vosotros salís, Ellos/Ellas/Uds. salen**)
❸ **salir para** + 지명은 '~를 향해 떠나다'이고, **salir de** + 지명은 '~에서 나오다'이며,
salir de + 명사는 '~에서 자유롭다/벗어나다'입니다. **salir a** + 명사는 '~를 닮다'는 뜻입니다.

② 기본패턴의 연습!

p036-01	Salgo	mañana.	나는 내일 떠납니다.
p036-02	Salgo	a las 8.	나는 8시에 떠납니다.
p036-03	Salgo	para Barcelona.	나는 바르셀로나로 떠납니다.
p036-04	Salgo	de Corea.	나는 한국에서 떠납니다.
p036-05	Salgo	en avión.	나는 비행기를 타고 떠납니다.
p036-06	Salgo	de paseo.	나는 산책을 나갑니다.
p036-07	Salgo	de apuros.	나는 곤경에서 벗어납니다.
p036-08	Salgo	a mi madre.	나는 나의 엄마를 닮았습니다.

● **en** + 교통수단은 '~을 타다'입니다. **en autobús** (버스로), **en tren** (기차로), **en avión** (비행기로)
● **mañana** (내일), **a** (~시에/에), **ocho** (8), **la hora** (시간), **para** (~를 향해/~를 하기 위해),
de (~로부터), **en** (~에/으로), **el avión** (비행기), **el paseo** (산책), **el apuro** (곤경),
mi (나의), **la madre** (어머니)

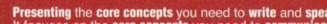

세 번째 섹션 : 중요동사 패턴!

3rd Section 은 **대표적**인 **중요동사**를 **테마별**로 **정리**했습니다.
이번 섹션에서 가장 **중요한 점**은
스페인어 동사는 **인칭**에 **따라 어미**가 **변화**한다는 것입니다.

P 036

③ 기본패턴의 확장!

p036-09	**No salgo hoy.**	나는 오늘 떠나지 않습니다.
p036-10	**Salgo de casa después de cenar.**	나는 저녁을 먹은 후에 집을 나옵니다.

- 부정문은 동사의 앞에 부정부사 **no** (아니다)를 써줍니다.
- **después** (뒤에)는 전치사 **de** 와 함께 써서 '~한 후에'라는 뜻이 됩니다.
- **no** (아니다), **hoy** (오늘), **de** (~로부터), **la casa** (집), **después de** (~한 후에), **cenar** (저녁식사를 하다)

④ 기본패턴의 응용!

p036-11	**A) ¿Cuándo sale usted?**	당신은 언제 떠나십니까?
p036-12	**B) Salgo mañana.**	나는 내일 떠납니다.

p036-13	**A) ¿Por qué sale usted?**	당신은 왜 떠나십니까?
p036-14	**B) Salgo para estudiar.**	나는 공부를 하기 위해 떠납니다.

- 전치사 **para** 다음에 동사원형이 오면 목적(~을 하기 위해)을 나타냅니다. (**para estudiar** 공부하기 위해)
- **cuándo** (언제), **usted** (당신), **por qué** (왜), **estudiar** (공부하다)

Learn foreign language!
Spanish

Part 1. It's a completely new way to learn foreign language! | Pattern 037

Viajo. [비아호.]
나는 여행합니다.

① 기본패턴의 핵심!

❶ **Viajo ~.** 는 '나는 ~ 여행합니다/갑니다.'입니다.
❷ **viajar** (여행하다/여행 가다)는 규칙변화동사입니다.
❸ **viajar** 동사의 인칭변화형을 활용하여 다양한 주어의 문장을 만들 수 있습니다.
(**Yo viajo, Tú viajas, Él/Ella/Ud. viaja, Nosotros viajamos, Vosotros viajáis, Ellos/Ellas/Uds. viajan**)
❹ **viajar por ~** 는 '~로 여행 가다'입니다. (목적지/수단)

② 기본패턴의 연습!

p037-01	Viajo	mañana.	나는 내일 여행 갑니다.
p037-02	Viajo	solo(a).	나는 혼자서 여행합니다.
p037-03	Viajo	a menudo.	나는 자주 여행 갑니다.
p037-04	Viajo	por España.	나는 스페인으로 여행 갑니다.
p037-05	Viajo	por negocios.	나는 출장 갑니다. (사업차 여행합니다.)
p037-06	Viajo	al extranjero.	나는 외국으로 여행 갑니다.
p037-07	Viajo	en coche.	나는 자동차를 타고 여행 갑니다.
p037-08	Viajo	en las vacaciones de verano.	나는 여름방학에 여행 갑니다.

● 스페인어의 국가명은 보통 성 구별이 없습니다. 그러나 일부 나라의 국명에는 정관사를 함께 쓰는 나라들이 있습니다. (**El Salvador** 엘살바도르)
● **en** + 교통수단은 '~을 타다'입니다. (**en autobús** (버스로), **en avión** (비행기로))
● **mañana** (내일), **solo(a)** (혼자서), **a menudo** (자주), **por** (~로/에서), **España** (스페인), **el negocio** (사업/업무), **a** (~로), **el extranjero** (외국), **el coche** (자동차), **las vacaciones** (방학/휴가), **de** (~의), **el verano** (여름)

The basics of grammar and sentence construction!
The most useful phrases and expressions!

pattern

세 번째 섹션 : 중요동사 패턴!

3rd Section 은 **대표적**인 **중요동사**를 **테마별**로 **정리**했습니다.
이번 섹션에서 가장 **중요한 점**은
스페인어 동사는 **인칭에 따라 어미**가 **변화**한다는 것입니다.

P 037

③ 기본패턴의 확장!

p037-09 **Viajo con mochila.** 나는 배낭 여행을 합니다.

p037-10 **Viajo con mi amiga.** 나는 나의 여자 친구와 함께 여행합니다.

- **la mochila** (배낭)을 가지고 여행하는 사람을 **el(la) mochilero(a)** 라고 합니다.
- 소유형용사는 뒤에 오는 명사의 수에 따라 변화합니다.
mi (나의 : 남성/여성 단수), **mis** (나의 : 남성/여성 복수)
- **con** (~와 함께), **la mochila** (배낭), **mi** (나의), **la amiga** (여자 친구)

④ 기본패턴의 응용!

p037-11 **A) ¿Adónde va usted la semana que viene?** 당신은 다음 주에 어디로 갑니까?

p037-12 **B) Viajo por España.** 나는 스페인으로 여행 갑니다.

p037-13 **A) ¿Viaja usted sola?** 당신은 혼자서 여행합니까?

p037-14 **B) Viajo con mi amiga.** 나는 나의 여자 친구와 함께 여행합니다.

- 의문부사 **adónde** (어디로)가 문장 앞에 오면 주어와 동사는 도치가 됩니다.
(다양한 의문사 표현은 의문사 파트에서 설명드립니다.)
- **la semana que viene** (오는 주 > 다음 주)
- **adónde** (어디로), **ir** (가다), **usted** (당신), **la semana** (주/주간), **que** (관계대명사), **venir** (오다)

The focus is on **conversation** and **communication**.

Start **speaking languages** immediately using **essential phrases**.

Learn foreign language!
Spanish

Part 1. It's a completely new way to learn foreign language! | Pattern 038

Vivo. [비보.]
나는 거주합니다.

❶ 기본패턴의 핵심!

❶ **Vivo ~.** 는 '나는 ~ 거주합니다.'입니다.
❷ **vivir** (거주하다)는 규칙변화동사이며, 인칭변화형을 활용하여 다양한 주어의 문장을 만들 수 있습니다.
(**Yo vivo, Tú vives, Él/Ella/Ud. vive, Nosotros vivimos, Vosotros vivís, Ellos/Ellas/Uds. viven**)
❸ **vivir en ~** 은 '~에 살다'입니다.

❷ 기본패턴의 연습!

p038-01	Vivo	aquí.	나는 여기에 거주합니다.
p038-02	Vivo	solo(a).	나는 혼자 거주합니다.
p038-03	Vivo	en Madrid.	나는 마드리드에 거주합니다.
p038-04	Vivo	cerca de aquí.	나는 여기 근처에 거주합니다.
p038-05	Vivo	en el apartamento.	나는 아파트에 거주합니다.
p038-06	Vivo	en la ciudad.	나는 도시에 거주합니다.
p038-07	Vivo	en el campo.	나는 시골에 거주합니다.
p038-08	Vivo	en casa de Juan.	나는 후안의 집에 거주합니다.

- **cerca de ~** (~로부터 가까이에), **lejos de ~** (~로부터 멀리)입니다.
- **casa de** + 사람은 '누구의 집'을 의미합니다.
- **aquí** (여기), **solo(a)** (혼자), **en** (~에), **cerca** (가까이에), **de** (~로부터), **el apartamento** (아파트), **la ciudad** (도시), **el campo** (시골), **casa de ~** (~의 집에)

The basics of grammar and sentence construction!
The most useful phrases and expressions!

세 번째 섹션 : 중요동사 패턴!

3rd Section 은 **대표적**인 **중요동사**를 **테마별**로 **정리**했습니다.
이번 섹션에서 가장 **중요한 점**은
스페인어 동사는 **인칭에 따라 어미**가 **변화**한다는 것입니다.

P 038

③ 기본패턴의 확장!

p038-09	**Vivo aquí desde hace 3 años.**	나는 3년 전부터 여기에 거주합니다.
p038-10	**Vivo cerca de Seúl con mi marido.**	나는 나의 남편과 함께 서울 근교에 거주합니다.

- **desde** (~이래로)를 이용하여 거주 기간을 표현할 수 있습니다. (영어의 **since**)
- 소유형용사는 명사의 수에 따라 변화합니다. **mi** (나의 : 남성/여성 단수) / **mis** (남성/여성 복수)
- **desde** (~이래로), **hace** (~전에), **tres** (**3**), **el año** (해/년), **de** (~의), **con** (~와 함께), **mi** (나의), **el marido** (남편), **la mujer** (아내)

④ 기본패턴의 응용!

p038-11	**A) ¿Dónde vive usted?**	당신은 어디에 살고 있습니까?
p038-12	**B) Vivo en casa de Juan.**	나는 후안의 집에 거주합니다.

p038-13	**A) ¿Vive usted con alguien?**	당신은 누군가와 함께 거주합니까?
p038-14	**B) No. Vivo sola.**	아니오. 나는 혼자 거주합니다.

- **dónde** (어디), **alguien** (어떤 사람/누군가), **no** (아니오)

The focus is on **conversation** and **communication**.

Start **speaking languages** immeciately using **essential phrases**.

Learn foreign language!
Spanish

Part 1. It's a completely new way to learn foreign language! | Pattern 039

Sigo. [씨고.]
나는 따릅니다.

① 기본패턴의 핵심!

❶ Sigo ~. 는 '나는 ~를 따릅니다.'입니다.
❷ seguir (따르다)는 불규칙변화동사이며, 인칭변화형을 활용하여 다양한 문장을 만들 수 있습니다.
(Yo sigo, Tú sigues, Él/Ella/Ud. sigue, Nosotros seguimos, Vosotros seguís, Ellos/Ellas/Uds. siguen)
❸ seguir a ~ ((누구)를 따르다), seguir por ~ ((길을) 계속 가다)로 전치사와 함께
다양한 의미로 사용할 수 있습니다.

② 기본패턴의 연습!

- p039-01 Sigo a mi maestro. 나는 나의 선생님과 동행합니다.
- p039-02 Sigo a mis padres. 나는 나의 부모님을 찾아갑니다.
- p039-03 Sigo derecho. 나는 똑바로 갑니다.
- p039-04 Sigo por esta calle. 나는 이 길을 따라갑니다.
- p039-05 Sigo el curso de español. 나는 스페인어 강좌를 수강합니다.
- p039-06 Sigo el sur. 나는 남쪽으로 갑니다.
- p039-07 Sigo con la cocinera. 나는 요리사 일을 계속합니다.
- p039-08 Sigo el estudio. 나는 연구를 계속합니다.

● seguir 동사 다음에 전치사 a 가 오면 '(누구/무엇)을 찾아가다' 혹은 '~와 동행하다'는 뜻이고,
전치사 con 이 오면 '~(직무)를 계속하다'라는 뜻입니다.
● mi (나의), el/la maestro(a) (선생님), los padres (부모), derecho (곧장), por (~를 향해),
este(a) (이 : 지시형용사), la calle (거리), el curso (강좌), de (~의), español (스페인어),
el sur (남쪽), con (~와 함께/~로써), el/la cocinero(a) (요리사), el estudio (연구)

pattern

세 번째 섹션 : 중요동사 패턴!

3rd Section 은 **대표적**인 **중요동사**를 **테마별**로 **정리**했습니다.
이번 섹션에서 가장 **중요한 점**은
스페인어 동사는 **인칭에 따라 어미**가 **변화**한다는 것입니다.

P 039

③ 기본패턴의 확장!

p039-09	**No sigo la moda.**	**나는 유행을 따르지 않습니다.**
p039-10	**Sigo estudiando coreano.**	**나는 계속해서 한국어를 공부합니다.**

- 부정문은 동사 앞에 **no** (아니다)를 씁니다.
- **seguir** 동사 다음에 현재분사가 오면 '계속 ~하다'라는 뜻입니다.
현재분사는 **-ar** 어미의 경우 **ar** 를 빼고 **-ando** 를, **-er** / **-ir** 동사는 **-iendo** 를 붙입니다. **comer > comiendo**
- **no** (아니다), **la moda** (유행), **estudiar** (공부하다), **el coreano** (한국어)

④ 기본패턴의 응용!

p039-11	**A) ¿A quién sigue usted?**	**당신은 누구를 찾아갑니까?**
p039-12	**B) Sigo a mi profesor por mi tesis.**	**나는 논문 때문에 나의 교수님을 찾아갑니다.**
p039-13	**A) ¿Por qué está cansada?**	**당신은 왜 지쳐있나요?**
p039-14	**B) Porque sigo trabajando.**	**왜냐하면 계속 일을 했기 때문입니다.**

- 의문사가 있는 의문문에서 전치사는 의문사 앞에 옵니다.
전치사 **a** 는 사람이 목적어로 나올 때 반드시 동사 앞에 옵니다.
- **¿Por qué ~?** (왜 ~입니까?)라는 질문에는 **Porque ~.** (~ 때문입니다.)로 답합니다.
- **trabajar** 의 현재분사형은 **-ar** 를 빼고 **-ando** 를 붙여 **trabajando** 가 됩니다.
- **a** (~을/를), **quién** (누구 : 의문대명사), **el/la profesor(a)** (교수), **por** (~ 때문에), **mi** (나의 : 소유형용사), **la tesis** (논문), **por qué** (왜), **estar** (~이다), **cansado(a)** (피곤한), **porque** (왜냐하면)

The focus is on **conversation** and **communication**.

Start **speaking languages** immediately using **essential phrases**.

Learn foreign language!
Spanish

Part 1. It's a completely new way to learn foreign language! | Pattern 040

Hago. [아고.]
나는 만듭니다/합니다.

① 기본패턴의 핵심!

❶ **Hago ~.** 는 '나는 ~ 만듭니다/합니다.'입니다.
❷ **hacer** (만들다/하다)는 불규칙변화동사이며,
인칭변화형을 활용하여 다양한 주어의 문장을 만들 수 있습니다.
(**Yo hago, Tú haces, Él/Ella/Ud. hace, Nosotros hacemos, Vosotros hacéis, Ellos/Ellas/Uds. hacen**)

② 기본패턴의 연습!

p040-01	Hago	el café.	나는 커피를 만듭니다.
p040-02	Hago	la tarea.	나는 과제를 합니다.
p040-03	Hago	la cama.	나는 잠자리를 준비합니다.
p040-04	Hago	un viaje.	나는 여행을 갑니다.
p040-05	Hago	ejercicio.	나는 운동을 합니다.
p040-06	Hago	yoga.	나는 요가를 합니다.
p040-07	Hago	una regla.	나는 규칙을 만듭니다.
p040-08	No hago	nada.	나는 아무것도 하지 않습니다.

● **hacer ejercicio** 는 '운동하다/연습하다'입니다.
● 구체적인 운동의 경우, **jugar** 동사를 사용하여 **jugar** (놀다) **a** + 운동/악기/게임/놀이로 표현합니다.
중남미에서는 **a** 를 생략합니다.
● **el café** (커피), **la tarea** (과제), **la cama** (침대), **un(a)** (하나의), **el viaje** (여행),
el ejercicio (운동), **la yoga** (요가), **la regla** (규칙), **nada** (아니다)

세 번째 섹션 : 중요동사 패턴!

3rd Section 은 **대표적**인 **중요동사**를 **테마별**로 **정리**했습니다.
이번 섹션에서 가장 **중요한 점**은
스페인어 동사는 **인칭에 따라 어미**가 **변화**한다는 것입니다.

P 040

③ 기본패턴의 확장!

p040-09 **Hago una suposición.** 나는 제안 하나를 합니다.

p040-10 **Hago unas compras.** 나는 장을 봅니다.

● **hacer unas compras** 는 '쇼핑하러 가다'이며, 유사한 표현으로 **ir de compras** 가 있습니다.
(**Voy de compras con mi amigo.** 나는 친구와 함께 쇼핑하러 갑니다.)
● **la suposición** (제안), **la compra** (구입/쇼핑)

④ 기본패턴의 응용!

p040-11 **A) ¿Qué hace ahora?** 당신은 지금 무엇을 합니까?

p040-12 **B) Hago la maleta.** 나는 짐을 꾸리고 있습니다.

p040-13 **A) ¿Qué deporte practica usted?** 당신은 어떤 운동을 합니까?

p040-14 **B) Hago yoga.** 나는 요가를 합니다.

● **qué** (무엇/어떤 : 의문사), **ahora** (지금), **la maleta** (짐), **el deporte** (운동/스포츠),
usted (당신), **practicar** (실시하다/수행하다)

Learn foreign language!
Spanish

Part 1. It's a completely new way to learn foreign language! | Pattern 041

Trabajo. [뜨라바호.]
나는 일합니다.

① 기본패턴의 핵심!

❶ **Trabajo ~.** 는 '나는 ~ 일합니다/공부합니다.'입니다.
❷ **trabajar** (일하다/하다/공부하다)는 다양한 의미의 동사입니다.
❸ **trabajar** 동사는 규칙변화동사이며, 인칭변화형을 활용하여 다양한 주어의 문장을 만들 수 있습니다.
(**Yo trabajo, Tú trabajas, Él/Ella/Ud. Trabaja, Nosotros trabajamos, vosotros trabajáis, Ellos/Ellas/Uds. trabajan**)

② 기본패턴의 연습!

p041-01	Trabajo	duro.	나는 열심히 일합니다.
p041-02	Trabajo	en casa.	나는 집에서 일합니다.
p041-03	Trabajo	a tiempo completo.	나는 전일제로 근무합니다.
p041-04	Trabajo	a tiempo parcial.	나는 반일제로 근무합니다.
p041-05	Trabajo	en una tienda.	나는 상점에서 일합니다.
p041-06	Trabajo	en una escuela.	나는 학교에서 근무합니다.
p041-07	Trabajo	en un museo.	나는 박물관에서 일합니다.
p041-08	Trabajo	en una empresa.	나는 회사에서 근무합니다.

● '~에서 일하다/근무하다'는 **en** + 부정관사 + 장소명입니다.
(**en una tienda** 상점에서, **en una escuela** 학교에서, **en una compañía** 회사에서)
● '집에서'라고 하면 일반적으로 관사를 쓰지 않고, **en casa** 라고 합니다.
● **duro** (열심히), **en** (~에서), **la casa** (집), **a tiempo completo** (하루 종일), **a tiempo parcial** (반나절), **un** (하나의), **la tienda** (상점/가게), **la escuela** (학교), **el museo** (박물관), **la empresa** (회사)

The basics of grammar and sentence construction!
The most useful phrases and expressions!

세 번째 섹션 : 중요동사 패턴!

3rd Section 은 **대표적**인 **중요동사**를 **테마별**로 **정리**했습니다.
이번 섹션에서 가장 **중요한 점**은
스페인어 동사는 **인칭에 따라 어미**가 **변화**한다는 것입니다.

P 041

③ 기본패턴의 확장!

p041-09 **Trabajo desde las 9 hasta las 17.** 나는 9시부터 17시까지 일합니다.

p041-10 **Trabajo para mi familia.** 나는 나의 가족을 위해 일합니다.

- 전치사 **desde ~ hasta ~** 는 '~로부터 ~까지'입니다. (영어의 **from ~ to ~**)
- 소유형용사는 명사의 수에 따라 변화합니다. **mi** (나의 : 남성/여성 단수) / **mis** (남성/여성 복수)
- **desde** (~로부터), **nueve** (9), **hasta** (~까지), **diecisiete** (17), **para** (~를 위해), **mi** (나의), **la familia** (가족/가정)

④ 기본패턴의 응용!

p041-11 **A) ¿Dónde trabaja usted?** 당신은 어디에서 일합니까?

p041-12 **B) Trabajo en Seúl, pero vivo en Ilsan.** 나는 서울에서 일하지만, 일산에서 삽니다.

p041-13 **A) ¿Por qué trabajas tanto?** 너는 왜 그렇게 많이 일하니?

p041-14 **B) Trabajo para mi familia.** 나는 나의 가족을 위해 일해.

- **dónde** (어디), **usted** (당신), **pero** (그러나), **vivir** (거주하다), **por qué** (왜), **tanto** (그렇게 많이)

Learn foreign language!
Spanish

Part 1. It's a completely new way to learn foreign language! | Pattern 042

Juego. [후에고.]
나는 놉니다/합니다.

❶ 기본패턴의 핵심!

❶ **Juego ~.** 는 '나는 ~ 놉니다/합니다.'입니다.
❷ **jugar** 는 '놀다/하다/경기하다/연주하다' 등 다양한 의미로 사용됩니다.
❸ **jugar** 동사는 불규칙변화동사이며, 인칭변화형을 활용하여 다양한 주어의 문장을 만들 수 있습니다.
(**Yo juego, Tú juegas, Él/Ella/Ud. Juega, Nosotros jugamos, Vosotros jugáis, Ellos/Ellas/Uds. juegan**)
❹ **jugar a** + 운동/놀이는 '운동/놀이를 하다'입니다.

❷ 기본패턴의 연습!

p042-01	Juego	al fútbol.	나는 축구를 합니다.
p042-02	Juego	al tenis.	나는 테니스를 칩니다.
p042-03	Juego	al ajedrez.	나는 체스를 합니다.
p042-04	Juego	al videojuego.	나는 콘솔게임을 합니다.
p042-05	Juego	a las cartas.	나는 카드놀이들을 합니다.
p042-06	Juego	al juego del ordenador.	나는 컴퓨터 게임들을 합니다.
p042-07	Juego	a los juegos del móvil.	나는 핸드폰 게임들을 합니다.
p042-08	Juego	limpio.	나는 페어 플레이합니다.

● 전치사 **a** 는 정관사 **el** 과 만나면 **al** 로 축약합니다.
● **el fútbol** (축구), **el tenis** (테니스), **el ajedrez** (체스), **el videojuego** (콘솔게임), **la carta** (카드), **el juego** (게임/놀이), **el ordenador** (컴퓨터), **el móvil** (핸드폰), **limpio(a)** (정정당당히), **jugar limpio** (페어 플레이하다)

The basics of grammar and sentence construction!
The most useful phrases and expressions!

pattern

세 번째 섹션 : 중요동사 패턴!

3rd Section 은 **대표적**인 **중요동사**를 **테마별**로 **정리**했습니다.
이번 섹션에서 가장 **중요한 점**은
스페인어 동사는 **인칭에 따라 어미**가 **변화**한다는 것입니다.

P 042

③ 기본패턴의 확장!

p042-09 **Juego a las cartas durante mi tiempo libre.** 나는 여가 시간 동안에 카드놀이들을 합니다.

p042-10 **Juego un papel importante en mi equipo.** 나는 나의 팀에서 중요한 역할을 합니다.

- 전치사 **durante** + 명사는 '~ 동안' 입니다.
- **jugar un papel** 은 '역할을 하다'입니다.
- 소유형용사는 명사의 수에 따라 변화합니다. **mi** (나의 : 남성/여성 단수) / **mis** (남성/여성 복수)
- **durante** (~ 동안), **mi** (나의), **el tiempo** (시간), **libre** (자유로운/ 한가한), **un** (어떤/하나의), **el papel** (역할), **importante** (중요한), **en** (~ 안에), **el equipo** (팀/조)

④ 기본패턴의 응용!

p042-11 **A) ¿Juega usted limpio?** 당신은 정정당당하게 경기합니까?

p042-12 **B) Claro que sí. Juego limpio.** 네, 물론입니다. 나는 페어 플레이합니다.

p042-13 **A) ¿Hace usted deporte?** 당신은 운동을 합니까?

p042-14 **B) Juego al tenis durante mi tiempo libre.** 나는 나의 여가 시간 동안에 테니스를 칩니다.

- **Claro que sí.** 는 '물론이다/틀림없다.'입니다.
- **usted** (당신), **claro** (확실한/틀림없는), **que** (접속사), **sí** (네), **hacer** (하다), **el deporte** (운동)

Learn foreign language!
Spanish

Part 1. It's a completely new way to learn foreign language! | Pattern 043

Doy. [도이.]
나는 줍니다.

① 기본패턴의 핵심!

❶ **Doy ~.** 는 '나는 ~ 줍니다.'입니다.
❷ **dar** 은 대표적인 '수여동사'입니다. (~에게 ~을 주다)
❸ **dar** (주다)는 불규칙변화동사이며, 인칭변화형을 활용하여 다양한 주어의 문장을 만들 수 있습니다.
(**Yo doy, Tú das, Él/Ella/Ud. da, Nosotros damos, Vosotros dais, Ellos/Ellas/Uds. dan**)

② 기본패턴의 연습!

p043-01	Doy	un regalo.	나는 선물을 줍니다.
p043-02	Doy	con mucho gusto.	나는 즐거움과 함께 줍니다. (기꺼이 줍니다.)
p043-03	Doy	un consejo.	나는 조언을 드립니다.
p043-04	Doy	mi número de teléfono.	나는 나의 전화번호를 주겠습니다.
p043-05	Doy	otra oportunidad.	나는 다른 기회를 주겠습니다.
p043-06	Doy	un ejemplo.	나는 하나의 예를 들겠습니다.
p043-07	Doy	una fiesta.	나는 파티를 엽니다.
p043-08	Doy	una conferencia.	나는 강의를 합니다.

● **con** (~와 함께/더불어) + **mucho** (많은) + **gusto** (기쁨)은 '기꺼이 /흔쾌히'입니다.
● 소유형용사는 명사의 수에 따라 변화합니다. **mi** (나의 : 남성/여성 단수) / **mis** (남성/여성 복수)
● **un/una** (어떤/하나의), **el regalo** (선물), **con** (~와 함께), **mucho** (많은), **gusto** (기쁨), **el consejo** (충고/조언), **mi** (나의), **el número** (번호), **de** (~의), **el teléfono** (전화), **otro(a)** (다른), **la oportunidad** (기회), **el ejemplo** (예/모범), **la fiesta** (파티), **la conferencia** (수업/강의)

The basics of **grammar** and **sentence construction**!
The most useful **phrases** and **expressions**!

pattern 3rd

세 번째 섹션 : 중요동사 패턴!

3rd Section 은 **대표적**인 **중요동사**를 **테마별**로 **정리**했습니다.
이번 섹션에서 가장 **중요한 점**은
스페인어 동사는 **인칭에 따라 어미**가 **변화**한다는 것입니다.

P
043

③ 기본패턴의 확장!

p043-09 **Le doy un regalo a mi amigo.** 나는 나의 남자 친구에게 선물을 하나 줍니다.

p043-10 **Doy la conferencia en español.** 나는 스페인어로 수업을 합니다.

- 전치사 **a** 는 '~에게' 입니다. 간접목적보어를 이용해 '~에게 줍니다'를 표현할 수도 있습니다. 간접목적보어의 위치는 동사의 바로 앞입니다. **Le doy un consejo (a usted).** (나는 당신에게 조언 하나를 드립니다.) (간접목적보어는 문법편을 참고하시면 됩니다.)
- **en español** 은 '스페인어로'입니다. 전치사 **en** 다음에는 관사 없이 바로 언어명이 옵니다.
- **le** (그/그녀/당신에게), **a** (~에게), **el amigo** (남자 친구), **en** (~으로), **el español** (스페인어)

④ 기본패턴의 응용!

p043-11 **A) No lo entiendo bien.** 나는 그것을 잘 이해하지 못합니다.

p043-12 **B) Doy un ejemplo.** 내가 하나의 예를 들겠습니다.

---

p043-13 **A) ¿En qué idioma da usted la conferencia?** 당신은 어떤 언어로 수업을 합니까?

p043-14 **B) Doy la conferencia en inglés.** 나는 영어로 수업을 합니다.

- 부정문은 동사의 앞에 부정부사 **no** (아니다)가 옵니다.
- 직접목적대명사 **lo** (그것을)은 동사 앞에 위치합니다.
- **en qué idioma** (어떤 언어로)에서처럼 전치사 **en** 은 의문형용사 **qué** 앞에 놓습니다.
- **no** (아니다), **entender** (이해하다), **bien** (잘), **qué** (어떤 : 의문형용사), **el idioma** (언어), **el inglés** (영어)

Learn foreign language!
Spanish

Part 1. It's a completely new way to learn foreign language! | Pattern 044

Recibo. [레시보.]
나는 받습니다.

❶ 기본패턴의 핵심!

❶ **Recibo ~.** 는 '나는 ~ 받습니다.'입니다.
❷ **recibir** (받다/얻다/맞다/맞이하다)는 다양한 의미로 해석됩니다.
❸ **recibir** 동사는 규칙동사이며, 인칭변화형을 활용하여 다양한 주어의 문장을 만들 수 있습니다.
(**Yo recibo, Tú recibes, Él/Ella/Ud. recibe, Nosotros recibimos, Vosotros recibís, Ellos/Ellas/Uds. reciben**)

❷ 기본패턴의 연습!

p044-01	Recibo	cartas.	나는 편지들을 받습니다.
p044-02	Recibo	regalos.	나는 선물들을 받습니다.
p044-03	Recibo	salario.	나는 급여를 받습니다.
p044-04	Recibo	llamadas.	나는 전화들을 받습니다.
p044-05	Recibo	la lluvia.	나는 비를 맞습니다.
p044-06	Recibo	heridas.	나는 상처를 받습니다.
p044-07	Recibo	la cura.	나는 치료를 받습니다.
p044-08	Recibo	regalos de cumpleaños.	나는 생일 선물들을 받습니다.

● **recibir** 동사 다음에 관사 없이 복수를 사용하면 특정하지 않은 경우를 의미합니다.
● **la carta** (편지), **el regalo** (선물), **el salario** (급여), **la llamada** (전화/통화), **la lluvia** (비), **la herida** (상처/부상), **la cura** (치료), **el regalo de cumpleaños** (생일 선물)

The basics of grammar and sentence construction!
The most useful phrases and expressions!

pattern

세 번째 섹션 : 중요동사 패턴!

3rd Section 은 **대표적**인 **중요동사**를 **테마별**로 **정리**했습니다.
이번 섹션에서 가장 **중요한 점**은
스페인어 동사는 **인칭에 따라 어미**가 **변화**한다는 것입니다.

P 044

③ 기본패턴의 확장!

p044-09 **Recibo un salario mensual.** 나는 월급을 받습니다.

p044-10 **Recibo a los invitados.** 나는 방문객들을 맞이합니다.

- **el salario** (봉급) 뒤에 형용사를 붙여 다양한 급여 방식을 표현할 수 있습니다.
(**el salario mensual** (월급), **el salario horario** (시급), **el salario anual** (연봉))
- **el invitado** 는 목적어이며, 사람이라서 앞에 전치사 **a** 를 사용하고 있습니다.
- **un/una** (하나의/약간의), **el salario** (봉급), **mensual** (월 1회의/ 매월의), **el invitado** (방문객/손님)

④ 기본패턴의 응용!

p044-11 **A) ¿Qué hace usted en la Navidad?** 당신은 크리스마스에 무엇을 합니까?

p044-12 **B) Recibo regalos.** 나는 선물들을 받습니다.

---

p044-13 **A) ¿A menudo recibe usted cartas?** 당신은 자주 편지들을 받습니까?

p044-14 **B) Sí. Recibo cartas de mi amiga frecuentemente.** 네. 나는 나의 여자 친구로부터 자주 편지들을 받습니다.

- 소유형용사는 명사의 수에 따라 변화합니다. **mi** (나의 : 남성/여성 단수) / **mis** (남성/여성 복수)
- **a menudo** (자주)와 유사한 단어로는 **frecuentemente, con frecuencia** 가 있으며,
'가끔'은 **a veces** 입니다.
- **qué** (무엇), **hacer** (~하다), **usted** (당신), **en** (~때에), **la Navidad** (크리스마스), **a menudo** (자주),
sí (네), **de** (~로부터), **mi** (나의), **la amiga** (여자 친구/애인), **frecuentemente** (자주)

Learn foreign language!
Spanish

Part 2. It's a completely new way to learn foreign language! | Pattern 045

Veo. [베오.]
나는 봅니다.

❶ 기본패턴의 핵심!

❶ **Veo ~.** 는 '나는 ~ 봅니다.'입니다.
❷ **ver** 는 '보다/보고 있다' 또는 '생각하다/고려하다' 등 다양한 의미로 사용됩니다.
❸ **ver** (보다)는 불규칙동사이며, 동사의 인칭변화형을 활용하여 다양한 문장을 만들 수 있습니다.
(**Yo veo, Tú ves, Él/Ella/Ud. ve, Nosotros vemos, Vosotros veis, Ellos/Ellas/Uds. ven**)
❹ **ver** (보다)의 목적어가 사람일 때는 목적어 앞에 전치사 **a** 를 씁니다.

❷ 기본패턴의 연습!

p045-01	Veo	la televisión.	나는 TV 를 봅니다.
p045-02	Veo	series de TV.	나는 TV 연속극들을 봅니다.
p045-03	Veo	una película ahora.	나는 지금 영화를 보고 있습니다.
p045-04	Veo	un partido de fútbol.	나는 축구 경기를 봅니다.
p045-05	Veo	un detalle.	나는 세부사항을 봅니다. (고려합니다.)
p045-06	Veo	el futuro.	나는 앞을 봅니다. (미래를 봅니다.)
p045-07	Veo	a un muchacho.	나는 한 소년을 봅니다.
p045-08	Veo	bailar a Carmen.	나는 까르멘이 춤추는 것을 봅니다.

- **ver** + 동사원형 + **a** + 사람.은 '(사람)이 (동사원형)하는 것을 본다'입니다.
(**Veo nadar a Carmen.** 나는 까르멘이 수영하는 것을 봅니다.) (**nadar** 수영하다)
- **la televisión** (텔레비전)은 보통 줄여서 **la tele (TV)** 라고 합니다.
- **la televisión** (TV), **la serie** (연속극), **la película** (영화), **ahora** (지금),
el partido (경기/게임), **de** (~의), **el fútbol** (축구), **el detalle** (세부), **el futuro** (미래),
un/una (하나의/약간의), **el muchacho** (소년), **bailar** (춤추다)

The basics of grammar and sentence construction!
The most useful phrases and expressions!

pattern

세 번째 섹션 : 중요동사 패턴!

3rd Section 은 **대표적**인 **중요동사**를 **테마별**로 **정리**했습니다.
이번 섹션에서 가장 **중요한 점**은
스페인어 동사는 **인칭에 따라 어미**가 **변화**한다는 것입니다.

P 045

③ 기본패턴의 확장!

p045-09 **No veo nunca la televisión.** 나는 결코 TV 를 안 봅니다.

p045-10 **No veo nada sin gafas.** 나는 안경 없이 아무것도 안 보입니다.

- **no ~ nunca** 는 '결코 ~ 아니다'라는 강한 부정 표현입니다. 이때 **nunca** 가 동사 앞에 오면, **no** 를 쓰지 않아도 됩니다. **Nunca veo la television.** (나는 결코 **TV** 를 안 봅니다.)
- **no ~ nunca** (결코 ~ 아니다), **nada** (아무 것도 ~않다), **sin** (~없이), **las gafas** (안경)

④ 기본패턴의 응용!

p045-11 **A) ¿Qué ves en la tele?** 너는 TV 에서 무엇을 보고 있니?

p045-12 **B) Veo un partido de fútbol.** 나는 축구 경기를 보고 있어.

p045-13 **A) ¿Qué ve usted?** 당신은 무엇을 보고 있습니까?

p045-14 **B) Veo bailar a Carmen.** 나는 까르멘이 춤추는 것을 봅니다.

- **qué** (무엇), **usted** (당신)

The focus is on **conversation** and **communication**.

Start **speaking languages** immediately using **essential phrases**.

Learn foreign language!
Spanish

Part 2. It's a completely new way to learn foreign language! | Pattern 046

Escucho. [에스꾸초.]
나는 듣습니다.

❶ 기본패턴의 핵심!

❶ Escucho ~. 는 '나는 ~ 듣습니다.'입니다.
❷ escuchar (듣다)는 규칙동사이며, 인칭변화형을 활용하여 다양한 주어의 문장을 만들 수 있습니다.
(Yo escucho, Tú escuchas, Él/Ella/Ud. escucha, Nosotros escuchamos, Vosotros escucháis, Ellos/Ellas/Uds. escuchan)

❷ 기본패턴의 연습!

p046-01	Escucho música.	나는 음악을 듣습니다.
p046-02	Escucho la radio todas las noches.	나는 매일 저녁 라디오를 듣습니다.
p046-03	Escucho a menudo música rock.	나는 록음악을 자주 듣습니다.
p046-04	Escucho siempre música pop.	나는 항상 팝음악을 듣습니다.
p046-05	Escucho de vez en cuando canciones españolas.	나는 때때로 스페인 노래들을 듣습니다.
p046-06	Escucho sus consejos.	나는 그의 충고들을 듣습니다.
p046-07	Escucho al profesor.	나는 선생님(의 말씀)을 듣습니다.
p046-08	Escucho su historia.	나는 그녀의 이야기를 듣습니다.

● Escucho al profesor. (나는 선생님(의 말씀)을 듣습니다. > 나는 수업을 듣습니다.)
● Escucho su historia. (나는 당신의 이야기를 듣고 있습니다. > 나는 당신의 말을 듣겠습니다.)
● la música (음악), la radio (라디오), todos(as) (모든), la noche (저녁), a menudo (자주), la música rock (록음악), siempre (항상), la música pop (팝음악), de vez en cuando (때때로), la canción (노래), español(a) (스페인의), su (그/그녀/당신의), el consejo (충고), el profesor (선생님), la historia (이야기/역사)

pattern

세 번째 섹션 : 중요동사 패턴!

3rd Section 은 **대표적**인 **중요동사**를 **테마별**로 **정리**했습니다.
이번 섹션에서 가장 **중요한 점**은
스페인어 동사는 **인칭에 따라 어미**가 **변화**한다는 것입니다.

P 046

③ 기본패턴의 확장!

p046-09 **Nunca escucho al profesor.** 나는 결코 선생님 말씀을 듣지 않습니다.

p046-10 **Escucho música con Media Player.** 나는 미디어 플레이어로 음악을 듣습니다.

- **nunca** 는 동사 앞에 올 때 **no** 를 쓰지 않습니다. 동사 뒤에 오면 동사 앞에 **no** 를 쓰고 **nunca** 를 함께 씁니다. **No escucho nunca al profesor.** (나는 결코 선생님 말씀을 듣지 않습니다.)
- **nunca** (결코 ~ 아니다), **con** (~으로/함께)

④ 기본패턴의 응용!

p046-11 **A) ¿Escucha usted música jazz?** 당신은 재즈를 듣습니까?

p046-12 **B) No. Escucho a veces música rock.** 아니오. 나는 록음악을 종종 듣습니다.

p046-13 **A) ¿Cómo escucha usted música?** 당신은 어떻게 음악을 듣습니까?

p046-14 **B) Escucho música con Media Player.** 나는 미디어 플레이어로 음악을 듣습니다.

- **usted** (당신), **la jazz** (재즈), **a veces** (종종), **cómo** (어떻게)

Learn foreign language!
Spanish

Part 2. It's a completely new way to learn foreign language! | Pattern 047

Como. [꼬모.]
나는 먹습니다.

① 기본패턴의 핵심!

❶ **Como ~.** 는 '나는 ~ 먹습니다.'입니다.
❷ **comer** (먹다)는 규칙동사입니다.
❸ **comer** 동사의 인칭변화형을 활용하여 다양한 주어의 문장을 만들 수 있습니다.
(**Yo como, Tú comes, Él/Ella/Ud. come, Nosotros comemos, Vosotros coméis, Ellos/Ellas/Uds. comen**)

② 기본패턴의 연습!

p047-01	Como	arroz.	나는 밥을 먹습니다.
p047-02	Como	carne.	나는 고기를 먹습니다.
p047-03	Como	tallarines.	나는 면류를 먹습니다.
p047-04	Como	pan y queso.	나는 빵과 치즈를 먹습니다.
p047-05	Como	de todo.	나는 모두 먹습니다.
p047-06	Como	demasiado.	나는 너무 먹습니다.
p047-07	Como	en el comedor escolar.	나는 학생식당에서 먹습니다.
p047-08	Como	en casa.	나는 집에서 먹습니다.

- **pan** 이나 **queso** 처럼 셀 수 없는 명사에는 복수형이 없습니다.
- **Como de todo.** (나는 모두 먹습니다. > 나는 가리지 않고 먹습니다.)
- **de todo** 은 '무엇이든/모든 것'이라는 뜻입니다.
- **el arroz** (쌀/밥), **la carne** (고기), **el tallarín** (국수/면), **el pan** (빵), **y** (그리고), **el queso** (치즈), **todo** (모두/전부), **demasiado** (지나치게/너무), **el comedor escolar** (학생식당), **en** (~에서), **la casa** (집)

The basics of grammar and sentence construction!
The most useful phrases and expressions!

pattern

세 번째 섹션 : 중요동사 패턴!

3rd Section 은 **대표적**인 **중요동사**를 **테마별**로 **정리**했습니다.
이번 섹션에서 가장 **중요한 점**은
스페인어 동사는 **인칭에 따라 어미**가 **변화**한다는 것입니다.

P 047

③ 기본패턴의 확장!

p047-09	**No como ni cerdo ni pollo.**	**나는 돼지고기도 닭고기도 먹지 않습니다.**
p047-10	**Como con palillos.**	**나는 젓가락으로 먹습니다.**

- **no ~ ni ~ ni** 는 '~도 ~도 아니다'입니다. **ni** 다음에는 관사를 붙이지 않습니다.
- **no ~ ni ~ ni** (~도 ~도 아니다), **el cerdo** (돼지고기), **el pollo** (닭고기), **con** (~으로/함께), **los palillos** (젓가락 (복수) : **el palillo** (단수) 이쑤시개/뜨개바늘)

④ 기본패턴의 응용!

p047-11	**A) ¿Come usted con palillos?**	**당신은 젓가락으로 먹습니까?**
p047-12	**B) Como con tenedor y cuchillo.**	**나는 포크와 나이프로 먹습니다.**
p047-13	**A) ¿Dónde almuerzas?**	**넌 어디에서 점심을 먹니?**
p047-14	**B) Como en el comedor escolar.**	**나는 학생식당에서 먹어.**

- **almorzar** (점심식사하다)는 어간 **-o-** 가 **-ue-** 로 바뀌는 불규칙동사입니다.
- **usted** (당신), **el tenedor** (포크), **el cuchillo** (나이프), **dónde** (어디), **almorzar** (점심식사하다)

Learn foreign language!
Spanish

Part 2. It's a completely new way to learn foreign language! | Pattern 048

Tomo. [또모.]
나는 마십니다.

① 기본패턴의 핵심!

❶ **Tomo ~.** 는 '나는 ~ 마십니다.'입니다.
❷ **tomar** (마시다)는 규칙동사이며, 인칭변화형을 활용하여 다양한 주어의 문장을 만들 수 있습니다.
(**Yo tomo, Tú tomas, Él/Ella/Ud. toma, Nosotros tomamos, Vosotros tomáis, Ellos/Ellas/Uds.toman**)
❸ **tomar** 동사 대신에 **beber** (마시다) 동사를 사용해도 됩니다.

② 기본패턴의 연습!

p048-01	Tomo	café.	나는 커피를 마십니다.
p048-02	Tomo	cerveza.	나는 맥주를 마십니다.
p048-03	Tomo	agua.	나는 물을 마십니다.
p048-04	Tomo	una copa de alcohol.	나는 술 한 잔을 마십니다.
p048-05	Tomo	vino todos los días.	나는 매일 와인을 마십니다.
p048-06	Tomo	champán raras veces.	나는 드물게 샴페인을 마십니다.
p048-07	Tomo	café con azúcar.	나는 커피를 설탕을 넣어 마십니다.
p048-08	Tomo	café sin leche.	나는 커피를 우유 없이 마십니다.

● **copa** 는 유리로 만든 컵/잔입니다. **ir de copas** 는 '(술) 마시러 가다'입니다.
● 반면 (물/차) 한 컵(잔)을 나타낼 때는 **el vaso** (컵/잔)을 사용합니다.
● **el café** (커피), **la cerveza** (맥주), **el agua** (물), **un** (하나의), **la copa** (잔/컵), **el alcohol** (술), **el vino** (와인), **todos(as)** (모든), **el día** (날), **todos los días** (매일), **raras veces** (드물게), **el champán** (샴페인), **con** (~와 함께), **el azúcar** (설탕), **sin** (~없이), **la leche** (우유)

pattern

세 번째 섹션 : 중요동사 패턴!

3rd Section 은 **대표적**인 **중요동사**를 **테마별**로 **정리**했습니다.
이번 섹션에서 가장 **중요한 점**은
스페인어 동사는 **인칭에 따라 어미**가 **변화**한다는 것입니다.

P 048

③ 기본패턴의 확장!

p048-09	**No tomo alcohol.**	나는 술을 마시지 않습니다.
p048-10	**Tomo alcohol pero no fumo más.**	나는 술은 마시지만 (담배는) 더 이상 피우지 않습니다.

- 부정문은 동사 앞에 부정부사 **no** 가 옵니다.
- **no** (아니다), **pero** (그러나), **no ~ más** (더 이상 ~ 아니다), **fumar** (흡연하다)

④ 기본패턴의 응용!

p048-11	**A) ¿Toma usted café con azúzar?**	당신은 커피를 설탕을 넣어 마십니까?
p048-12	**B) No. Tomo café sin azúcar.**	아니오. 나는 커피를 설탕 없이 마십니다.

p048-13	**A) ¿Qué tomas?**	너는 무엇을 마시니?
p048-14	**B) Tomo café todos los días.**	나는 매일 커피를 마셔.

- **usted** (당신), **sin** (~ 없이), **qué** (무엇)

Learn foreign language!
Spanish

Part 2. It's a completely new way to learn foreign language! | Pattern 049

Huelo. [우엘로.]
나는 냄새 맡습니다.

① 기본패턴의 핵심!

❶ **Huelo ~.** 는 '나는 ~ 냄새 맡습니다.'입니다.
❷ **oler** (냄새 맡다)는 **Huele + a** +무관사 명사.일 경우, '(나에게서/내 몸에서) (명사)의 냄새가 납니다.'가 되고, **Huelo** + 명사.는 '(나는) (명사)의 냄새를 맡습니다.'가 됩니다.
❸ **oler** (냄새 맡다)는 불규칙동사이며, 인칭변화형을 활용하여 다양한 주어의 문장을 만들 수 있습니다.
(**Yo huelo, Tú hueles, Él/Ella/Ud. huele, Nosotros olemos, Vosotros oléis, Ellos/Ellas/Uds. huelen**)

② 기본패턴의 연습!

p049-01	**Huelo**	**un perfume.**	나는 향수 냄새를 맡습니다.
p049-02	**Huelo**	**una rosa.**	나는 장미 냄새를 맡습니다.
p049-03	**Huele**	**a humo.**	(나에게서) 연기 냄새가 납니다.
p049-04	**Huele**	**a carne.**	(나에게서) 고기 냄새가 납니다.
p049-05	**Huele**	**a cigarro.**	(나에게서) 담배 냄새가 납니다.
p049-06	**Huele**	**a buen perfume.**	(나에게서) 좋은 향기가 납니다.
p049-07	**Huele**	**a perfume dulce.**	(나에게서) 달콤한 향기가 납니다.
p049-08	**Huele**	**a frutas.**	(나에게서) 과일들 냄새가 납니다.

● **bueno** (좋은) : 남성단수명사 앞에서는 **o** 가 탈락합니다.
● **un(a)** (하나의/어떤), **el perfume** (향수/향기), **la rosa** (장미), **el humo** (연기), **la carne** (고기), **el cigarro** (담배), **bueno** (좋은), **dulce** (달콤한), **la fruta** (과일)

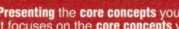

세 번째 섹션 : 중요동사 패턴!

3rd Section 은 **대표적**인 **중요동사**를 **테마별**로 **정리**했습니다.
이번 섹션에서 가장 **중요한 점**은
스페인어 동사는 **인칭에 따라 어미**가 **변화**한다는 것입니다.

P 049

③ 기본패턴의 확장!

p049-09 No huelo nada. 나는 아무 냄새도 맡지 못합니다.

p049-10 Huelo su perfume. 나는 당신의 향기를 맡습니다.

- **no ~ nada** 는 '아무것도 ~ 아니다'입니다. 부정어(**nada**)는 반드시 부정문에서 사용됩니다.
- 소유형용사는 명사의 수에 따라 변화합니다. **su** 의 경우 '당신의/당신들의/그녀의/그녀들의/그의/그들의'로 해석됩니다. (자세한 내용은 문법 부록편을 참고하시면 됩니다.)
- **no** (아니다), **nada** (아무것도 ~ 않다), **su** (당신의)

④ 기본패턴의 응용!

p049-11 A) ¿Qué hueles? 너 무슨 냄새를 맡니?

p049-12 B) No huelo nada. 나는 아무 냄새도 맡지 못합니다.

p049-13 A) ¿Qué haces con las frutas? 너 과일들 가지고 뭐 하니?

p049-14 B) Huelo las frutas. 나는 과일들의 냄새를 맡고 있어.

- **qué** (무엇), **hacer** (하다), **con** (~으로)

Learn foreign language!
Spanish

Part 3. It's a completely new way to learn foreign language! | Pattern 050

Leo. [레오.]
나는 읽습니다.

① 기본패턴의 핵심!

❶ **Leo ~.** 는 '나는 ~ 읽습니다.'입니다.
❷ **leer** (읽다)는 불규칙변화동사이며, 인칭변화형을 활용하여 다양한 주어의 문장을 만들 수 있습니다.
(**Yo leo, Tú lees, Él/Ella/Ud. lee, Nosotros leemos, Vosotros leéis, Ellos/Ellas/Uds. leen**)

② 기본패턴의 연습!

p050-01	**Leo**	**libros.**	나는 책을 읽습니다.
p050-02	**Leo**	**mucho.**	나는 많이 읽습니다.
p050-03	**Leo**	**periódicos.**	나는 신문을 읽습니다.
p050-04	**Leo**	**libros de historietas.**	나는 만화책들을 읽습니다.
p050-05	**Leo**	**a menudo novelas policíacas.**	나는 추리소설들을 자주 읽습니다.
p050-06	**Leo**	**libros por la noche.**	나는 밤에 책을 읽습니다.
p050-07	**Leo**	**su emoción.**	나는 당신의 감정을 읽습니다.
p050-08	**Leo**	**algo interesante.**	나는 무언가 흥미있는 것을 읽습니다.

● 특정한 '어떤' 책이나 '신문'을 언급하지 않을 경우에는 복수명사를 씁니다.
그리고 이 경우 해석을 굳이 복수로 하지 않아도 됩니다.
● **el libro** (책), **mucho** (많은), **el periódico** (신문), **de** (~의), **la historieta** (만화책/우스운 이야기),
a menudo (자주), **la novela** (소설), **policíaco(a)** (경찰의/탐정물의), **por** (쯤/무렵),
la noche (밤), **su** (당신(들)의), **la emoción** (감정/기분), **algo** (무언가), **interesante** (재미있는)

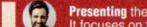

pattern

세 번째 섹션 : 중요동사 패턴!

3rd Section 은 **대표적**인 **중요동사**를 **테마별**로 **정리**했습니다.
이번 섹션에서 가장 **중요한 점**은
스페인어 동사는 **인칭에 따라 어미**가 **변화**한다는 것입니다.

P 050

③ 기본패턴의 확장!

p050-09 **Lo leo todo.** 나는 모든 것을 읽습니다.

p050-10 **Leo un libro sobre el universo.** 나는 우주에 관한 책 하나를 읽습니다.

- **todo** (모든 것)이 목적어일 때는 동사 앞에 목적대명사 **lo** 를 씁니다.
- **un libro sobre ~** 는 '~에 관한 책'입니다.
- **todo** (모든 것), **sobre** (~에 대해), **el universo** (우주)

④ 기본패턴의 응용!

p050-11 **A) ¿Qué clase de libros lee usted hoy día?** 당신은 요즘 어떤 종류의 책을 읽습니까?

p050-12 **B) Leo libros sobre lengua.** 나는 언어에 관한 책을 읽습니다.

---

p050-13 **A) ¿Qué lee usted ahora?** 당신은 지금 무엇을 읽고 있습니까?

p050-14 **B) Leo una revista.** 나는 잡지 하나를 읽습니다.

- **qué** (어떤/무엇), **la clase** (종류), **usted** (당신), **hoy día** (요즘), **sobre** (~에 대하여), **la lengua** (언어), **ahora** (지금/현재), **un(a)** (하나의/어떤), **la revista** (잡지)

Learn foreign language!
Spanish

Part 3. It's a completely new way to learn foreign language! | Pattern 051

Escribo. [에스끄리보.]
나는 씁니다.

① 기본패턴의 핵심!

❶ **Escribo ~.** 는 '나는 ~ 씁니다.'입니다.
❷ **escribir** (쓰다/작성하다)는 불규칙동사이며, 동사의 인칭변화형을 활용하여 다양한 주어의 문장을 만들 수 있습니다.
(**Yo escribo, Tú escribes, Él/Ella/Ud. escribe, Nosotros escribimos, Vosotros escribís, Ellos/Ellas/Uds. escriben**)

② 기본패턴의 연습!

p051-01	**Escribo**	**un artículo.**	나는 기사 하나를 씁니다.
p051-02	**Escribo**	**un e-mail.**	나는 이메일 하나를 씁니다.
p051-03	**Escribo**	**un SMS.**	나는 SMS 하나를 씁니다.
p051-04	**Escribo**	**una frase.**	나는 문장 하나를 씁니다.
p051-05	**Escribo**	**una carta.**	나는 편지 하나를 씁니다.
p051-06	**Escribo**	**un diario.**	나는 일기를 씁니다.
p051-07	**Escribo**	**con pluma.**	나는 만년필로 씁니다.
p051-08	**Escribo**	**en español.**	나는 스페인어로 씁니다.

● **en español** (스페인어로), '스페인어로 쓰다'라고 할 때 관사는 필요 없습니다. (**en inglés** 영어로)
● **con pluma** (만년필로), **con bolígrafo** (볼펜으로)
● **un(a)** (하나의/약간의), **el artículo** (기사), **el e-mail** (이메일), **el SMS** (문자 메시지), **la frase** (문장), **la carta** (편지), **el diario** (일기), **con** (~으로/~함께), **la pluma** (만년필), **en** (~으로), **el español** (스페인어)

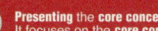

pattern

세 번째 섹션 : 중요동사 패턴!

3rd Section 은 **대표적**인 **중요동사**를 **테마별**로 **정리**했습니다.
이번 섹션에서 가장 **중요한 점**은
스페인어 동사는 **인칭에 따라 어미**가 **변화**한다는 것입니다.

P 051

③ 기본패턴의 확장!

p051-09 **Escribo un informe una vez al mes.** 나는 한 달에 한 번 보고서를 작성합니다.

p051-10 **Escribo poemas en mi tiempo libre.** 나는 나의 여가시간에 시들을 씁니다.

- **una vez** (한 번) + **al mes** (달에) = 한 달에 한 번
- **el informe** (보고서), **la vez** (번/회/차례), **a** (~당), **el mes** (달), **el poema** (시), **en** (~에), **mi** (나의), **el tiempo** (시간), **libre** (한가한/자유로운)

④ 기본패턴의 응용!

p051-11 **A) ¿Pues, qué escribe usted?** 그런데 당신은 무엇을 쓰고 있습니까?

p051-12 **B) Escribo un e-mail en inglés.** 나는 영어로 이메일을 쓰고 있습니다.

---

p051-13 **A) ¿Con qué frecuencia escribe usted un informe?** 당신은 보고서를 얼마나 자주 씁니까?

p051-14 **B) Escribo un informe una vez al mes.** 나는 한 달에 한 번 보고서를 작성합니다.

- **pues** (그런데)는 여러 가지 뜻이 있지만, 특별한 뜻 없이 말문을 열 때도 자주 사용합니다.
- **con qué** (어떤) + **la frecuencia** (빈도) = 어떤 빈도로 (얼마나 자주)
- **pues** (그런데), **usted** (당신), **con** (~을 가지고), **qué** (무엇), **la frecuencia** (회수/빈도)

Learn foreign language!
Spanish

Part 3. It's a completely new way to learn foreign language! | Pattern 052

Aprendo. [아쁘렌도.]
나는 배웁니다.

① 기본패턴의 핵심!

❶ **Aprendo ~.** 는 '나는 ~ 배웁니다.'입니다.
❷ **aprender** (배우다)는 규칙변화동사이며, 인칭변화형을 활용하여 다양한 주어의 문장을 만들 수 있습니다.
(**Yo aprendo, Tú aprendes, Él/Ella/Ud. aprende,**
Nosotros aprendemos, Vosotros aprendéis, Ellos/Ellas/Uds. aprenden)
❸ **aprender** (배우다) 다음에 오는 언어명이나 과목명은 정관사를 생략합니다.

② 기본패턴의 연습!

p052-01	**Aprendo español.**	나는 스페인어를 배웁니다.
p052-02	**Aprendo lenguas extranjeras.**	나는 외국어들을 배웁니다.
p052-03	**Aprendo español con ahínco.**	나는 스페인어를 열심히 배웁니다.
p052-04	**Aprendo un idioma rápidamente.**	나는 언어를 빨리 배웁니다.
p052-05	**Aprendo actualmente matemáticas.**	나는 지금 수학을 배웁니다.
p052-06	**Aprendo siempre historia.**	나는 항상 역사를 배웁니다.
p052-07	**Aprendo snowboard estos días.**	나는 요즘 스노우보드를 배웁니다.
p052-08	**Aprendo español en la academia de idiomas.**	나는 스페인어를 어학원에서 배웁니다.

● **estos días** (요즘)은 **estos** (이 : 지시형용사) + **días** (날들)의 숙어표현입니다.
● **con** (~을 가지고) + 무관사명사는 부사구를 만듭니다. **con** + **ahínco** (열심) > (열심히)
● **el español** (스페인어), **la lengua** (언어), **extranjero(a)** (외국의), **con** (~을 가지고), **el ahínco** (열심), **el idioma** (언어), **rápidamente** (빨리), **actualmente** (지금/현재), **las matemáticas** (수학), **siempre** (항상), **la historia** (역사), **el snowboard** (스노우보드), **estos días** (요즘), **en** (~에서), **la academia** (학원)

The basics of **grammar** and **sentence construction**!
The most useful **phrases** and **expressions**!

pattern

세 번째 섹션 : 중요동사 패턴!

3rd Section 은 **대표적**인 **중요동사**를 **테마별**로 **정리**했습니다.
이번 섹션에서 가장 **중요한 점**은
스페인어 동사는 **인칭**에 **따라 어미**가 **변화**한다는 것입니다.

P 052

③ 기본패턴의 확장!

p052-09 **Aprendo español desde hace 3 años.** 나는 3년 전부터 스페인어를 배우고 있습니다.

p052-10 **Aprendo español con un podcast.** 나는 팟캐스트로 스페인어를 배웁니다.

- **desde** (~이래로), **hace** (~ 전), **tres** (3), **el año** (해/년), **con** (~가지고/으로), **el podcast** (팟캐스트)

④ 기본패턴의 응용!

p052-11 **A) ¿Aprendes algo nuevo?** 너 뭐 새로운 것을 배우니?

p052-12 **B) Aprendo snowboard estos días.** 나는 요즘 스노우보드를 배우고 있어.

p052-13 **A) ¿Cómo aprende usted español?** 당신은 어떻게 스페인어를 배웁니까?

p052-14 **B) Aprendo español con un podcast.** 나는 팟캐스트로 스페인어를 배웁니다.

- **algo** (어떤 것) + **nuevo** (새로운)은 '뭔가 새로운 것'이 됩니다.
- **algo** (어떤 것), **nuevo** (새로운), **usted** (당신), **cómo** (어떻게)

The focus is on **conversation** and **communication**.

Start **speaking languages** immediately using **essential phrases**.

Learn foreign language!
Spanish

Part 3. It's a completely new way to learn foreign language! | Pattern 053

Estudio. [에스뚜디오.]
나는 공부합니다.

① 기본패턴의 핵심!

❶ **Estudio ~.** 는 '나는 ~ 공부합니다.'입니다.
❷ **estudiar** (공부하다)는 규칙동사이며, 인칭변화형을 활용하여 다양한 주어의 문장을 만들 수 있습니다.
(**Yo estudio, Tú estudias, Él/Ella/Ud. estudia,**
Nosotros estudiamos, Vosotros estudiáis, Ellos/Ellas/Uds. estudian)

② 기본패턴의 연습!

p053-01 **Estudio economía.** 나는 경제학을 공부합니다.

p053-02 **Estudio derecho en el extranjero.** 나는 외국에서 법학을 공부합니다.

p053-03 **Estudio arquitectura en España.** 나는 스페인에서 건축학을 공부합니다.

p053-04 **Estudio lingüística en la universidad.** 나는 대학에서 언어학을 공부합니다.

p053-05 **Estudio español en Salamanca.** 나는 살라망까에서 스페인어를 공부합니다.

p053-06 **Estudio administración de empresas desde hace dos años.** 나는 2년째 경영학을 공부합니다.

p053-07 **Estudio marketing como especialidad.** 나는 전공으로 마케팅을 공부합니다.

p053-08 **Estudio español gratis en internet.** 나는 인터넷에서 스페인어를 무료로 공부합니다.

● **en la universidad** 대학에서, **en la escuela** 학교에서
● **la economía** (경제학), **el derecho** (법학), **en** (~에서), **el extranjero** (외국), **la arquitectura** (건축학), **España** (스페인), **la lingüística** (언어학), **la universidad** (대학), **el español** (스페인어), **la administración** (관리/경영), **de** (~의), **empresa** (사업), **desde hase** (~이래로), **dos** (2), **el año** (해/년), **el marketing** (마케팅), **como** (~로서), **la especialidad** (전공), **gratis** (무료로), **el internet** (인터넷)

pattern

세 번째 섹션 : 중요동사 패턴!

3rd Section 은 **대표적**인 **중요동사**를 **테마별**로 **정리**했습니다.
이번 섹션에서 가장 **중요한 점**은
스페인어 동사는 **인칭에 따라 어미**가 **변화**한다는 것입니다.

P 053

③ 기본패턴의 확장!

p053-09 **Estudio cocina en Barcelona el año que viene.**
나는 내년에 바르셀로나에서 요리를 공부합니다.

p053-10 **Estudio actualmente administración turística y hotelera en la Universidad Autónoma de Madrid.** 나는 현재 마드리드 자치대학에서 관광호텔 경영학을 공부하고 있습니다.

- **Universidad Autónoma de Madrid** (마드리드 자치대학)은 약자로 **la UAM** 이라고 합니다.
- **la cocina** (요리), **el año** (해/년), **que** (관계대명사), **venir** (오다), **actualmente** (현재/지금), **turístico(a)** (여행의), **hotelero(a)** (호텔의), **autónomo(a)** (자치의)

④ 기본패턴의 응용!

p053-11 **A) ¿Qué estudia usted como especialidad?** 당신은 전공으로 무엇을 공부합니까?

p053-12 **B) Estudio lingüística como especialidad.** 나는 전공으로 언어학을 공부합니다.

---

p053-13 **A) ¿Dónde estudia usted informática?** 당신은 정보과학을 어디에서 공부합니까?

p053-14 **B) Estudio informática en la Universidad de Salamanca.**
나는 살라망까 대학에서 정보과학을 공부합니다.

- **qué** (무엇), **usted** (당신), **dónde** (어디), **la informática** (정보과학)

Learn foreign language!
Spanish

Part 3. It's a completely new way to learn foreign language! | Pattern 054

Digo. [디고.]
나는 말합니다.

❶ 기본패턴의 핵심!

❶ **Digo ~.** 는 '나는 ~을 말합니다.'입니다.
❷ **decir** (말하다/이야기하다)는 불규칙동사이며,
인칭변화형을 활용하여 다양한 주어의 문장을 만들 수 있습니다.
(**Yo digo, Tú dices, Él/Ella/Ud. dice, Nosotros decimos, Vosotros decís, Ellos/Ellas/Uds. dicen**)

❷ 기본패턴의 연습!

p054-01	**Digo**	**adiós.**	나는 안녕이라고 말합니다.
p054-02	**Digo**	**que sí.**	나는 네라고 말합니다.
p054-03	**Digo**	**que no.**	나는 아니오라고 말합니다.
p054-04	**Digo**	**la verdad.**	나는 진실을 말합니다.
p054-05	**Digo**	**mentiras.**	나는 거짓을 말합니다. (나는 거짓말을 합니다.)
p054-06	**Digo**	**mi opinión.**	나는 내 생각을 말합니다.
p054-07	**Digo**	**tonterías.**	나는 터무니 없는 말을 합니다.
p054-08	**No digo ni una palabra más.**		나는 더 이상 한마디도 말하지 않습니다.

- **decir adiós** 는 '안녕이라고 말하다'입니다.
- 소유형용사는 명사의 수에 따라 변화합니다. **mi** (나의 : 남성/여성 단수) / **mis** (남성/여성 복수)
- **no ~ más** 는 '더 이상 ~ 하지 않다'입니다.
- **adiós** (안녕하세요), **que** (~라고 : 접속사), **sí** (네), **no** (아니다), **la verdad** (진실), **la mentira** (거짓), **la opinión** (생각), **mi** (나의), **la tontería** (바보/어리석은 짓), **ni** (~도 없이), **un(a)** (하나의), **la palabra** (말/단어)

pattern

세 번째 섹션 : 중요동사 패턴!

3rd Section 은 **대표적**인 **중요동사**를 **테마별**로 **정리**했습니다.
이번 섹션에서 가장 **중요한 점**은
스페인어 동사는 **인칭에 따라 어미**가 **변화**한다는 것입니다.

P 054

③ 기본패턴의 확장!

p054-09 **Digo lo que veo.** 나는 내가 본 것을 말합니다.

p054-10 **Digo lo que pienso.** 나는 내가 생각하는 것을 말합니다.

● 관계대명사 **que** 앞에 **lo** 가 와서 동사 **digo** 의 목적어가 되며, '~하는 것'의 뜻입니다.
(**lo que pienso** 내가 생각하는 것, **lo que digo** 내가 말하는 것)
● **lo** (정관사의 중성형), **que** (~하는 것 : 관계대명사), **ver** (보다), **pensar** (생각하다)

④ 기본패턴의 응용!

p054-11 **A) ¿Qué dice usted?** 당신은 무엇을 말합니까?

p054-12 **B) Digo lo que pienso.** 나는 내가 생각하는 것을 말합니다.

p054-13 **A) ¿Qué quiere decir eso?** 그것은 무슨 뜻입니까?

p054-14 **B) No digo ni una palabra más.** 나는 더 이상 한마디도 말하지 않겠습니다.

● **¿Qué quiere decir eso?** 를 직역하면 '그것은 무엇을 말하기를 원합니까?'
즉, '무슨 뜻입니까?'라는 의미입니다. **querer + decir** 는 '~을 의미하다'라는 뜻입니다.
● **qué** (무엇), **usted** (당신), **eso** (그것 : 지시대명사), **querer** (원하다/바라다)

Learn foreign language!
Spanish

Part 3. It's a completely new way to learn foreign language! | Pattern 055

Hablo. [아블로.]
나는 말합니다.

① 기본패턴의 핵심!

❶ **Hablo ~.** 는 '나는 ~ 말합니다.'입니다.
❷ **hablar** (말하다)는 규칙동사이며, 인칭변화형을 활용하여 다양한 주어의 문장을 만들 수 있습니다.
(**Yo hablo, Tú hablas, Él/Ella/Ud. habla, Nosotros hablamos, Vosotros habláis, Ellos/Ellas/Uds. hablan**)
❸ **hablar de ~** 는 '~에 대해 말하다', **hablar con ~** 은 '~와 말하다'입니다.

② 기본패턴의 연습!

p055-01	Hablo	rápido.	나는 빠르게 말합니다.
p055-02	Hablo	coreano.	나는 한국어를 말합니다.
p055-03	Hablo	inglés con fluidez.	나는 영어를 유창하게 말합니다.
p055-04	Hablo	un poco de español.	나는 스페인어를 약간 말합니다.
p055-05	Hablo	3 lenguas.	나는 3개 언어를 말합니다.
p055-06	Hablo	en español.	나는 스페인어로 말합니다.
p055-07	Hablo	del amor.	나는 사랑에 대해 말합니다.
p055-08	Hablo	con mis padres.	나는 나의 부모님과 말합니다.

● **con** + 추상명사는 '~하게'라는 부사로 사용됩니다.
● **hablar** + 언어명이 올 때, 언어 앞에 정관사 **el** 은 생략됩니다. **hablar** 는 목적어로 언어만을 받습니다.
(**Hablo coreano.** 나는 한국어를 말합니다.)
● **del** 은 **de + el** (남성단수정관사)가 축약된 형태입니다.
● **rápido** (빠른), **el coreano** (한국어), **el inglés** (영어), **con** (함께), **la fluidez** (유창함), **un poco de** (약간/조금), **el español** (스페인어), **tres** (3), **la lengua** (언어), **en** (~으로), **de** (~에 대해), **el amor** (사랑), **mis** (나의), **los padres** (부모)

The basics of grammar and sentence construction!
The most useful phrases and expressions!

pattern

세 번째 섹션 : 중요동사 패턴!

3rd Section 은 **대표적**인 **중요동사**를 **테마별**로 **정리**했습니다.
이번 섹션에서 가장 **중요한 점**은
스페인어 동사는 **인칭에 따라 어미**가 **변화**한다는 것입니다.

P 055

③ 기본패턴의 확장!

p055-09 **Hablo español con mi profesor.** 나는 나의 선생님과 스페인어로 말합니다.

p055-10 **Hablo del tiempo con mi vecino.** 나는 나의 이웃과 함께 날씨에 대해 말합니다.

- 전치사 **de** (~에 대해)는 정관사 **el** 과 만나면 **del** 로 축약합니다. (**de + el tiempo = del tiempo**)
- **mi** (나의), **el profesor** (교사), **el tiempo** (날씨), **el vecino** (이웃)

④ 기본패턴의 응용!

p055-11 **A) ¿Cuántas lenguas habla usted?** 당신은 몇 개 언어를 말합니까?

p055-12 **B) Hablo 3 lenguas.** 나는 3개 언어를 말합니다.

---

p055-13 **A) ¿De qué hablas con tus amigos?** 너는 너의 친구들과 무엇에 대해 말하니?

p055-14 **B) Hablo del futuro con mis amigos.** 나는 나의 친구들과 미래에 대해 말해.

- **¿Cuántos(as)** + 명사 ~?는 '얼마나 많이/얼마만큼 ~?'입니다.
- 의문사가 앞에 오면 주어와 동사는 도치되며, 의문사가 있는 의문문에서 전치사는 의문사 앞에 옵니다.
- 소유형용사는 명사의 수에 따라 변화합니다. **tu** (너의 : 남성/여성 단수) / **tus** (남성/여성 복수)
- **cuántos(as)** (얼마나 많이), **de qué** (무엇에 대해), **el amigo/la amiga** (친구), **el futuro** (미래)

The focus is on conversation and communication.
Start speaking languages immediately using essential phrases.

Learn foreign language!
Spanish

Part 3. It's a completely new way to learn foreign language! | Pattern 056

Explico. [엑스쁠리꼬.]
나는 설명합니다.

❶ 기본패턴의 핵심!

❶ **Explico ~.** 는 '나는 ~ 설명합니다.'입니다.
❷ **explicar** (설명하다)는 규칙동사이며, 인칭변화형을 활용하여 다양한 주어의 문장을 만들 수 있습니다. (**Yo explico, Tú explicas, Él/Ella/Ud. explica, Nosotros explicamos, Vosotros explicáis, Ellos/Ellas/Uds. explican**)

❷ 기본패턴의 연습!

p056-01	Explico	el tema.	나는 주제를 설명합니다.
p056-02	Explico	las reglas.	나는 법칙들을 설명합니다.
p056-03	Explico	el texto.	나는 텍스트를 설명합니다.
p056-04	Explico	los proyectos.	나는 계획들을 설명합니다.
p056-05	Explico	mi retraso.	나는 나의 지각을 설명합니다.
p056-06	Explico	en detalle.	나는 자세하게 설명합니다.
p056-07	Explico	brevemente.	나는 간단하게 설명합니다.
p056-08	Explico	más tarde.	나는 나중에 설명하겠습니다.

● 소유형용사는 명사의 수에 따라 변화합니다. **mi** (나의 : 남성/여성 단수) / **mis** (남성/여성 복수)
● **en detalle** 는 '세세하게/상세하게', **más tard** 는 '나중에'입니다.
● **el tema** (주제), **la regla** (법칙), **el texto** (텍스트), **el proyecto** (계획), **el retraso** (지각), **el detalle** (상세/디테일), **brevemente** (간단하게/간략하게), **más** (더), **tarde** (늦게)

The basics of grammar and sentence construction!
The most useful phrases and expressions!

pattern

세 번째 섹션 : 중요동사 패턴!

3rd Section 은 **대표적**인 **중요동사**를 **테마별**로 **정리**했습니다.
이번 섹션에서 가장 **중요한 점**은
스페인어 동사는 **인칭에 따라 어미**가 **변화**한다는 것입니다.

P 056

③ 기본패턴의 확장!

p056-09 **Explico en simples palabras.** 나는 간단한 단어들로 설명합니다.

p056-10 **Explico con ejemplos.** 나는 예시들을 들어 설명합니다.

- **en simples palabras** 는 '단순한 말들로/간단한 단어들로'입니다.
- **en** (~으로), **la palabra** (단어/말), **simple** (간단한), **con** (~을 통해서), **el ejemplo** (예/예시)

④ 기본패턴의 응용!

p056-11 **A) ¿Explica usted la situación con exactitud?** 당신은 그 상황을 정확하게 설명해 주시겠습니까?

p056-12 **B) Explico en detalle.** 나는 자세하게 설명하겠습니다.

p056-13 **A) ¿Qué le pasa?** 무슨 일입니까?

p056-14 **B) Se lo explico más tarde.** 나는 그것을 나중에 설명하겠습니다.

- **pasar** (일어나다)는 앞에 **¿Qué le(te) ~?** (무엇 ~?)을 붙이면 '무슨 일입니까?'로 사용할 수 있습니다.
이때 **pasar** 앞에 **le** (당신/ 그/그녀에게 : 간접목적대명사)나 **te** (너에게)가 옵니다.
아울러 간접목적대명사 (**le(s)**) 다음에 직접목적대명사 (**lo(s)/la(s)**)가 오면 **le(s)** 는 **se** 가 됩니다.
(목적대명사는 부록부를 참고하시면 됩니다.)
- **usted** (당신), **la situación** (상황), **la exactitud** (정확/분명), **le** (당신에게), **pasar** (일어나다), **se** (당신/그/그녀(들)에게), **lo** (그것을)

The focus is on **conversation** and **communication**.

Start **speaking languages** immediately using **essential phrases**.

Learn foreign language!
Spanish

Part 3. It's a completely new way to learn foreign language! | Pattern 057

Enseño. [엔쎄뇨.]
나는 가르칩니다.

① 기본패턴의 핵심!

❶ **Enseño ~.** 는 '나는 ~ 가르칩니다.'입니다.
❷ **enseñar** (가르치다)는 규칙동사이며, 인칭변화형을 활용하여 다양한 문장을 만들 수 있습니다.
(**Yo enseño, Tú enseñas, Él/Ella/Ud. enseña, Nosotros enseñamos, Vosotros enseñáis, Ellos/Ellas/Uds. enseñan**)
❸ **enseñar** (가르치다) 뒤에 과목명이나 언어명이 올 때는 관사를 생략합니다.

② 기본패턴의 연습!

p057-01	**Enseño**	**derecho.**	나는 법을 가르칩니다.
p057-02	**Enseño**	**español.**	나는 스페인어를 가르칩니다.
p057-03	**Enseño**	**filosofía.**	나는 철학을 가르칩니다.
p057-04	**Enseño**	**matemáticas.**	나는 수학을 가르칩니다.
p057-05	**Enseño**	**en la universidad.**	나는 대학에서 가르칩니다.
p057-06	**Enseño**	**por internet.**	나는 인터넷으로 가르칩니다.
p057-07	**Enseño**	**historia en la escuela superior.**	나는 고등학교에서 역사를 가르칩니다.
p057-08	**Enseño**	**la importancia de la paz.**	나는 평화의 중요성을 가르칩니다.

● **en la universidad** (대학에서), **en la escuela superior** (고등학교에서)
● **el derecho** (법), **el español** (스페인어), **la filosofía** (철학), **las matemáticas** (수학), **en** (~에서), **la universidad** (대학), **por** (~으로), **el internet** (인터넷), **la historia** (역사), **la escuela** (학교), **superior** (고등의), **la escuela superior** (고등학교), **la importancia** (중요성), **de** (~의), **la paz** (평화)

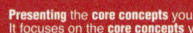

pattern

세 번째 섹션 : 중요동사 패턴!

3rd Section 은 **대표적**인 **중요동사**를 **테마별**로 **정리**했습니다.
이번 섹션에서 가장 **중요한 점**은
스페인어 동사는 **인칭에 따라 어미**가 **변화**한다는 것입니다.

P 057

③ 기본패턴의 확장!

p057-09 **Les enseño a los estudiantes inglés desde hace 10 años.** 나는 학생들에게10년 전부터 영어를 가르칩니다.

p057-10 **Enseño física actualmente en la universidad.** 나는 현재 대학에서 물리를 가르칩니다.

● **los estudiantes** (학생들)이 목적어이면서 사람이기 때문에 앞에 전치사 **a** 를 씁니다.
● **desde hace** 는 '~이래로/~전부터'입니다.
● **el inglés** (영어), **desde** (~이래로), **hace** (~전), **diez** (10), **el año** (해/년), **actualmente** (현재/지금), **la física** (물리)

④ 기본패턴의 응용!

p057-11 **A) ¿Qué hace usted?** 당신은 무엇을 합니까? (직업)

p057-12 **B) Enseño historia en la escuela superior.** 나는 고등학교에서 역사를 가르칩니다.

p057-13 **A) ¿Enseña usted desde hace mucho tiempo?** 당신은 오래 전부터 가르쳤습니까?

p057-14 **B) Les enseño a los estudiantes inglés desde hace 10 años.** 나는 학생들에게10년 전부터 영어를 가르칩니다.

● **¿Qué hace usted?** (당신은 무엇을 합니까?)는 직업을 묻는 질문으로도 사용합니다. 유사한 표현으로 **¿A qué se dedica? / ¿Cuál es su profesión?** 등이 있습니다.
● **qué** (무엇), **usted** (당신), **hacer** (하다), **mucho** (많은), **el tiempo** (시간), **desde hace** (~이래)

Learn foreign language!
Spanish

Part 3. It's a completely new way to learn foreign language! | Pattern 058

Conozco. [꼬노스꼬]
나는 알고 있습니다.

❶ 기본패턴의 핵심!

❶ **Conozco ~.** 는 '나는 ~ 압니다/~에 정통합니다.'입니다.
❷ **conocer** (알고 있다)는 불규칙동사이며, 인칭변화형을 활용하여 다양한 주어의 문장을 만들 수 있습니다. (**Yo conozco, Tú conoces, Él/Ella/Ud. conoce, Nosotros conocemos, Vosotros conocéis, Ellos/Ellas/Uds. conocen**)
❸ **Conozco a** + 사람.은 '(사람)을 겪어봐서(사귀어봐서) 안다.'입니다.
이때 '사람'이 목적어가 되어 앞에 전치사 **a** 가 나옵니다.

❷ 기본패턴의 연습!

p058-01	Conozco	a esa persona.	나는 그 사람을 압니다.
p058-02	Conozco	a esas personas.	나는 그 사람들을 압니다.
p058-03	Conozco	Madrid.	나는 마드리드를 압니다. (마드리드에 가봤습니다.)
p058-04	Conozco	a Carmen.	나는 까르멘을 압니다.
p058-05	Conozco	ese barrio.	나는 그 동네를 압니다.
p058-06	Conozco	los vinos.	나는 포도주에 정통합니다.
p058-07	Conozco	la política internacional.	나는 국제정치에 정통합니다.
p058-08	Conozco	la clave del éxito.	나는 성공의 열쇠를 알고 있습니다.

● 지시형용사는 명사의 성수에 따라 변화합니다.
ese (그 : 남성단수), **esa** (여성단수), **esos** (남성복수), **esas** (여성복수)
● 소유형용사는 명사의 수에 따라 변화합니다. **mi** (나의 : 남성/여성 단수) / **mis** (남성/여성 복수)
● **de** (~의 : 전치사) + **el** (정관사) = **del** (축약 형태)
● **a** (~을), **la persona** (사람), **el barrio** (동네/구역), **el vino** (포도주),
la política internacional (국제정치), **la clave** (비결/열쇠), **de** (~의), **el éxito** (성공)

pattern

세 번째 섹션 : 중요동사 패턴!

3rd Section 은 **대표적**인 **중요동사**를 **테마별**로 **정리**했습니다.
이번 섹션에서 가장 **중요한 점**은
스페인어 동사는 **인칭**에 **따라 어미**가 **변화**한다는 것입니다.

P 058

③ 기본패턴의 확장!

p058-09 **No conozco a ninguno de ellos.** 나는 그들 중 아무도 모릅니다.

p058-10 **Conozco a Carlos desde hace mucho tiempo.** 나는 카를로스를 오래 전부터 알고 있습니다.

● **ninguno(a)** (아무도 ~ 아니다)는 부정부사 **no** 와 함께 사용하는 부정형용사이지만, 대명사처럼 단독으로 사용하기도 합니다. 남성단수명사 앞에서는 **o** 가 탈락합니다. (**ningún hombre**)
● **de ellos** (그들 중에서)의 **ellos** 는 인칭대명사 3인칭 복수형입니다.
● **de** (~에서), **ninguno(a)** (아무도 ~ 아니다), **desde hace**(이래로), **mucho** (많은), **el tiempo** (시간), **desde hace mucho tiempo** (오랫동안)

④ 기본패턴의 응용!

p058-11 **A) ¿Conoce usted a aquellos hombres?** 당신은 저 남자들을 압니까?

p058-12 **B) No, no conozco a ninguno de ellos.** 아니오, 나는 그들 중 아무도 모릅니다.

---

p058-13 **A) ¿Conoce usted los EE.UU?** 당신은 미국에 가본 적이 있습니까?

p058-14 **B) Sí, especialmente conozco bien Nueva York.** 네, 나는 특히 뉴욕을 잘 압니다.

● **los EE.UU** (미국)은 **los estados unidos** 의 약자입니다.
● **usted** (당신), **aquel** (저 : 지시형용사), **el hombre** (남자), **ellos** (그들), **no** (아니오), **los EE.UU** (미국), **Nueva York** (뉴욕), **especialmente** (특히), **bien** (잘)

The focus is on conversation and communication.
Start speaking languages immediately using essential phrases.

Learn foreign language!
Spanish

Part 3. It's a completely new way to learn foreign language! | Pattern 059

Entiendo. [엔띠엔도.]
나는 이해합니다.

❶ 기본패턴의 핵심!

❶ **Entiendo ~.** 는 '나는 ~ 이해합니다.'입니다.
❷ **entender** (이해하다)는 불규칙동사이며, 인칭변화형을 활용하여 다양한 문장을 만들 수 있습니다.
(**Yo entiendo, Tú entiendes, Él/Ella/Ud. entiende, Nosotros entendemos, Vosotros entendéis, Ellos/Ellas/Uds. entienden**)
❸ **entender** 동사 다음에 과목명이나 언어명이 올 때 관사는 생략됩니다.

❷ 기본패턴의 연습!

p059-01	Entiendo un poco.	나는 약간 이해합니다.
p059-02	Entiendo mejor.	나는 더 잘 이해합니다.
p059-03	Entiendo español.	나는 스페인어를 이해합니다.
p059-04	Entiendo mal.	나는 오해하고 있습니다.
p059-05	No entiendo nada.	나는 전혀 이해하지 못합니다.
p059-06	Entiendo vagamente.	나는 막연하게 이해합니다.
p059-07	No entiendo el abecé.	나는 낫 놓고 기억자도 모릅니다. (abc 도 모릅니다.)
p059-08	Entiendo todo lo que dice.	나는 당신이 하는 말을 다 이해합니다.

● **mejor** (더 잘/더 나은)은 **bien** (잘)의 우등비교급입니다.
● 부정문은 동사의 앞에 부정부사 **no** 를 씁니다.
● **un poco** (약간), **el español** (스페인어), **vagamente** (막연하게/모호하게), **mal** (서투르게/그릇되게), **nada** (아무것도 ~않다), **el abecé** (알파벳/abc), **todo** (모든 것), **lo que** (~한 것), **decir** (말하다)

The basics of grammar and sentence construction!
The most useful phrases and expressions!

pattern

세 번째 섹션 : 중요동사 패턴!

3rd Section 은 **대표적**인 **중요동사**를 **테마별**로 **정리**했습니다.
이번 섹션에서 가장 **중요한 점**은
스페인어 동사는 **인칭에 따라 어미**가 **변화**한다는 것입니다.

P 059

③ 기본패턴의 확장!

p059-09	**No entiendo a nadie.**	나는 아무도 이해할 수가 없습니다.
p059-10	**No entiendo lo que dice Carmen.**	나는 까르멘이 말하는 것을 이해할 수가 없습니다.

● 중성관사 **lo** 는 관계대명사 **que** 의 선행사가 될 수 있습니다. **lo que ~** 는 '~하는 것'으로 해석합니다.
lo que dice usted (당신이 말하는 것), **lo que quiere usted** (당신이 원하는 것)
● **nadie** (아무도 ~않다), **lo** (중성관사), **decir** (말하다), **usted** (당신)

④ 기본패턴의 응용!

p059-11	**A) ¿Me entiende usted?**	당신은 나를 이해합니까?
p059-12	**B) Sí, entiendo su punto de vista.**	네, 나는 당신의 관점을 이해합니다.

---

p059-13	**A) ¿Entiende usted ahora mejor?**	당신은 이제 더 이해를 합니까?
p059-14	**B) Sí, lo entiendo todo.**	네, 나는 그것을 모두 이해합니다.

● 직접목적대명사 **me** (나를)의 위치는 동사 앞입니다.
(**me** (나를), **te** (너를), **lo** (당신을/그를), **la** (당신을/그녀를),
nos (우리들을), **os** (너희들을), **los(as)** (당신들을/그(녀)들을))
● **todo** (모든 것)이 직접목적어가 되면 동사 앞에 목적대명사 **lo** 를 반드시 써야 합니다.
● **me** (나를), **usted** (당신), **sí** (네), **su** (당신의), **el punto** (지점/논점), **de** (~의),
la vista (관점/시점), **ahora** (지금/이제)

Learn foreign language!
Spanish

Part 3. It's a completely new way to learn foreign language! | Pattern 060

¿Sabe usted? [싸베 우스텟?]
당신은 압니까?

❶ 기본패턴의 핵심!

❶ **¿Sabe usted ~?** 은 '당신은 ~을 압니까?'입니다.
❷ **saber** (알다)는 불규칙동사이며, 인칭변화형을 활용하여 다양한 문장을 만들 수 있습니다.
(Yo sé, Tú sabes, Él/Ella/Ud. sabe, Nosotros sabemos,
Vosotros sabéis, Ellos/Ellas/Uds. saben)
❸ **saber** 동사 다음에는 명사나 동사원형, 의문사 등이 올 수 있습니다.

❷ 기본패턴의 연습!

p060-01	¿Sabe usted	español?	당신은 스페인어를 압니까?
p060-02	¿Sabe usted	leer la frase?	당신은 그 문장을 읽을 줄 압니까?
p060-03	¿Sabe usted	nadar?	당신은 수영할 줄 압니까?
p060-04	¿Sabe usted	conducir?	당신은 운전할 줄 압니까?
p060-05	¿Sabe usted	dónde vive Carmen?	당신은 까르멘이 어디 사는지 압니까?
p060-06	¿Sabe usted	la diferencia?	당신은 그 차이점을 압니까?
p060-07	¿Sabe usted	lo que quiero?	당신은 내가 원하는 것을 압니까?
p060-08	¿Sabe usted	que ella está enfadada?	당신은 그녀가 화가 난 것을 압니까?

- **lo que** (~한 것)은 **saber** (알다)동사의 목적어이며, **saber lo que** 는 '~한 것을 알다'의 뜻입니다.
- **saber** (알다)동사 + 동사원형은 '~할 줄 알다' 또는 '어떻게 ~하는지 알다'입니다.
- **el español** (스페인어), **leer** (읽다), **la frase** (문장), **nadar** (수영하다), **conducir** (운전하다), **la diferencia** (차이/구별), **lo que** (~한 것), **querer** (원하다), **dónde** (어디), **vivir** (살다), **enfadado(a)** (화나다)

세 번째 섹션 : 중요동사 패턴!

3rd Section 은 **대표적**인 **중요동사**를 **테마별**로 **정리**했습니다.
이번 섹션에서 가장 **중요한 점**은
스페인어 동사는 **인칭에 따라 어미**가 **변화**한다는 것입니다.

P 060

③ 기본패턴의 확장!

p060-09	**¿Sabe usted qué es la química?**	당신은 화학이 무엇인지 압니까?
p060-10	**¿Sabe usted lo que digo?**	당신은 내가 말하는 것을 압니까?

● 중성관사 **lo** 는 관계대명사 **que** 의 선행사가 될 수 있습니다. **lo que ~** 는 '~하는 것'으로 해석합니다.
lo que dice usted (당신이 말하는 것), **lo que quiere usted** (당신이 원하는 것)
● **qué** (무엇 : 의문대명사), **la química** (화학), **lo** (것 : 중성관사), **decir** (말하다)

④ 기본패턴의 응용!

p060-11	**A) ¿Sabe usted conducir?**	당신은 운전을 할 줄 압니까?
p060-12	**B) Sí, claro.**	네, 물론이죠.

p060-13	**A) ¿Sabe usted lo que quiero?**	당신은 내가 원하는 것을 압니까?
p060-14	**B) No, todavía no lo sé.**	아니오, 나는 아직 모릅니다.

● **lo** (그것)은 앞에 나오는 **lo que quiero** (내가 원하는 것) 전체를 받습니다.
● **sí** (네), **no** (아니오), **claro** (물론이다), **todavía** (아직)

The focus is on **conversation** and **communication**.
Start **speaking languages** immediately using **essential phrases**.

Learn foreign language!
Spanish

Part 4. It's a completely new way to learn foreign language! | Pattern 061

Preparo. [쁘레빠로.]
나는 준비합니다.

① 기본패턴의 핵심!

❶ **Preparo ~.** 는 '나는 ~ 준비합니다.'입니다.
❷ **preparar** (준비하다)는 규칙동사이며, 인칭변화형을 활용하여 다양한 문장을 만들 수 있습니다.
(**Yo preparo, Tú preparas, Él/Ella/Ud. prepara, Nosotros preparamos, Vosotros preparáis, Ellos/Ellas/Uds. preparan**)

② 기본패턴의 연습!

- p061-01 **Preparo un proyecto.** 나는 프로젝트를 준비합니다.
- p061-02 **Preparo un examen.** 나는 시험을 준비합니다.
- p061-03 **Preparo una exposición.** 나는 발표를 준비합니다.
- p061-04 **Preparo una reunión.** 나는 회의를 준비합니다.
- p061-05 **Preparo la cena.** 나는 저녁식사를 준비합니다.
- p061-06 **Preparo un viaje con mochila.** 나는 배낭여행을 준비합니다.
- p061-07 **Preparo mis vacaciones de verano.** 나는 나의 여름방학을 준비합니다.
- p061-08 **Preparo una entrevista de empleo.** 나는 취업 면접을 준비합니다.

● 소유형용사는 명사의 수에 따라 변화합니다. **mi** (나의 : 남성/여성 단수) / **mis** (남성/여성 복수)
● **viaje** (여행) + **con** (~와 함께) + **mochila** (배낭) = 배낭여행. **viaje de mochilero** 라고도 합니다.
● **un(a)** (하나의/어떤), **el proyecto** (프로젝트), **el examen** (시험), **la exposición** (발표), **la reunión** (회의), **la cena** (저녁식사), **el viaje** (여행), **con** (~와 함께), **la mochila** (배낭), **las vacaciones** (휴가/방학), **de** (~의), **el verano** (여름), **la entrevista** (인터뷰), **el empleo** (고용/채용)

pattern

세 번째 섹션 : 중요동사 패턴!

3rd Section 은 **대표적**인 **중요동사**를 **테마별**로 **정리**했습니다.
이번 섹션에서 가장 **중요한 점**은
스페인어 동사는 **인칭에 따라 어미**가 **변화**한다는 것입니다.

P
061

③ 기본패턴의 확장!

p061-09 **Preparo una fiesta con mis compañeros.** 나는 나의 동료들과 함께 파티를 준비합니다.

p061-10 **Preparo una tesis de grado.** 나는 졸업 논문을 준비합니다.

● '졸업하다/학위를 받다'는 동사 **graduar(se)** 이고, 여기에서 **grado** (학위)라는 명사가 파생되었습니다. 졸업(학위)논문은 **el tesis** (논문) + **grado** (학위)가 됩니다. **grado de bachiller** (학사학위), **grado de maestro** (석사학위), **grado de doctor** (박사학위). 그리고 박사논문은 **la tesis doctoral** 입니다.
● **la fiesta** (파티), **con** (~와 함께), **el compañero** (동료), **la tesis** (학술논문/보고서), **el grado** (학위)

④ 기본패턴의 응용!

p061-11 **A) ¿Qué hace usted esta noche?** 당신은 오늘 저녁 무엇을 합니까?

p061-12 **B) Preparo una fiesta con mis compañeros.** 나는 나의 동료들과 함께 파티를 준비합니다.

---

p061-13 **A) ¿Qué hace usted durante las vacaciones de verano?** 너는 여름방학 동안 무엇을 할 거니?

p061-14 **B) Preparo un viaje de mochila por Europa.** 나는 유럽 배낭 여행을 준비하고 있어.

● '지시형용사 **esta(e)** (이) + 때를 나타내는 명사'는 가까운 때를 표현합니다. 지시형용사는 명사의 성수에 따라 변화합니다. **esta noche** (오늘 저녁), **esta semana** (이번 주), **este mes** (이번 달), **este año** (금년)
● **viajar** (여행하다) 다음에 전치사 **por** 가 오면 그 장소를 '두루 돌아다닌다'는 의미가 있고, 전치사 **a** 가 오면 '~를 향하여 가다'는 뜻입니다.
● **qué** (무엇), **hacer** (하다), **usted** (당신), **la noche** (저녁), **durante** (~동안에), **por** (~으로/로)

Learn foreign language!
Spanish

Part 4. It's a completely new way to learn foreign language! | Pattern 062

Necesito. [네세씨또.]
나는 필요합니다.

❶ 기본패턴의 핵심!

❶ **Necesito** + 명사. 는 '나는 ~을 필요로 합니다./나는 ~이 필요합니다.'입니다.
❷ **necesitar** (필요하다) 동사는 규칙동사이며, 인칭변화형을 활용하여 다양한 문장을 만들 수 있습니다. (**Yo necesito, Tú necesitas, Él/Ella/Ud. necesita, Nosotros necesitamos, Vosotros necesitáis, Ellos/Ellas/Uds. necesitan**)
❸ **Necesito** + 동사원형.은 '나는 ~하는 것이 필요하다.'입니다.

❷ 기본패턴의 연습!

p062-01	Necesito su ayuda.	나는 당신의 도움이 필요합니다.
p062-02	Necesito un descanso.	나는 휴식이 필요합니다.
p062-03	Necesito tiempo.	나는 시간이 필요합니다.
p062-04	Necesito su opinión.	나는 당신의 의견이 필요합니다.
p062-05	Necesito su cuidado.	나는 당신의 보살핌이 필요합니다.
p062-06	Necesito un empleo.	나는 일자리가 필요합니다.
p062-07	Necesito más dinero.	나는 더 많은 돈이 필요합니다.
p062-08	Lo necesito a usted.	나는 당신이 필요합니다.

● **lo** (당신을)은 직접목적대명사로 뒤에 나오는 **a usted** 을 받습니다.
a + 인칭대명사가 목적어가 되면 동사 앞에 목적대명사를 중복해서 씁니다.
● **su** (당신의), **la ayuda** (도움), **el descanso** (휴식), **el tiempo** (시간), **la opinión** (의견/견해), **un** (하나의/어떤), **el cuidado** (보살핌), **el empleo** (일자리/직장), **más** (더 많은), **el dinero** (돈)

The basics of grammar and sentence construction!
The most useful phrases and expressions!

pattern

세 번째 섹션 : 중요동사 패턴!

3rd Section 은 **대표적**인 **중요동사**를 **테마별**로 **정리**했습니다.
이번 섹션에서 가장 **중요한 점**은
스페인어 동사는 **인칭에 따라 어미**가 **변화**한다는 것입니다.

P 062

③ 기본패턴의 확장!

p062-09 **Necesito tiempo para reflexionar.** 나는 숙고할 시간이 필요합니다.

p062-10 **Necesito trabajar para vivir.** 나는 살기 위해 일할 필요가 있습니다.

- **el tiempo para** + 동사원형은 '~ 할 시간'입니다.
- **Necesito** + 동사원형.은 '나는 ~하는 것이 필요하다.'입니다.
- **para** + 동사원형은 '~을 하기 위하여'입니다.
- **para** (~를 위하여), **reflexionar** (숙고하다), **trabajar** (일하다/공부하다), **vivir** (살다/생활하다)

④ 기본패턴의 응용!

p062-11 **A) ¿Cuál es su decisión?** 당신의 결정은 어떻습니까?

p062-12 **B) Necesito un poco de tiempo para reflexionar.** 나는 숙고할 약간의 시간이 필요합니다.

---

p062-13 **A) ¿Todo va bien?** 모든 것이 잘 되어가고 있습니까?

p062-14 **B) Necesito su ayuda.** 나는 당신의 도움이 필요합니다.

- **cuál** (어떤 : 의문대명사)는 **ser** 동사 다음에 오는 명사에 따라 어미변화를 합니다.
cuál (남성/여성 단수), **cuáles** (남성/여성 복수)
- **un poco de** + 명사는 '약간의 ~'입니다.
- **ir** (가다) 동사는 안부를 묻는 표현으로도 사용합니다. **¿Cómo le va a usted?** (안녕하세요?)
- **¿Todo va bien?** 모든 것이 잘 되어가고 있습니까? > 모든 것이 잘 진행되고 있습니까?
- **la decisión** (결정), **todo** (모든 것), **ir** (가다), **bien** (잘)

Learn foreign language!
Spanish

Part 4. It's a completely new way to learn foreign language! | Pattern 063

Busco. [부스꼬.]
나는 찾습니다.

① 기본패턴의 핵심!

❶ **Busco ~.** 는 '나는 ~ 찾습니다.'입니다.
❷ **buscar** (찾다)는 규칙동사이며, 인칭변화형을 활용하여 다양한 주어의 문장을 만들 수 있습니다.
(**Yo busco, Tú buscas, Él/Ella/Ud. busca, Nosotros buscamos, Vosotros buscáis, Ellos/Ellas/Uds. buscan**)

② 기본패턴의 연습!

p063-01	Busco	un empleo.	나는 일자리를 찾고 있습니다.
p063-02	Busco	un trabajo a tiempo parcial.	나는 파트타임직을 찾고 있습니다.
p063-03	Busco	un trabajo de turno de noche.	나는 야간직을 찾고 있습니다.
p063-04	Busco	un trabajo por horas.	나는 시간제 일자리를 찾고 있습니다.
p063-05	Busco	a alguien.	나는 누군가를 찾고 있습니다.
p063-06	Busco	esta dirección.	나는 이 주소를 찾고 있습니다.
p063-07	Busco	recuerdos españoles.	나는 스페인산 기념품들을 찾고 있습니다.
p063-08	Busco	una morada en Madrid.	나는 마드리드에서 숙소를 찾고 있습니다.

● **alguien** (어떤 사람/누군가)가 목적어로 쓰일 때는 앞에 전치사 **a** 가 옵니다
● **un/una** (어떤/약간의), **el empleo** (일자리), **el trabajo** (직업/일), **parcial** (부분적인), **de** (~의), **el tiempo** (시간), **el trabajo a tiempo parcial** (파트타임/반나절 근무), **el turno** (순번/교체), **la noche** (밤), **por** (~단위로/~에), **la hora** (시간), **alguien** (어떤 사람/누군가), **esta(e)** (이 : 지시형용사), **la dirección** (주소), **el recuerdo** (기념품), **español** (스페인의), **la morada** (주택/숙소), **en** (~에서)

The basics of grammar and sentence construction!
The most useful phrases and expressions!

pattern

세 번째 섹션 : 중요동사 패턴!

3rd Section 은 대표적인 중요동사를 테마별로 정리했습니다.
이번 섹션에서 가장 중요한 점은
스페인어 동사는 인칭에 따라 어미가 변화한다는 것입니다.

P 063

③ 기본패턴의 확장!

p063-09 Busco un regalo para mi amiga. 나는 나의 여친을 위해 선물 하나를 찾고 있습니다.

p063-10 Busco a alguien para hablar en Skype. 나는 스카이프로 이야기하려고 누군가를 찾습니다.

- **para** + 명사는 '~에게'로 수혜자를 나타내는 표현입니다.
- 소유형용사는 명사의 수에 따라 변화합니다. **mi** (나의 : 남성/여성 단수) / **mis** (남성/여성 복수)
- **para** + 동사원형은 '~을 하기 위하여'입니다.
- **el regalo** (선물), **mi** (나의), **la amiga** (여자친구), **hablar** (말하다), **en** (~을 통해)

④ 기본패턴의 응용!

p063-11 A) ¿Qué tipo de empleo busca usted? 당신은 어떤 종류의 일자리를 찾고 있습니까?

p063-12 B) Busco un empleo de turno de noche. 나는 야간직을 찾고 있습니다.

p063-13 A) ¿Qué busca usted en esta tienda? 당신은 이 상점에서 무엇을 찾고 있습니까?

p063-14 B) Busco un regalo para mi amiga. 나는 나의 여친을 위해 선물 하나를 찾고 있습니다.

- **qué tipo de ~** 는 '어떤 종류의 ~'입니다.
- **qué** (어떤 : 의문형용사), **el tipo** (타입/형태/종류), **usted** (당신), **en** (~안에), **esta(e)** (이 : 지시형용사), **la tienda** (상점)

The focus is on conversation and communication.

Start speaking languages immediately using essential phrases.

Learn foreign language!
Spanish

Part 4. It's a completely new way to learn foreign language! | Pattern 064

Pruebo. [쁘루에보.]
나는 ~하려고 합니다.

① 기본패턴의 핵심!

❶ **Pruebo ~.** 는 '나는 ~하려고 합니다.'입니다.
❷ **probar** (시도하다/입혀보다/신겨보다/먹어보다/~하려고 하다)는 불규칙동사이며, 인칭변화형을 활용하여 다양한 주어의 문장을 만들 수 있습니다. (**Yo pruebo, Tú pruebas, Él/Ella/Ud. prueba, Nosotros probamos, Vosotros probáis, Ellos/Ellas/Uds. prueban**)
❸ **probar + a +** 동사원형은 '~하는 것을 시도하다'입니다.

② 기본패턴의 연습!

p064-01	Pruebo	esta fruta.	나는 이 과일을 먹어봅니다.
p064-02	Pruebo	mi coche nuevo.	나는 나의 새 차를 타봅니다.
p064-03	Pruebo	a reflexionar.	나는 숙고하려고 합니다.
p064-04	Pruebo	a dormir bien.	나는 잘 자려고 합니다.
p064-05	Pruebo	a ser feliz.	나는 행복하려고 합니다.
p064-06	Pruebo	a dejar de fumar.	나는 금연하려고 합니다.
p064-07	Pruebo	a aprender español.	나는 스페인어를 배우려고 합니다.
p064-08	Pruebo	a ahorrar dinero.	나는 돈을 저축하려고 합니다.

● 소유형용사는 명사의 수에 따라 변화합니다. **mi** (나의 : 남성/여성 단수), **mis** (나의 : 남성/여성 복수)
● **dejar de +** 동사원형은 '~하는 것을 중단하다'입니다.
● **este(a)** (이 : 지시형용사), **la fruta** (과일), **el coche** (자동차), **nuevo** (새로운), **reflexionar** (숙고하다), **dormir** (자다), **bien** (잘), **ser** (~이다), **feliz** (행복한), **fumar** (흡연하다), **aprender** (배우다), **el español** (스페인어), **ahorrar** (저축하다), **el dinero** (돈)

The basics of grammar and sentence construction!
The most useful phrases and expressions!

pattern

세 번째 섹션 : 중요동사 패턴!

3rd Section 은 **대표적**인 **중요동사**를 **테마별**로 **정리**했습니다.
이번 섹션에서 가장 **중요한 점**은
스페인어 동사는 **인칭에 따라 어미**가 **변화**한다는 것입니다.

P 064

③ 기본패턴의 확장!

p064-09 **Pruebo siempre a decir la verdad.** 나는 항상 진실을 말하려고 합니다.

p064-10 **Pruebo a no comer demasiado.** 나는 너무 많이 먹지 않으려고 합니다.

- **probar + a + no +** 동사원형은 '~하지 않으려고 합니다'입니다.
- **siempre** (항상), **decir** (말하다), **la verdad** (진실), **no** (아니다), **comer** (먹다), **demasiado** (지나치게)

④ 기본패턴의 응용!

p064-11 **A) ¿Por qué no comes más?** 너는 왜 더 이상 먹지 않니?

p064-12 **B) Pruebo a no comer demasiado.** 나는 너무 많이 먹지 않으려고 해.

p064-13 **A) ¿Qué hace usted para su salud?** 당신은 당신의 건강을 위해 무엇을 하십니까?

p064-14 **B) Pruebo a dejar de fumar.** 나는 금연을 하려고 합니다.

- **no ~ más** 는 '더 이상 ~ 않다'입니다.
- **por qué** (왜), **qué** (무엇), **hacer** (하다), **usted** (당신), **para** (~를 위해), **su** (당신의), **la salud** (건강)

Recomiendo. [레꼬미엔도.]
나는 추천합니다.

① 기본패턴의 핵심!

❶ **Recomiendo ~.** 는 '나는 ~ 추천합니다.'입니다.
❷ **recomendar** (추천하다)는 불규칙동사이며, 인칭변화형을 활용하여 다양한 문장을 만들 수 있습니다.
(**Yo recomiendo, Tú recomiendas, Él/Ella/Ud. recomienda, Nosotros recomendamos, Vosotros recomendáis, Ellos/Ellas/Uds. recomiendan**)
❸ **recomendar** + 동사원형은 '~하는 것을 추천하다'입니다.

② 기본패턴의 연습!

p065-01	**Recomiendo ese hospital.**	나는 그 병원을 추천합니다.
p065-02	**Recomiendo ese restaurante.**	나는 그 식당을 추천합니다.
p065-03	**Recomiendo esa película.**	나는 그 영화를 추천합니다.
p065-04	**Recomiendo a ese candidato.**	나는 그 후보를 추천합니다.
p065-05	**Recomiendo el menú del día.**	나는 오늘의 요리를 추천합니다.
p065-06	**Recomiendo un libro interesante.**	나는 흥미로운 책 하나를 추천합니다.
p065-07	**Recomiendo viajar por España.**	나는 스페인으로 여행하는 것을 추천합니다.
p065-08	**Recomiendo visitar el Museo del Prado.**	나는 프라도 박물관 방문하는 것을 추천합니다.

- 지시형용사는 명사의 성수에 따라 변화합니다.
ese (그 : 남성단수), **esa** (여성단수), **esos** (남성복수), **esas** (여성복수)
- 전치사 **de** 는 정관사 **el** 과 만나면 **del** 로 축약합니다. (**de + el libro = del libro** 그 책)
- **por España** (스페인으로)
- **el hospital** (병원), **el restaurante** (식당), **la película** (영화), **a** (~을), **el candidato** (후보),
el menú (요리), **el día** (날/하루), **el libro** (책), **interesante** (흥미로운),
viajar (여행하다), **visitar** (방문하다), **el museo** (박물관)

pattern

세 번째 섹션 : 중요동사 패턴!

3rd Section 은 **대표적**인 **중요동사**를 **테마별**로 **정리**했습니다.
이번 섹션에서 가장 **중요한 점**은
스페인어 동사는 **인칭에 따라 어미**가 **변화**한다는 것입니다.

P 065

③ 기본패턴의 확장!

p065-09 **Te recomiendo reposo.** 나는 너에게 휴식을 추천해.

p065-10 **Le recomiendo tomar el metro.** 나는 당신에게 지하철을 탈 것을 추천합니다.

- 간접목적보어 **te** (너에게) / **le(s)** (당신(들)에게)의 위치는 동사 앞입니다.
(**me** (나에게), **te** (너에게), **le** (그(녀)에게), **nos** (우리들에게), **os** (너희들에게), **les** (그(녀)들에게))
- **el reposo** (휴식), **tomar** (타다/취하다/이용하다), **el metro** (지하철)

④ 기본패턴의 응용!

p065-11 **A) ¿Qué me recomienda usted?** 당신은 나에게 무엇을 추천합니까?

p065-12 **B) Le recomiendo el menú del día.** 나는 당신에게 오늘의 요리를 추천합니다.

---

p065-13 **A) ¿Qué voy a hacer en Madrid?** 나는 마드리드에서 무엇을 할까요?

p065-14 **B) Le recomiendo visitar el Museo del Prado.** 나는 당신에게 프라도 박물관 방문하는 것을 추천합니다.

- **ir + a +** 동사원형은 '가까운 미래'를 나타냅니다.
- **qué** (무엇), **usted** (당신), **ir** (가다), **hacer** (~하다), **en** (~에서)

Learn foreign language!
Spanish

Part 4. It's a completely new way to learn foreign language! | Pattern 066

Tomo. [또모.]
나는 취합니다.

① 기본패턴의 핵심!

❶ **Tomo ~.** 는 '나는 ~ 취합니다.'입니다.
❷ **tomar** (취하다)는 규칙동사이며, 인칭변화형을 활용하여 다양한 주어의 문장을 만들 수 있습니다.
(**Yo tomo, Tú tomas, Él/Ella/Ud. toma, Nosotros tomamos, Vosotros tomáis, Ellos/Ellas/Uds. toman**)
❸ 영어의 **take** 처럼 다양한 의미로 사용하는 중요한 동사입니다.

② 기본패턴의 연습!

p066-01	Tomo	un café.	나는 커피를 마십니다.
p066-02	Tomo	un taxi.	나는 택시를 탑니다.
p066-03	Tomo	una ducha.	나는 샤워를 합니다.
p066-04	Tomo	las fotos.	나는 사진들을 찍습니다.
p066-05	Tomo	el desayuno.	나는 아침식사를 합니다.
p066-06	Tomo	la primera calle.	나는 첫 번째 길로 접어듭니다.
p066-07	Tomo	contacto con mis amigos.	나는 내 친구들과 연락을 취합니다.
p066-08	Tomo	6 meses de permiso de maternidad.	나는 6개월의 출산휴가를 취합니다.

● **un(a)** (어떤/하나의), **el café** (커피), **el taxi** (택시), **la ducha** (샤워), **la foto** (사진), **el desayuno** (아침식사), **primero(a)** (첫 번째의), **la calle** (길/거리), **el contacto** (연락), **con** (~와), **mis** (나의 : 복수형), **el amigo(a)** (친구), **seis** (6), **el mes** (달/월), **el permiso** (휴가), **de** (~의), **la maternidad** (모성)

pattern

세 번째 섹션 : 중요동사 패턴!

3rd Section 은 **대표적**인 **중요동사**를 **테마별**로 **정리**했습니다.
이번 섹션에서 가장 **중요한 점**은
스페인어 동사는 **인칭에 따라 어미**가 **변화**한다는 것입니다.

P 066

③ 기본패턴의 확장!

p066-09 **Tomo medicamentos tres veces al día.** 나는 약들을 하루에 3번 복용합니다.

p066-10 **Tomo tiempo para reflexionar.** 나는 숙고할 시간을 갖습니다.

● **el tiempo de** + 동사원형은 '~할 시간'입니다.
● **tres veces por día** (하루에 3번) 전치사 **por** 대신에 **a** 를 쓸 경우는 **a** +정관사+단수명사로 해서 **tres veces al día** 가 됩니다.
● **el medicamento** (약), **tres** (3), **la vez** (번/회), **a** (~마다), **el día** (날/하루), **el tiempo** (시간), **para** (~ 위하여), **reflexionar** (숙고하다)

④ 기본패턴의 응용!

p066-11 **A) ¿Qué toma usted?** 당신은 어떤 것을 드십니까?

p066-12 **B) Tomo un café.** 나는 커피를 마십니다.

---

p066-13 **A) ¿Cómo va usted hasta la estación?** 당신은 역까지 어떻게 가십니까?

p066-14 **B) Tomo un taxi.** 나는 택시를 탑니다.

● **qué** (무엇), **usted** (당신), **cómo** (어떻게), **ir** (가다), **hasta** (~까지), **la estación** (역)

Learn foreign language!
Spanish

Part 4. It's a completely new way to learn foreign language! | Pattern 067

Utilizo. [우띨리소.]
나는 사용합니다.

① 기본패턴의 핵심!

❶ **Utilizo ~.** 는 '나는 ~ 사용합니다.'입니다.
❷ **utilizar** (사용하다)는 규칙동사이며, 인칭변화형을 활용하여 다양한 주어의 문장을 만들 수 있습니다.
(**Yo utilizo, Tú utilizas, Él/Ella/Ud. utiliza, Nosotros utilizamos, Vosotros utilizáis, Ellos/Ellas/Uds. utilizan**)

② 기본패턴의 연습!

p067-01	Utilizo	el ordenador.	나는 컴퓨터를 사용합니다.
p067-02	Utilizo	internet.	나는 인터넷을 사용합니다.
p067-03	Utilizo	la aspiradora.	나는 진공청소기를 사용합니다.
p067-04	Utilizo	la calculadora.	나는 (휴대용) 계산기를 사용합니다.
p067-05	Utilizo	Chrome.	나는 크롬(브라우저)을 사용합니다.
p067-06	Utilizo	a menudo Facebook.	나는 페이스북을 자주 사용합니다.
p067-07	Utilizo	la tarjeta de crédito.	나는 신용카드를 사용합니다.
p067-08	Utilizo	todas las maneras.	나는 모든 방법들을 사용합니다.

● **la tarjeta de crédito** = **la tarjeta** (카드) + **de** (~의) + **el crédito** (신용)입니다.
참고적으로 **la tarjeta de identidad** (신분증), **la tarjeta de visita** (명함) 등도 있습니다.
● **el ordenador** (컴퓨터), **el internet** (인터넷), **la aspiradora** (진공청소기), **la calculadora** (휴대용 계산기), **a menudo** (자주), **la tarjeta de crédito** (신용카드), **todos(as)** (모든), **la manera** (방법/수단)

pattern

세 번째 섹션 : 중요동사 패턴!

3rd Section 은 **대표적**인 **중요동사**를 **테마별**로 **정리**했습니다.
이번 섹션에서 가장 **중요한 점**은
스페인어 동사는 **인칭에 따라 어미**가 **변화**한다는 것입니다.

P 067

③ 기본패턴의 확장!

p067-09 Utilizo la tarjeta de débito. 나는 직불카드를 사용합니다.

p067-10 Utilizo la aplicación de salud todos los días. 나는 건강 애플리케이션을 매일 사용합니다.

- **todos los días** 는 '매일'입니다.
- **la tarjeta** (카드), **el débito** (빚), **la tarjeta de débito** (직불카드), **la aplicación** (애플리케이션), **de** (~의), **la salud** (건강), **el día** (날/하루)

④ 기본패턴의 응용!

p067-11 A) ¿Utilizas Facebook? 너는 페이스북을 사용하니?

p067-12 B) Utilizo a menudo Facebook. 나는 페이스북을 자주 사용해.

---

p067-13 A) ¿Cómo paga usted? 당신은 어떻게 지불하시겠습니까?

p067-14 B) Utilizo la tarjeta de crédito. 나는 신용카드를 사용하겠습니다.

- **cómo** (어떻게), **pagar** (지불하다), **usted** (당신)

Learn foreign language!
Spanish

Part 4. It's a completely new way to learn foreign language! | Pattern 068

Intento ~. [인뗀또 ~.]
나는 ~ 계획입니다.

① 기본패턴의 핵심!

❶ Intento ~. 는 '나는 ~ 계획입니다.'입니다.
❷ intentar (계획하다)는 규칙동사이며, 인칭변화형을 활용하여 다양한 주어의 문장을 만들 수 있습니다.
(Yo intento, Tú intentas, Él/Ella/Ud. intenta, Nosotros intentamos, Vosotros intentáis, Ellos/Ellas/Uds. intentan)
❸ intentar + 동사원형은 '~하는 것을 할 계획이다'입니다.

② 기본패턴의 연습!

p068-01 Intento cambiar de casa. 나는 이사할 계획입니다.

p068-02 Intento partir mañana. 나는 내일 떠날 계획입니다.

p068-03 Intento hacer dieta. 나는 다이어트를 할 계획입니다.

p068-04 Intento aprender español. 나는 스페인어를 배울 계획입니다.

p068-05 Intento abandonar mi empleo. 나는 나의 직업을 그만둘 계획입니다.

p068-06 Intento asistir a la reunión. 나는 회의에 참석할 계획입니다.

p068-07 Intento comprar un coche nuevo. 나는 새로운 차를 구입할 계획입니다.

p068-08 Intento terminar hoy mi tarea. 나는 오늘 나의 숙제를 끝낼 계획입니다.

- cambiar (바꾸다) + de + 무관사명사를 사용하면 '~을 바꾸다'입니다.
(cambiar de traje 옷을 바꾸어 입다, cambiar de asiento 자리를 바꾸다)
- 소유형용사는 명사의 수에 따라 변화합니다. mi (나의 : 남성/여성 단수), mis (나의 : 남성/여성 복수)
- cambiar (바꾸다), de (~의), la casa (집), partir (떠나다), mañana (내일), hacer (~하다), la dieta (다이어트), aprender (배우다), el español (스페인어), abandonar (그만두다), mi (나의), el empleo (직업), asistir (참석하다), a (~에), la reunión (회의), comprar (구입하다), un (하나의), el coche (자동차), nuevo (새로운), terminar (끝내다), hoy (오늘), la tarea (숙제/의무)

pattern

세 번째 섹션 : 중요동사 패턴!

3rd Section 은 **대표적**인 **중요동사**를 **테마별**로 **정리**했습니다.
이번 섹션에서 가장 **중요한 점**은
스페인어 동사는 **인칭**에 **따라 어미**가 **변화**한다는 것입니다.

P 068

③ 기본패턴의 확장!

p068-09 **Intento partir a las 7.** 나는 7시에 떠날 계획입니다.

p068-10 **Intento ir al concierto esta noche.** 나는 오늘 저녁에 콘서트에 갈 계획입니다.

- 시간 앞에는 전치사 **a** (~시에)를 붙입니다.
- 전치사 **a** 는 정관사 **el** 과 만나면 **al** 로 축약합니다. (**a + el concierto = al concierto** 콘서트에)
- 지시형용사 **este(a)** (이) + 때를 나타내는 명사는 가까운 때를 표현합니다.

지시형용사는 수식받는 명사의 성수에 따라 변화합니다.
esta noche (오늘 저녁), **esta semana** (이번 주), **este mes** (이번 달), **este año** (금년)

- **siete** (7), **ir** (가다), **el concierto** (콘서트), **la noche** (저녁)

④ 기본패턴의 응용!

p068-11 **A) ¿Qué intenta hacer usted esta noche?** 당신은 오늘 저녁에 무엇을 할 것입니까?

p068-12 **B) Intento ir al concierto esta noche.** 나는 오늘 저녁에 콘서트에 갈 계획입니다.

---

p068-13 **A) ¿Cuándo parte usted?** 당신은 언제 떠나십니까?

p068-14 **B) Intento partir pasado mañana.** 나는 모레 떠날 계획입니다.

- **qué** (무엇), **usted** (당신), **cuándo** (언제), **pasado mañana** (모레)

Learn foreign language!
Spanish

Part 4. It's a completely new way to learn foreign language! | Pattern 069

Propongo. [쁘로뽕고.]
나는 제안합니다.

① 기본패턴의 핵심!

❶ **Propongo ~.** 는 '나는 ~ 제안합니다.'입니다.
❷ **proponer** (제안하다)는 불규칙동사이며, 인칭변화형을 활용하여 다양한 문장을 만들 수 있습니다.
(**Yo propongo, Tú propones, Él/Ella/Ud. propone, Nosotros proponemos, Vosotros proponéis, Ellos/Ellas/Uds proponen**)
❸ **proponer(se)** + 동사원형은 '~하는 것을 제안하다'입니다.

② 기본패턴의 연습!

p069-01	**Propongo un proyecto.**	나는 하나의 계획을 제안합니다.
p069-02	**Propongo una solución.**	나는 하나의 해결책을 제안합니다.
p069-03	**Propongo el debate.**	나는 토론을 제안합니다.
p069-04	**Propongo mi receta.**	나는 나의 (요리) 레시피를 제안합니다.
p069-05	**Propongo ir al cine.**	나는 영화관에 갈 것을 제안합니다.
p069-06	**Propongo enviar un e-mail.**	나는 이메일을 보낼 것을 제안합니다.
p069-07	**Propongo retrasar el compromiso.**	나는 약속을 연기할 것을 제안합니다.
p069-08	**Propongo cancelar la reunión.**	나는 회의를 취소할 것을 제안합니다.

● 소유형용사는 명사의 수에 따라 변화합니다. **mi** (나의 : 남성/여성 단수), **mis** (나의 : 남성/여성 복수)
● 전치사 **a** 는 정관사 **el** 과 만나면 **al** 로 축약합니다. (**a + el cine = al cine** 영화관에)
● **el proyecto** (계획), **la solución** (해결책), **el debate** (토론), **la receta** (요리법/비결), **ir** (가다), **el cine** (영화관), **enviar** (보내다), **el e-mail** (이메일), **retrasar** (연기하다), **el compromiso** (약속/만남), **cancelar** (취소하다), **la reunión** (회의)

pattern

세 번째 섹션 : 중요동사 패턴!

3rd Section 은 **대표적**인 **중요동사**를 **테마별**로 **정리**했습니다.
이번 섹션에서 가장 **중요한 점**은
스페인어 동사는 **인칭에 따라 어미**가 **변화**한다는 것입니다.

P 069

③ 기본패턴의 확장!

p069-09 **Le propongo una misión a usted.** 나는 당신에게 하나의 미션을 제안합니다.

p069-10 **Propongo cancelar la reunión como presidente.** 나는 의장으로서 회의를 취소할 것을 제안합니다.

● 간접목적대명사 **le(s)** (당신(들)에게)의 위치는 동사 앞입니다.
(**me** (나에게), **te** (너에게), **le** (그(녀)에게), **nos** (우리들에게), **os** (너희들에게), **les** (그(녀)들에게))
● **como** + 무관사명사는 '~으로서'입니다.
como presidente (의장으로서), **como especialista/experto(a)** (전문가로서)
● **la misión** (미션/임무), **a** (~에게), **como** (~으로서), **el presidente / la presidenta** (남/녀 의장)

④ 기본패턴의 응용!

p069-11 **A) Hay gran diferencia entre nosotros.** 우리 사이에는 큰 차이가 있습니다.

p069-12 **B) Propongo un debate.** 나는 토론을 제안합니다.

---

p069-13 **A) ¿Podemos cancelar la promesa?** 우리 약속을 취소할 수 있습니까?

p069-14 **B) Propongo retrasar la promesa.** 나는 약속을 연기할 것을 제안합니다.

● **Hay ~.** (~이 있습니다.)는 주어가 없는 무인칭 동사입니다. 원형은 **haber** 동사이며, 3인칭 단수입니다.
hay 뒤에는 정관사가 올 수 없습니다. (**Hay una cama.** 침대가 하나 있습니다.)
● **poder** + 동사원형은 '~할 수 있다'입니다.
● **grande** (큰/심각한), **la diferencia** (차이), **entre** (~사이에), **nosotros** (우리), **la promesa** (약속)

Learn foreign language!
Spanish

Part 4. It's a completely new way to learn foreign language! | Pattern 070

Acepto. [아셉또.]
나는 동의합니다.

① 기본패턴의 핵심!

❶ **Acepto ~.** 는 '나는 ~에 동의합니다.'입니다.
❷ **aceptar** (동의하다/찬성하다)는 규칙동사이며, 인칭변화형을 활용하여 다양한 문장을 만들 수 있습니다.
(**Yo acepto, Tú aceptas, Él/Ella/Ud. acepta, Nosotros aceptamos, Vosotros aceptáis, Ellos/Ellas/Uds. aceptan**)
❸ **aceptar** + 동사원형은 '~하는 것을 찬성하다/동의하다'입니다.

② 기본패턴의 연습!

p070-01	Acepto	todo.	나는 전부 동의합니다.
p070-02	Acepto	con agrado.	나는 기꺼이 동의합니다.
p070-03	Acepto	totalmente.	나는 완전히 동의합니다.
p070-04	Acepto	su invitación.	나는 당신의 초대에 동의합니다.
p070-05	Acepto	su proposición.	나는 당신의 제안에 동의합니다.
p070-06	Acepto	su disculpa.	나는 당신의 사과에 동의합니다.
p070-07	Acepto	recibir informes.	나는 정보수집에 동의합니다.
p070-08	Acepto	esas condiciones del contrato.	나는 그 계약서의 조건들에 동의합니다.

● **Acepto su disculpa.** (나는 당신의 사과에 동의합니다. > 나는 당신의 사과를 받아들입니다.)
● 전치사 **de** 는 정관사 **el** 과 만나면 **del** 로 축약합니다. (**de + el contrato = del contrato** 그 계약서의)
● **todo** (전부/모두), **el agrado** (상냥함), **con agrado** (기꺼이), **totalmente** (완전히), **su** (당신의), **la invitación** (초대), **la proposición** (제안), **la disculpa** (사과), **recibir** (받아들이다), **el informe** (정보), **ese** (그), **las condiciones** (조건들/자격들), **el contrato** (계약/계약서)

세 번째 섹션 : 중요동사 패턴!

3rd Section 은 **대표적**인 **중요동사**를 **테마별**로 **정리**했습니다.
이번 섹션에서 가장 **중요한 점**은
스페인어 동사는 **인칭에 따라 어미**가 **변화**한다는 것입니다.

P 070

③ 기본패턴의 확장!

p070-09 **No acepto su disculpa.** 나는 당신의 사과에 동의하지 않습니다.

p070-10 **Acepto participar en ese concurso.** 나는 그 대회에 참여하는 것에 동의합니다.

- **No acepto su disculpa.** (나는 당신의 사과에 동의하지 않습니다. > 사과를 받아들이지 않겠습니다.)
- 부정문은 동사 앞에 부정부사 **no**(아니다)를 붙입니다.
- **participar en ~** 은 '~에 참석하다/참여하다'입니다.
- **no** (~ 아니다), **participar** (참여/참석하다), **el concurso** (대회/시험)

④ 기본패턴의 응용!

p070-11 **A) ¿Acepta usted mis conclusiones?** 당신은 나의 결론들에 동의합니까?

p070-12 **B) Acepto totalmente.** 나는 완전히 동의합니다.

---

p070-13 **A) ¿Cuál es su decisión?** 당신의 결정은 어떻습니까?

p070-14 **B) Acepto participar en ese concurso.** 나는 그 대회에 참여하는 것에 동의합니다.

- 소유형용사는 명사의 수에 따라 변화합니다. **mi** (나의 : 남성/여성 단수), **mis** (나의 : 남성/여성 복수)
- **cuál** (의문형용사: 어떤)은 다음에 오는 명사에 따라 어미변화를 합니다.
(**cuál** (남성/여성 단수), **cuáles** (남성/여성 복수))
- **mis** (나의), **la conclusión** (결론), **la decisión** (결정)

The focus is on **conversation** and **communication**.

Start **speaking languages** immediately using **essential phrases**.

Learn foreign language!
Spanish

Part 5. It's a completely new way to learn foreign language! | Pattern 071

Quiero ~. [끼에로 ~.]
나는 ~하고 싶습니다.

① 기본패턴의 핵심!

❶ **Quiero ~.** 는 '나는 ~하고 싶습니다.'입니다.
❷ **querer** (좋아하다)는 불규칙동사이며, 인칭변화형을 활용하여 다양한 문장을 만들 수 있습니다. (**Yo quiero, Tú quieres, Él/Ella/Ud. quiere, Nosotros queremos, Vosotros queréis, Ellos/Ellas/Uds. quieren**)
❸ **querer** + 동사원형은 '~하고 싶다'입니다.

② 기본패턴의 연습!

p071-01	Quiero	comer.	나는 먹고 싶습니다.
p071-02	Quiero	ir al campo.	나는 시골에 가고 싶습니다.
p071-03	Quiero	ver la película.	나는 영화를 보고 싶습니다.
p071-04	Quiero	sacar la foto.	나는 사진을 찍고 싶습니다.
p071-05	Quiero	cantar esta canción.	나는 이 노래를 부르고 싶습니다.
p071-06	Quiero	leer este periódico.	나는 이 신문을 읽고 싶습니다.
p071-07	Quiero	viajar por España.	나는 스페인을 여행하고 싶습니다.
p071-08	Quiero	jugar al ajedrez.	나는 체스를 하고 싶습니다.

● 지시형용사는 명사의 성수에 따라 변화합니다.
este (이 : 남성단수), **esta** (여성단수), **estos** (남성복수), **estas** (여성복수)
● 자음으로 끝나는 명사는 복수를 만들 때 **-es** 를 붙입니다. (**la canción** 노래, **las canciones** 노래들)
● **comer** (먹다), **ir** (가다), **a** (~로), **el campo** (시골), **ver** (보다), **la película** (영화), **sacar** (찍다), **la foto** (사진), **cantar** (노래하다), **este(a)** (이 : 지시형용사)), **la canción** (노래), **leer** (읽다), **el periódico** (신문), **viajar** (여행하다), **por** (~로), **jugar** (놀다), **el ajedrez** (체스)

pattern

세 번째 섹션 : 중요동사 패턴!

3rd Section 은 **대표적**인 **중요동사**를 **테마별**로 **정리**했습니다.
이번 섹션에서 가장 **중요한 점**은
스페인어 동사는 **인칭에 따라 어미**가 **변화**한다는 것입니다.

P 071

③ 기본패턴의 확장!

p071-09 **Te quiero a toda costa.** 나는 어떤 일이 있더라도 너를 사랑해.

p071-10 **Quiero a mis niños.** 나는 내 아이들을 사랑합니다.

- 직접목적보어 **te** (너를)의 위치는 동사 앞입니다. (**Te quiero.** 나는 너를 사랑해.)
(**me** (나를), **te** (너를), **lo(a)** (그(것)/당신을), **la** (그녀(그것)/당신을),
nos (우리를), **os** (너희들을), **los** (그(그것)/당신들을), **las** (그녀(그것)당신들을))
- **a toda costa** 는 '어떤 일이 있더라도/어떤 희생(값)을 치르더라도'입니다.
- 소유형용사는 명사의 수에 따라 변화합니다. **mi** (나의 : 남성/여성 단수), **mis** (나의 : 남성/여성 복수)
- **todo(a)** (모든), **la costa** (비용/희생), **el niño** (아이)

④ 기본패턴의 응용!

p071-11 **A) ¿Qué quiere usted tomar?** 당신은 무엇을 즐겨 드십니까?

p071-12 **B) Quiero comida coreana.** 나는 한식을 좋아합니다.

p071-13 **A) Tú estás demasiado lejos para mí.** 너는 내게서 너무 멀리 있어.

p071-14 **B) Aún así te quiero.** 나는 그럼에도 불구하고 너를 사랑해.

- **qué** (무엇), **usted** (당신), **tomar** (먹다), **la comida** (음식/요리),
coreano(a) (한국적인), **tú** (너), **estar** (~있다), **demasiado** (너무), **lejos** (먼),
para (~에게서), **mí** (나 : 전치격인칭대명사), **aún así** (그럼에도 불구하고)

Learn foreign language!
Spanish

Part 5. It's a completely new way to learn foreign language! | Pattern 072

Detesto. [데떼스또.]
나는 싫어합니다.

① 기본패턴의 핵심!

❶ **Detesto ~.** 는 '나는 ~ 싫어합니다.'입니다.
❷ **detestar** (싫어하다/미워하다)는 규칙동사이며, 인칭변화형을 활용하여 다양한 주어의 문장을 만들 수 있습니다. (**Yo detesto, Tú detestas, Él/Ella/Ud. detesta, Nosotros detestamos, Vosotros detestáis, Ellos/Ellas/Uds. detestan**)
❸ **detestar** + 동사원형은 '~하는 것을 싫어하다'입니다.

② 기본패턴의 연습!

p072-01	**Detesto**	**el frío.**	나는 추위를 싫어합니다.
p072-02	**Detesto**	**los lunes.**	나는 월요일을 싫어합니다.
p072-03	**Detesto**	**la lluvia.**	나는 비를 싫어합니다.
p072-04	**Detesto**	**la mentira.**	나는 거짓말을 싫어합니다.
p072-05	**Detesto**	**los insectos.**	나는 곤충들을 싫어합니다.
p072-06	**Detesto**	**lo rutinario.**	나는 똑같이 반복되는 일을 싫어합니다.
p072-07	**Detesto**	**el olor de cigarro.**	나는 담배 냄새를 싫어합니다.
p072-08	**Detesto**	**la comida salada y grasosa.**	나는 짜고 기름진 음식을 싫어합니다.

● **lo** (중성관사) + 형용사는 추상명사(~하는 것(일))로 해석합니다.
lo bueno (좋은 것), **lo rutinario** (똑같이 반복되는 일)
● **el frío** (추위), **el lunes** (월요일), **la lluvia** (비), **la mentira** (거짓말), **el insecto** (곤충), **lo** (중성관사), **rutinario(a)** (상투적인/틀에 박힌), **el olor** (냄새), **de** (~의), **el cigarro** (담배), **la comida** (음식), **salado(a)** (짠 것), **y** (그리고), **grasoso(a)** (기름진)

pattern

세 번째 섹션 : 중요동사 패턴!

3rd Section 은 **대표적**인 **중요동사**를 **테마별**로 **정리**했습니다.
이번 섹션에서 가장 **중요한 점**은
스페인어 동사는 **인칭에 따라 어미**가 **변화**한다는 것입니다.

P 072

③ 기본패턴의 확장!

p072-09 **Detesto mucho estar solo(a).** 나는 혼자 있는 것을 매우 싫어합니다.

p072-10 **Detesto hacer una limpieza.** 나는 청소하는 것을 싫어합니다.

● **detestar** + 동사원형은 '동사원형하는 것을 싫어하다'입니다.
● **mucho** (매우), **estar** (~이다/있다), **solo(a)** (혼자인/홀로인), **hacer** (하다), **una** (하나의), **la limpieza** (청소)

④ 기본패턴의 응용!

p072-11 **A) ¿Le gusta a usted su trabajo?** 당신은 당신의 일을 좋아합니까?

p072-12 **B) No. Detesto lo rutinario.** 아니오. 나는 똑같이 반복되는 일을 싫어합니다.

---

p072-13 **A) ¿Por qué da usted fiesta todos los fines de semana?** 당신은 왜 주말마다 파티를 엽니까?

p072-14 **B) Porque detesto mucho estar sola.** 왜냐하면 나는 혼자 있는 것을 매우 싫어 합니다.

● 때를 나타내는 명사 앞에 붙는 정관사는 '~에'라는 의미가 있습니다.
복수로 쓸 때는 '~마다'라는 반복의 의미가 있습니다.
este fin de semana (이번 주말에), **los fines de semana** (주말마다), **los domingos** (일요일마다)
● **gustar** (좋아하다), **usted** (당신), **su** (당신의), **el trabajo** (일/직업), **no** (아니다), **por qué** (왜), **dar** (주다), **la fiesta** (파티/축제), **todo** (모두/모든), **el fin** (끝), **de** (~의), **la semana** (주), **porque** (왜냐하면)

Learn foreign language!
Spanish

Part 5. It's a completely new way to learn foreign language! | Pattern 073

Espero. [에스뻬로.]
나는 희망합니다.

① 기본패턴의 핵심!

❶ **Espero ~.** 는 '나는 ~ 희망합니다.'입니다.
❷ **esperar** (희망하다)는 규칙동사입니다. 인칭변화형을 활용하여 다양한 주어의 문장을 만들 수 있습니다.
(**Yo espero, Tú esperas, Él/Ella/Ud. espera, Nosotros esperamos,**
Vosotros esperáis, Ellos/Ellas/Uds. esperan)
❸ **esperar** + 동사원형은 '~하는 것을 희망하다'입니다.

② 기본패턴의 연습!

p073-01	Espero	un milagro.	나는 기적을 희망합니다.
p073-02	Espero	su éxito.	나는 당신의 성공을 희망합니다.
p073-03	Espero	verdaderamente.	나는 정말로 희망합니다.
p073-04	Espero	siempre.	나는 언제나 희망합니다.
p073-05	Espero	viajar por Europa.	나는 유럽으로 여행가기를 희망합니다.
p073-06	Espero	aprobar el examen.	나는 시험에 합격하기를 희망합니다.
p073-07	Espero	entrar en la universidad.	나는 대학에 입학하기를 희망합니다.
p073-08	Espero	ir de excursión mañana.	나는 내일 소풍가기를 희망합니다.

● **ir** (가다) + **de** (전치사) + (명사)로 '~(하러) 가다'라고 말할 수 있습니다.
(**ir de compras** 쇼핑하러 가다, **ir de excursión** 소풍가다)
● **un** (어떤/하나의), **el milagro** (기적), **su** (당신의), **el éxito** (성공),
verderamente (정말로), **siempre** (항상/늘), **viajar** (여행하다), **por** (~로),
aprobar (합격하다), **el examen** (시험), **entrar** (들어가다), **la universidad** (대학),
ir (가다), **de** (~의), **la excursión** (소풍), **mañana** (내일)

The **basics** of **grammar** and **sentence construction**!
The most useful **phrases** and **expressions**!

세 번째 섹션 : 중요동사 패턴!

3rd Section 은 **대표적**인 **중요동사**를 **테마별**로 **정리**했습니다.
이번 섹션에서 가장 **중요한 점**은
스페인어 동사는 **인칭에 따라 어미**가 **변화**한다는 것입니다.

P 073

③ 기본패턴의 확장!

p073-09 **Espero que no.** 나는 아니기를 희망합니다.

p073-10 **Espero llevarme bien con mi jefe.** 나는 나의 상사와 잘 지내기를 희망합니다.

- **llevar(se) bien con** + (사람)은 '~와 잘 지내다'입니다. **se** 재귀대명사입니다.
(**me** (나 자신을), **te** (너 자신을), **se** (그/그녀/당신 자신을), **nos** (우리 자신을), **os** (너희 자신을),
se (그들/그녀들/당신들 자신을))
- **que** (절을 이끄는 접속사), **no** (아니오), **llevar(se)** (~와 접촉하다/지내다), **bien** (잘),
con (~와), **mi** (나의), **el jefe** (상사)

④ 기본패턴의 응용!

p073-11 **A) ¿Qué quiere hacer usted el año que viene?** 내년에 당신은 무엇을 하기 원하세요?

p073-12 **B) Espero entrar en la universidad.** 나는 대학에 입학하기를 희망합니다.

---

p073-13 **A) ¿Qué deseos pide usted a la luna llena?** 당신은 보름달에게 무슨 소원들을 빕니까?

p073-14 **B) Espero llevarme bien con mi jefe.** 나는 나의 상사와 잘 지내기를 희망합니다.

- **la luna** (달) + **llena** (가득 찬) = 보름달
- **qué** (무엇), **querer** (원하다), **hacer** (하다), **usted** (당신), **el año** (해/년), **que viene** (다음의),
el deseo (바램/소원), **pedir** (요청하다), **a** (~에), **lleno(a)** (속이 차있는), **la luna** (달)

The focus is on **conversation** and **communication**.

Start **speaking languages** immediately using **essential phrases**.

Learn foreign language!
Spanish

Part 5. It's a completely new way to learn foreign language! | Pattern 074

Prometo. [쁘로메또.]
나는 약속합니다.

① 기본패턴의 핵심!

❶ **Prometo ~.** 는 '나는 ~ 약속합니다.'입니다.
❷ **prometer** (약속하다)는 규칙동사이며, 인칭변화형을 활용하여 다양한 문장을 만들 수 있습니다.
(Yo prometo, Tú prometes, Él/Ella/Ud. promete, Nosotros prometemos, Vosotros prometéis, Ellos/Ellas/Uds. prometen)
❸ **prometer** + 동사원형은 '~하는 것을 약속하다/~할 것으로 기대되다'입니다.

② 기본패턴의 연습!

p074-01	Prometo firmemente.	나는 굳게 약속합니다.
p074-02	Prometo escribir.	나는 (편지) 쓸 것을 약속합니다.
p074-03	Prometo volver.	나는 돌아올 것을 약속합니다.
p074-04	Prometo probar.	나는 시도해볼 것을 약속합니다.
p074-05	Prometo obedecer a mis padres.	나는 나의 부모님의 말에 따르기로 약속합니다.
p074-06	Prometo guardar el secreto.	나는 비밀을 지킬 것을 약속합니다.
p074-07	Prometo hacerlo lo mejor posible.	나는 최선을 다할 것을 약속합니다.
p074-08	No prometo nada.	나는 아무것도 약속하지 않습니다.

● **lo** (관사) + 형용사 = ~한 것(일)이며, 그래서 **lo posible** 는 '가능한 것'이 됩니다.
● **mejor** (더 좋은)은 관사와 함께 '최선'의 뜻이 됩니다.
● **firmemente** (굳게/절대적으로), **escribir** (쓰다), **volver** (돌아오다), **probar** (시도하다), **obedecer** (따르다/순종하다), **mi** (나의), **los padres** (부모), **guardar** (지키다), **el secreto** (비밀), **hacer** (하다), **lo** (그것을), **mejor** (더 잘), **posible** (가능한), **no** (아니다), **nada** (아무것도 (아니다))

The basics of grammar and sentence construction!
The most useful phrases and expressions!

pattern

세 번째 섹션 : 중요동사 패턴!

3rd Section 은 대표적인 중요동사를 테마별로 정리했습니다.
이번 섹션에서 가장 중요한 점은
스페인어 동사는 인칭에 따라 어미가 변화한다는 것입니다.

P 074

③ 기본패턴의 확장!

p074-09 Le prometo volver a casa. 나는 당신에게 집으로 돌아갈 것을 약속합니다.

p074-10 Le prometo dar una fiesta de cumpleaños. 나는 당신에게 생일파티를 열어줄 것을 약속합니다.

● 간접목적대명사의 위치는 동사 앞입니다. (**me** (나에게), **te** (너에게), **le** (그(녀)에게/당신에게), **nos** (우리들에게), **os** (너희들에게), **les** (그(녀)들에게/당신들에게))
● **a** (~로), **la casa** (집), **dar** (주다), **uno(a)** (어떤), **la fiesta** (파티), **de** (~의), **el cumpleaños** (생일)

④ 기본패턴의 응용!

p074-11 A) ¿Viene usted mañana? 당신은 내일 옵니까?

p074-12 B) Sí, le prometo volver a casa. 네, 나는 당신에게 집으로 돌아갈 것을 약속합니다.

p074-13 A) Esto es un secreto entre nosotros. 이것은 우리 사이의 비밀이야.

p074-14 B) Le prometo guardar el secreto. 나는 당신에게 비밀을 지킬 것을 약속해.

● **Esto ~.** 는 '이것은 ~입니다.' 입니다. (**esto** (이것) : 지시대명사)
● 전치사 뒤에는 전치형 인칭대명사를 사용합니다.
(**mí** (나) / **ti** (너) / **él** (그) / **ella** (그녀) / **usted** (당신) / **nosotros** (우리들) / **vosotros** (너희들) / **ellos** (그들) / **ellas** (그녀들) / **ustedes** (당신들))
● **venir** (오다), **usted** (당신), **mañana** (내일), **sí** (네), **un** (하나의), **el secreto** (비밀), **entre** (~사이에)

Learn foreign language!
Spanish

Part 5. It's a completely new way to learn foreign language! | Pattern 075

Pido. [삐도.]
나는 청합니다.

① 기본패턴의 핵심!

❶ **Pido ~.** 는 '나는 ~ 청합니다.'입니다.
❷ **pedir** (~을 부탁하다/청하다)는 불규칙동사이며,
인칭변화형을 활용하여 다양한 주어의 문장을 만들 수 있습니다.
(**Yo pido, Tú pides, Él/Ella/Ud. pide, Nosotros pedimos, Vosotros pedís, Ellos/Ellas/Uds. piden**)
❸ **pedir** + 동사원형은 '~하는 것을 청하다'이고, **pedir a ~** + 동사원형은 '~에게 ~할 것을 부탁하다'입니다.

② 기본패턴의 연습!

p075-01	Pido	perdón.	나는 용서를 청합니다.
p075-02	Pido	silencio.	나는 정숙을 청합니다.
p075-03	Pido	la palabra.	나는 발언을 청합니다.
p075-04	Pido	de nuevo.	나는 다시 청합니다.
p075-05	Pido	su atención.	나는 당신의 주의를 청합니다.
p075-06	Pido	su paciencia.	나는 당신의 인내를 청합니다.
p075-07	Pido	su permiso.	나는 당신의 허가를 청합니다.
p075-08	Pido	su comprensión.	나는 당신의 이해를 청합니다.

● **de nuevo** 는 '다시/재차/새롭게'입니다.
● **el perdón** (용서), **el silencio** (침묵/정숙), **la palabra** (발언), **su** (당신의), **la atención** (주의), **la paciencia** (인내), **el permiso** (허가), **la comprensión** (이해)

세 번째 섹션 : 중요동사 패턴!

3rd Section 은 **대표적**인 **중요동사**를 **테마별**로 **정리**했습니다.
이번 섹션에서 가장 **중요한 점**은
스페인어 동사는 **인칭에 따라 어미**가 **변화**한다는 것입니다.

P 075

③ 기본패턴의 확장!

p075-09 **Le pido paciencia.** 나는 당신에게 인내할 것을 청합니다. (기다리세요.)

p075-10 **Pido perdón por mis faltas.** 나는 나의 잘못들에 대해 용서를 청합니다.

- 간접목적대명사의 위치는 동사 앞입니다. (**me** (나에게), **te** (너에게), **le** (그(녀)/당신에게), **nos** (우리들에게), **os** (너희들에게), **les** (그(녀)/당신들에게))
- 소유형용사는 명사의 수에 따라 변화합니다. **mi** (나의 : 남성/여성 단수), **mis** (나의 : 남성/여성 복수)
- **por** (~에 대한), **la falta** (잘못/과오)

④ 기본패턴의 응용!

p075-11 **A) ¿Qué desea usted?** 당신은 무엇을 원합니까?

p075-12 **B) Pido su comprensión.** 나는 당신의 이해를 청합니다.

---

p075-13 **A) ¿Está el señor López?** 로뻬스 씨 계십니까?

p075-14 **B) Le pido paciencia.** 나는 당신에게 인내할 것을 청합니다.

- **Le pido paciencia.** (나는 당신에게 인내할 것을 청합니다. > 기다리세요.)
- **qué** (무엇), **desear** (원하다), **usted** (당신), **estar** (~있다), **el señor** (~씨)

Learn foreign language!
Spanish

Part 5. It's a completely new way to learn foreign language! | Pattern 076

Le deseo. [레 데쎄오.]
나는 당신에게 기원합니다.

① 기본패턴의 핵심!

❶ **Le deseo ~.** 는 '나는 당신에게 ~를 기원합니다.'입니다.
❷ 목적격 인칭대명사 **le** (당신에게)는 동사 앞에 위치합니다.
❸ **desear** (기원하다)는 불규칙동사입니다. (**Yo deseo, Tú deseas, Él/Ella/Ud. desea, Nosotros deseamos, Vosotros deseáis, Ellos/Ellas/Uds. desean**)
❹ **desear** + 동사원형은 '~하기를 기원하다'입니다.

② 기본패턴의 연습!

p076-01 **Le deseo lo mejor.** 나는 당신에게 최고로 좋은 것을 기원합니다.

p076-02 **Le deseo buena suerte.** 나는 당신에게 행운을 기원합니다.

p076-03 **Le deseo buena continuación.** 나는 당신에게 좋은 정진을 기원합니다.

p076-04 **Le deseo coraje.** 나는 당신에게 용기를 기원합니다.

p076-05 **Le deseo un buen viaje.** 나는 당신에게 좋은 여행을 기원합니다.

p076-06 **Le deseo un buen día.** 나는 당신에게 좋은 하루를 기원합니다.

p076-07 **Le deseo feliz año nuevo.** 나는 당신에게 행복한 새해를 기원합니다.

p076-08 **Le deseo una mejor salud.** 나는 당신에게 더 좋은 건강을 기원합니다.

- **Le deseo buena continuación.** (나는 당신에게 좋은 정진을 기원합니다. > 정진하세요.)
- **buena continuación** 은 '하던 일을 계속 잘 해가다'라는 뜻입니다.
- **mejor** (더 좋은)은 **bueno** (좋은)의 우등비교급이며, 정관사와 함께 사용하면 '가장 좋은 것'이 됩니다.
- **lo** + 형용사가 '~ 것'이라는 뜻이므로 **lo mejor** 는 '가장 좋은 것'이 됩니다.
- **lo mejor** (가장 좋은 것), **bueno(a)** (좋은), **la suerte** (운/행운), **la continuación** (연속/정진), **el coraje** (용기), **un/una** (어떤/하나의), **el viaje** (여행), **el día** (하루), **feliz** (행복한), **el año** (해/년), **nuevo** (새로운), **mejor** (더 좋은), **la salud** (건강)

세 번째 섹션 : 중요동사 패턴!

3rd Section 은 **대표적**인 **중요동사**를 **테마별**로 **정리**했습니다.
이번 섹션에서 가장 **중요한 점**은
스페인어 동사는 **인칭에 따라 어미**가 **변화**한다는 것입니다.

P 076

③ 기본패턴의 확장!

p076-09 **Le deseo buen trabajo en la moda.** 당신에게 패션계에서의 좋은 직장을 기원합니다.

p076-10 **Le deseo mucho éxito en su trabajo.** 당신에게 직장에서의 많은 성공을 기원합니다.

- **mucho** (많은)은 뒤에 오는 명사의 성과 수에 따라 **mucho** + 남성(단수) / **mucha** + 여성(단수) / **muchos** + 남성(복수) / **muchas** + 남성(복수)로 사용됩니다.
- **el trabajo** (직장), **en** (~에서), **la moda** (패션), **mucho** (많은), **el éxito** (성공), **su** (당신의)

④ 기본패턴의 응용!

p076-11 **A) Salgo para Madrid.** 나는 마드리드로 갑니다.

p076-12 **B) Le deseo un buen viaje.** 나는 당신에게 좋은 여행을 기원합니다.

p076-13 **A) Preparo mi tesis de maestro.** 나는 나의 석사논문을 준비하고 있습니다.

p076-14 **B) Le deseo una buena continuación.** 나는 당신에게 좋은 정진을 기원합니다.

- **salir para ~** 는 '~를 향해 떠나다'입니다.
- **la tesis de maestro** (석사논문), **la tesis doctoral** (박사논문)
- **Le deseo una buena continuación.** (나는 당신에게 좋은 정진을 기원합니다. > 정진하세요.)
- **salir** (떠나다), **preparar** (준비하다), **mi** (나의), **la tesis** (논문/보고서), **de** (~의), **el maestro** (석사)

Part 5. It's a completely new way to learn foreign language! | Pattern 077

Le agradezco. [레 아그라데스꼬.]
나는 당신에게 감사합니다.

❶ 기본패턴의 핵심!

❶ **Le agradezco ~.** 는 '나는 ~ 당신에게 감사합니다.'입니다.
❷ 목적격 인칭대명사 **le** (당신에게)는 동사 앞에 위치합니다.
❸ **Le agradezco** + 명사/동사원형. 은 '나는 ~에 대해 당신에게 감사합니다.'입니다.
❹ **agradecer** (감사하다) 동사의 인칭변화형을 활용하여 다양한 주어의 문장을 만들 수 있습니다.
(**Yo agradezco, Tú agradeces, Él/Ella/Ud. agradece, Nosotros agradecemos, Vosotros agradecéis, Ellos/Ellas/Uds. agradecen**)

❷ 기본패턴의 연습!

p077-01	Le agradezco	mucho.	나는 당신에게 매우 감사합니다.
p077-02	Le agradezco	de antemano.	나는 당신에게 우선(미리) 감사합니다.
p077-03	Le agradezco	infinitamente.	나는 당신에게 무한히 감사합니다.
p077-04	Le agradezco	su ayuda.	나는 당신에게 당신의 도움에 대해 감사합니다.
p077-05	Le agradezco	su respuesta.	나는 당신에게 당신의 대답에 대해 감사합니다.
p077-06	Le agradezco	su apoyo.	나는 당신에게 당신의 지지에 대해 감사합니다.
p077-07	Le agradezco	su visita.	나는 당신에게 당신의 방문에 대해 감사합니다.
p077-08	Le agradezco	su comprensión.	나는 당신에게 당신의 이해에 대해 감사합니다.

The most useful phrases and expressions!

● **de antemano** 는 '미리/우선/사전에'입니다.
● **mucho** (많이), **infinitamente** (무한히), **su** (당신의), **la ayuda** (도움), **la respuesta** (대답), **el apoyo** (지지/후원), **la visita** (방문), **la comprensión** (이해)

pattern

세 번째 섹션 : 중요동사 패턴!

3rd Section 은 **대표적**인 **중요동사**를 **테마별**로 **정리**했습니다.
이번 섹션에서 가장 **중요한 점**은
스페인어 동사는 **인칭에 따라 어미**가 **변화**한다는 것입니다.

P 077

③ 기본패턴의 확장!

p077-09 **Te agradezco tu invitación.** **나는 너에게 너의 초대에 대해 감사해.**

p077-10 **Le agradezco el regalo.** **나는 당신에게 선물에 대해 감사합니다.**

- 간접목적보어를 활용해서 다양한 사람들에게 감사를 표현할 수 있습니다.
(**me** (나에게), **te** (너에게), **le** (그(녀)에게/당신에게), **nos** (우리들에게), **os** (너희들에게),
les (그(녀)들에게/당신들에게))
- 소유형용사는 뒤에 오는 명사의 수에 따라 변화합니다. **tu** (너의 : 남성/여성 단수) / **tus** (남성/여성 복수)
- **la invitación** (초대), **el regalo** (선물)

④ 기본패턴의 응용!

p077-11 **A) Confío en ti.** **나는 당신을 신뢰합니다.**

p077-12 **B) Le agradezco su apoyo.** **나는 당신에게 당신의 지지에 대해 감사합니다.**

p077-13 **A) ¿Puedes venir mañana a mi casa?** **너는 내일 우리 집에 올 수 있니?**

p077-14 **B) Te agradezco tu invitación.** **나는 너에게 너의 초대에 대해 감사해.**

- **confiar en** + 전치격인칭대명사는 '~를 신뢰하다'입니다.
- **poder** (~할 수 있다) + 동사원형은 '~을 할 수 있다'입니다.
- **venir** (오다), **mañana** (내일), **a** (~에), **mi** (나의), **la casa** (집)

Learn foreign language!
Spanish

Part 5. It's a completely new way to learn foreign language! | Pattern 078

Pienso. [삐엔소.]
나는 생각합니다.

① 기본패턴의 핵심!

❶ **Pienso ~.** 는 '나는 ~ 생각합니다.'입니다.
❷ **pensar** (생각하다)는 규칙동사이며, 인칭변화형을 활용하여 다양한 주어의 문장을 만들 수 있습니다.
(**Yo pienso, Tú piensas, Él/Ella/Ud. piensa, Nosotros pensamos, Vosotros pensáis, Ellos/Ellas/Uds. piensan**)
❸ **pensar en ~** 은 '~에 대해 생각하다'이고, **pensar que ~** 는 '~이라고 생각하다'입니다.

② 기본패턴의 연습!

p078-01	**Pienso**	**de manera distinta.**	나는 다르게 생각합니다.
p078-02	**Pienso,**	**luego existo.**	나는 생각한다, 고로 존재한다.
p078-03	**Pienso**	**en todo.**	나는 모든 것을 생각합니다.
p078-04	**Pienso**	**en el futuro.**	나는 장래를 생각합니다.
p078-05	**Pienso**	**que eso es mejor.**	나는 그것이 더 좋다고 생각합니다.
p078-06	**Pienso**	**que eso es importante.**	나는 그것이 중요하다고 생각합니다.
p078-07	**Pienso**	**que usted tiene razón.**	나는 당신이 옳다고 생각합니다.
p078-08	**Pienso**	**que usted es incorrecto.**	나는 당신이 틀렸다고 생각합니다.

● **Pienso en todo.** (나는 모든 것을 생각합니다.)는 아무것도 잊지 않고, 소홀히 하지 않는다는 의미입니다.
● **Eso es ~.** 는 '그것은 ~입니다.'입니다. (**eso** 그것 : 지시대명사)
● **de** (~로), **la manera** (방법), **distinto(a)** (다른), **de manera distinta** (다르게), **luego** (고로/그래서), **existir** (존재하다), **todo** (모두/전부), **el futuro** (장래/미래), **ser** (~이다), **mejor** (더 나은/더 잘), **importante** (중요한), **usted** (당신), **tener** (가지다), **la razón** (이성/지각), **incorrecto(a)** (틀린)

The basics of grammar and sentence construction! The most useful phrases and expressions!

pattern

세 번째 섹션 : 중요동사 패턴!

3rd Section 은 **대표적**인 **중요동사**를 **테마별**로 **정리**했습니다.
이번 섹션에서 가장 **중요한 점**은
스페인어 동사는 **인칭에 따라 어미**가 **변화**한다는 것입니다.

P 078

③ 기본패턴의 확장!

p078-09	**Pienso en ti.**	**나는 너를 생각해.**
p078-10	**Pienso cambiar de empleo.**	**나는 직업을 바꿀 생각입니다.**

● 전치사 **en** 뒤에는 전치격인칭대명사를 사용합니다. (**mí** (나) / **ti** (너) / **él** (그) / **ella** (그녀) / **usted** (당신) / **nosotros** (우리들) / **vosotros** (너희들) / **ellos** (그들) / **ellas** (그녀들) / **ustedes** (당신들))
● **pensar** + 동사원형은 '~할 생각이다'입니다.
● **cambiar** (바꾸다) + **de** + 무관사명사는 '~을 바꾸다'입니다.
● **el empleo** (직업/직장)

④ 기본패턴의 응용!

p078-11	**A) ¿En quién piensas?**	**너는 누구를 생각하고 있니?**
p078-12	**B) Pienso en ti como siempre.**	**나는 늘 그렇듯이 너를 생각해.**

p078-13	**A) ¿En qué piensas?**	**너는 무엇을 생각하니?**
p078-14	**B) Pienso en el futuro.**	**나는 장래를 생각해.**

● 의문사가 앞에 오면 주어와 동사는 도치됩니다. 전치사는 의문사 앞에 옵니다.
● **¿En quién + pensar?** (누구를 생각합니까?), **¿En qué + pensar?** (무엇을 생각합니까?)입니다.
일반적으로 사람이 목적어가 되면 **¿A quién +** 동사**?**가 되고, 사물이 목적어이면 **¿Qué +** 동사**?**이지만, **pensar** 동사는 목적어 앞에 **en** 이 나오므로 의문사 앞에 **en** 을 써줍니다.
● **como siempre / como de costumbre** (습관과 같이/언제나 그렇듯이)

Learn foreign language!
Spanish

Part 5. It's a completely new way to learn foreign language! | Pattern 079

Considero. [꼰시데로.]
나는 생각합니다.

① 기본패턴의 핵심!

❶ Considero ~. 는 '나는 ~라고 생각합니다.'입니다.
❷ considerar (생각하다) 동사의 인칭변화형을 활용하여 다양한 문장을 만들 수 있습니다.
(Yo considero, Tú consideras, Él/Ella/Ud. considera, Nosotros consideramos, Vosotros consideráis, Ellos/Ellas/Uds. consideran)
❸ considerar 사람/사물 + como + 형용사는 '~을 ~라고 생각하다'이고, considerer que ~ 는 '~이라고 생각하다'입니다.

② 기본패턴의 연습!

p079-01 Considero eso como cómico. 나는 그것이 웃기다고 생각합니다.

p079-02 Considero eso como triste. 나는 그것이 슬프다고 생각합니다.

p079-03 Considero eso como extraño. 나는 그것이 이상하다고 생각합니다.

p079-04 Considero eso como magnífico. 나는 그것이 멋지다고 생각합니다.

p079-05 Considero esta novela como interesante. 나는 이 소설이 흥미롭다고 생각합니다.

p079-06 Considero que Manuel es genial. 나는 마누엘이 천재적이라고 생각합니다.

p079-07 Considero que ella es guapa. 나는 그녀가 예쁘다고 생각합니다.

p079-08 Considero que usted es amable. 나는 당신이 친절하다고 생각합니다.

- eso (그것)은 지시대명사입니다. considerar + eso (목적어) + como + 형용사의 구조이며, 목적어와 형용사의 성수는 일치되어야 합니다.
- 지시형용사는 명사의 성수에 따라 변화합니다.
este (이 : 남성단수), esta (여성단수), estos (남성복수), estas (여성복수)
- como (~처럼/~같이), cómico (우스운), triste (슬픈), extraño (이상한), magnífico (멋진/아름다운), la novela (소설), interesante (흥미로운), genial (천재적인/대단한), ella (그녀), ser (~이다), guapo(a) (예쁜/귀여운), usted (당신), amable (친절한)

세 번째 섹션 : 중요동사 패턴!

3rd Section 은 대표적인 중요동사를 테마별로 정리했습니다.
이번 섹션에서 가장 중요한 점은
스페인어 동사는 인칭에 따라 어미가 변화한다는 것입니다.

P 079

③ 기본패턴의 확장!

p079-09 Lo considero guapo. 나는 그가 잘 생겼다고 생각합니다.

p079-10 La considero guapa. 나는 그녀가 아름답다고 생각합니다.

● 직접목적보어를 이용해서 '~을 ~라고 생각하다'를 표현할 수 있습니다.
직접목적보어의 위치는 동사 앞입니다. (**me** (나를), **te** (너를), **lo** (그(것)을), **la** (그녀(그것)을), **nos** (우리들을), **os** (너희들을), **los** (그/당신들을), **las** (그녀/당신들을)
● 직접목적어의 성과 수에 따라 형용사의 성수를 일치시켜야 합니다.
● **guapo / guapa** (멋진/아름다운)

④ 기본패턴의 응용!

p079-11 A) ¿Cómo considera esta película? 당신은 이 영화를 어떻게 생각합니까?

p079-12 B) La considero cómica. 나는 그것이 웃기다고 생각합니다.

p079-13 A) ¿Cómo considera aquella niña? 당신은 저 소녀를 어떻게 생각합니까?

p079-14 B) La considero muy guapa. 나는 그녀가 매우 예쁘다고 생각합니다.

● **aquel(la)** (저)는 지시형용사입니다. 뒤에 오는 명사의 성수에 따라 형태가 바뀝니다.
aquel (남성단수), **aquella** (여성단수), **aquellos** (남성복수), **aquellas** (여성복수)
● **cómo** (어떻게), **la película** (영화), **la niña** (소녀), **muy** (매우/무척)

Learn foreign language!
Spanish

Part 5. It's a completely new way to learn foreign language! | Pattern 080

Creo que ~. [끄레오 께 ~.]
나는 ~라고 생각합니다.

① 기본패턴의 핵심!

❶ **Creo que ~.** 는 '나는 ~라고 생각합니다.'입니다.
❷ **creer** (생각하다/믿다)는 규칙동사이며, 인칭변화형을 활용하여 다양한 문장을 만들 수 있습니다.
(**Yo creo, Tú crees, Él/Ella/Ud. cree, Nosotros creemos, Vosotros creéis, Ellos/Ellas/Uds. creen**)

② 기본패턴의 연습!

p080-01	Creo	que sí.	나는 네라고 생각합니다.
p080-02	Creo	que no.	나는 아니오라고 생각합니다.
p080-03	Creo	que amo a Pablo.	나는 내가 파블로를 사랑한다고 생각합니다.
p080-04	Creo	que eso es mejor.	나는 그것이 더 낫다고 생각합니다.
p080-05	Creo	que él dice la verdad.	나는 그가 진실을 말한다고 생각합니다.
p080-06	Creo	que usted tiene razón.	나는 당신이 옳다고 생각합니다.
p080-07	Creo	que eso es muy importante.	나는 그것이 매우 중요하다고 생각합니다.
p080-08	Creo	que eso es una buena idea.	나는 그것이 좋은 아이디어라고 생각합니다.

● **Eso es ~.** 는 '그것은 ~입니다.'로 문장 전체를 받습니다. (**eso** 그것 : 지시대명사)
● **amar + a +** 사람은 '~를 좋아합니다'란 뜻입니다. 사람이 목적어일 때는 반드시 전치사 **a** 를 씁니다.
● **tener razón** 은 '옳다/맞다'입니다.
● **sí** (네), **no** (아니오), **amar** (좋아하다/사랑하다), **mejor** (더 나은/더 잘), **él** (그/그 남자/그 사람), **decir** (말하다), **la verdad** (진실), **usted** (당신), **muy** (매우/무척), **importante** (중요한), **una** (하나의), **bueno(a)** (좋은), **la idea** (아이디어)

The basics of grammar and sentence construction!
The most useful phrases and expressions!

pattern sh

세 번째 섹션 : 중요동사 패턴!

3rd Section 은 **대표적**인 **중요동사**를 **테마별**로 **정리**했습니다.
이번 섹션에서 가장 **중요한 점**은
스페인어 동사는 **인칭에 따라 어미**가 **변화**한다는 것입니다.

P 080

③ 기본패턴의 확장!

p080-09 **Creo en usted.** 나는 당신을 믿습니다.

p080-10 **Creo que va a llover.** 나는 비가 올 것이라고 생각합니다.

- **creer en** + 사람은 '~를 믿다'입니다. 전치사 뒤에는 전치격인칭대명사가 옵니다.
(**mí** (나) / **ti** (너) / **él** (그) / **ella** (그녀) / **usted** (당신) / **nosotros** (우리들) / **vosotros** (너희들) / **ellos** (그들) / **ellas** (그녀들) / **ustedes** (당신들))
- 날씨는 주어 없이 동사 3인칭 단수형으로 표현합니다.
- **ir** (가다) + 동사원형은 '~을 할 것이다'라는 가까운 미래를 나타냅니다.
- **llover** (비가 오다)

④ 기본패턴의 응용!

p080-11 **A) ¿Qué piensa usted sobre mi proposición?** 당신은 나의 제안에 대해 어떻게 생각합니까?

p080-12 **B) Creo que es muy importante.** 나는 그것이 매우 중요하다고 생각합니다.

---

p080-13 **A) ¿Qué tiempo va a hacer?** 날씨가 어떨까요?

p080-14 **B) Creo que va a llover.** 나는 비가 올 것이라고 생각합니다.

- '날씨가 어떻습니까?'는 **¿Qué tiempo hace?** 라고 합니다. 이때 **hace** 는 3인칭 단수입니다.
- **va a hacer** 는 **ir** + **a** + **hacer** 로 '날씨가 ~할 것이다'라는 미래 표현입니다.
Va a llover. (비가 올 것입니다.)
- **qué** (무엇), **pensar** (생각하다), **sobre** (~에 대해), **mi** (나의),
la proposición (제안), **el tiempo** (날씨)

4th Section

pattern spanish

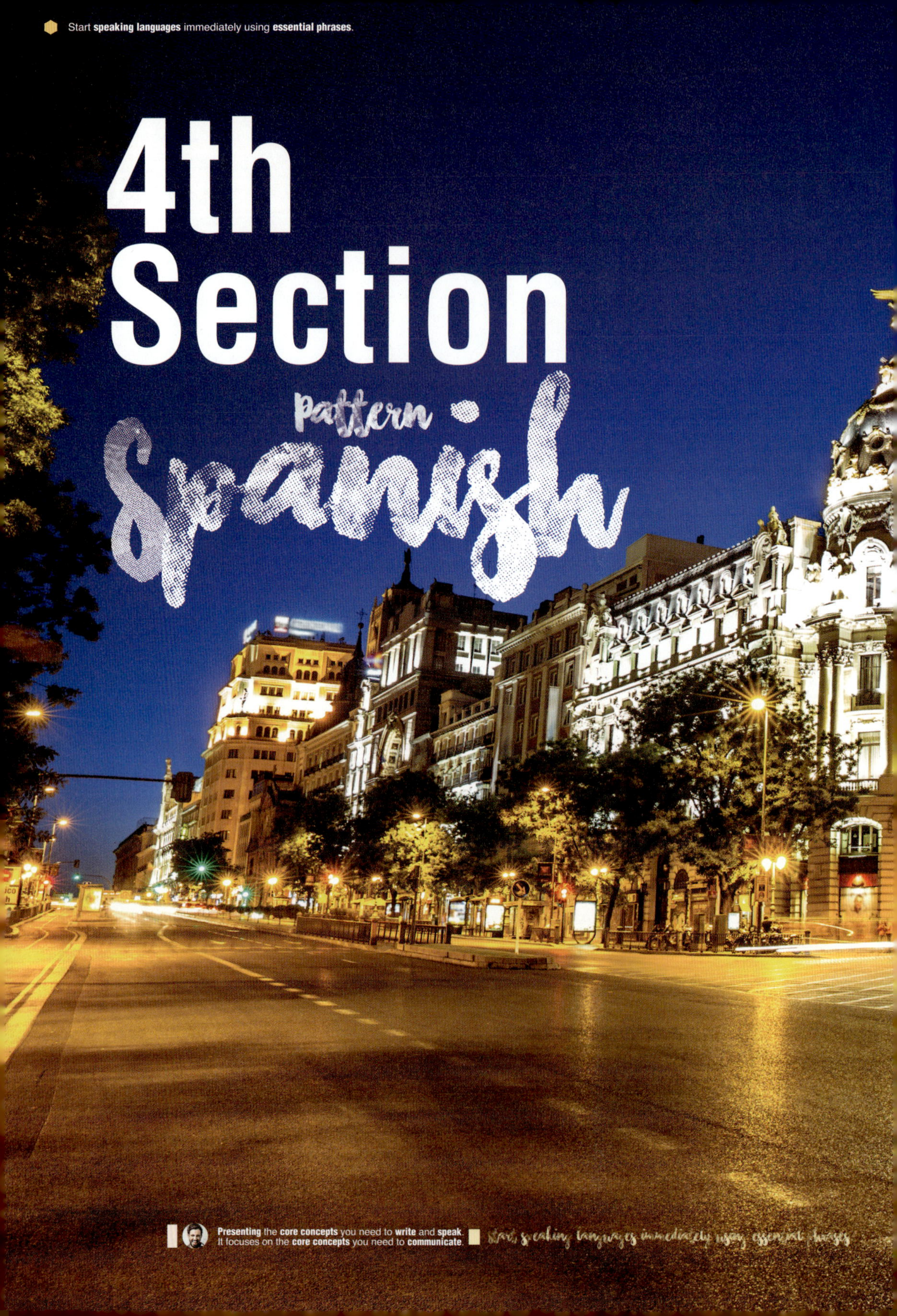

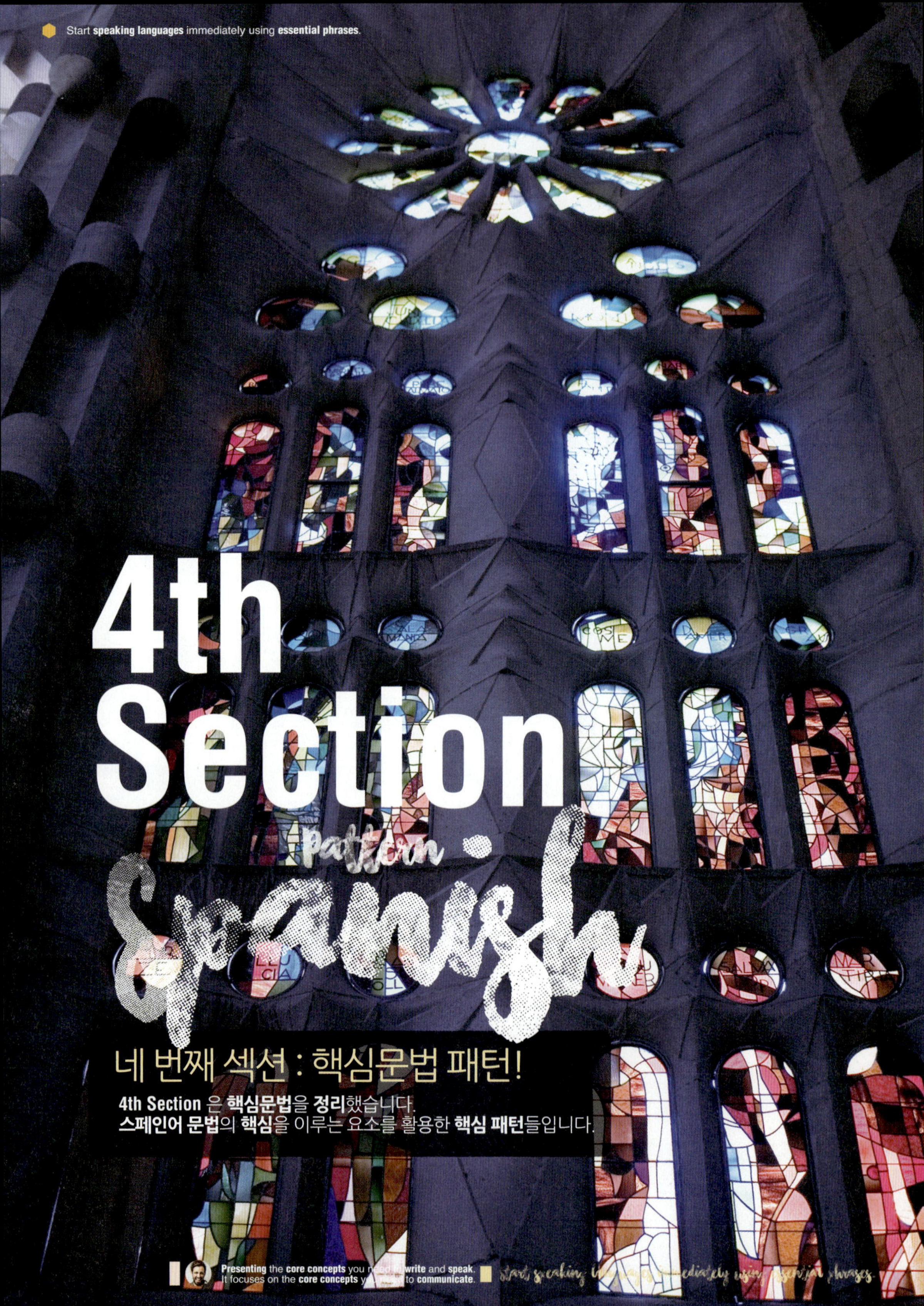

4th Section

pattern Spanish

네 번째 섹션 : 핵심문법 패턴!

4th Section 은 **핵심문법**을 **정리**했습니다.
스페인어 문법의 **핵심**을 이루는 요소를 활용한 **핵심 패턴**들입니다.

4th Section
핵심문법 섹션 :

4th Section 은 핵심문법을 정리했습니다.
스페인어 문법의 핵심을 활용한 핵심 패턴들입니다.
(자세한 문법설명은 부록편을 참고하시면 됩니다.)

사용빈도가 가장 높은 문법을 활용하는 패턴을 정리했습니다.
순서에 관계 없이 우선 필요한 것부터 선택하여 학습하시면 됩니다.

Part 01. 비인칭문, 2줄요약!

❶ 스페인어의 비인칭구문은 **hacer / haber(hay) /ser(es)** 동사를 많이 사용합니다.
❷ 스페인어의 **se** 는 영어의 **one** 처럼 '일반사람'이나 행위자를 밝힐 필요가 없을 때 동사의 3인칭 단수형과 함께 사용합니다.

Part 02. 재귀동사, 2줄요약!

❶ '재귀동사'란 행위가 자신에게 돌아오는 것을 말하며, 대명사가 붙어다니는 동사입니다.
❷ 스페인어 재귀동사는 재귀대명사와 함께 사용되며, 재귀대명사의 원형 **se** 는 각 인칭별로 형태가 다릅니다.
(**me** (나), **te** (너), **se** (그(녀)/당신), **nos** (우리), **os** (너희(들)), **se** (그(녀)/당신들))

Part 03. 의문문, 2줄요약!

❶ 스페인어의 의문문은 물음표를 문장의 앞뒤로 사용합니다.
❷ 스페인어의 의문사는 의문대명사/형용사/부사/종속접속사 등 다양하게 사용됩니다.

Part 04. 조동사, 2줄요약!

❶ 조동사는 동사원형과 함께 다양한 어법을 돕는 동사로 영어의 조동사와 쓰임이 같습니다.
❷ **poder** (~할 수 있다), **deber** (~해야만 한다), **desear** (~원하다/바라다), **saber** (~할 줄 알다), **gustar** (~ 좋아하다/하고 싶다)

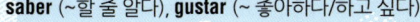

The focus is on **conversation** and **communication**.

Start **speaking languages** immediately using **essential phrases**.

With this book you will **learn languages** with thousands **of customizable phrases**.

Learn foreign language!
Spanish

Part 1. It's a completely new way to learn foreign language! | Pattern 081

Hace ~. [아쎄 ~.]
날씨가 ~합니다.

① 기본패턴의 핵심!

❶ **Hace** + 명사. 는 '날씨/기후가 ~하다.'의 뜻이며, 날씨/기후를 표현할 수 있습니다.
❷ **hacer** (만들다/하다) 동사의 3인칭 단수형을 사용합니다.

② 기본패턴의 연습!

p081-01	**Hace**	**calor.**	날씨가 덥습니다.
p081-02	**Hace**	**frío.**	날씨가 춥습니다.
p081-03	**Hace**	**fresco.**	날씨가 서늘합니다.
p081-04	**Hace**	**viento.**	날씨가 바람이 붑니다.
p081-05	**Hace**	**mucho sol.**	날씨가 볕이 납니다.
p081-06	**Hace**	**buen tiempo.**	좋은 날씨입니다.
p081-07	**Hace**	**mal tiempo.**	나쁜 날씨입니다.
p081-08	**Hace**	**un tiempo agradable.**	화창한 날씨입니다.

● **bueno** (좋은)과 **malo** (나쁜)은 뒤에 남성단수 명사가 오면 어미 **-o** 가 탈락하고 각각 **buen, mal** 이 됩니다. **primero** (첫번째), **tercero** (세번째)도 남성단수 앞에서 **-o** 가 탈락합니다.
● **el calor** (더위), **el frío** (추위), **el fresco** (서늘함), **el viento** (바람), **mucho** (많은/매우), **el sol** (태양), **bueno(a)** (좋은), **el tiempo** (날씨/시간), **un(a)** (어떤/하나의), **malo(a)** (나쁜), **agradable** (화창한)

The basics of grammar and sentence construction!
The most useful phrases and expressions!

pattern

네 번째 섹션 : 핵심문법 패턴!

4th Section 은 **핵심문법**을 **정리**했습니다.
스페인어 문법의 **핵심**을 이루는 요소를 활용한 **핵심 패턴**들입니다.

P 081

③ 기본패턴의 확장!

p081-09	Tengo frío.	나는 춥습니다.
p081-10	Hace siempre fresco en el sótano.	지하실 안은 언제나 서늘합니다.

- **tener** (가지다) 동사를 사용하여, '나는 추위를 가지고 있다.'는 '나는 춥다.'라는 뜻입니다.
- **tener** (가지다), **siempre** (언제나/항상), **en** (~안에), **el sótano** (지하실/동굴)

④ 기본패턴의 응용!

p081-11	A) ¿Qué tiempo hace fuera?	밖에 날씨가 어떻습니까?
p081-12	B) Hace mucho frío.	날씨가 아주 춥습니다.
p081-13	A) ¿Por qué cierras la ventana?	너는 왜 창문을 닫니?
p081-14	B) Porque tengo frío.	나는 춥기 때문이야.

- 의문사가 앞에 오면 주어와 동사는 도치가 됩니다.
- **porque** + 절은 '~이기 때문이다'입니다.
- **qué** (어떤 : 의문형용사), **fuera** (밖에), **por qué** (왜), **cerrar** (닫다), **la ventana** (창문)

Learn foreign language!
Spanish

Part 1. It's a completely new way to learn foreign language! | Pattern 082

Hace ~. [아쎄 ~.]
날씨가 ~합니다.

① 기본패턴의 핵심!

❶ **Hace** + 명사. 는 '날씨/기후가 ~하다.'이며, '날씨/기후'를 표현할 수 있습니다.
❷ **hacer** (만들다/하다) 동사의 3인칭 단수형을 사용합니다.
❸ 날씨를 나타내는 동사들은 주어 없이 3인칭 단수로 사용합니다.
llover (비가 오다), **nevar** (눈이 오다), **tronar** (천둥이 치다), **relampaguear** (번개가 치다), **granizar** (우박이 내리다), **escarchar** (서리가 내리다)

② 기본패턴의 연습!

p082-01	Hace	un tiempo magnífico.	멋진 날씨입니다.
p082-02	Llovizna.		가랑비가 내립니다.
p082-03	Llueve	mucho.	비가 많이 옵니다.
p082-04	Nieva	mucho hoy.	오늘 눈이 많이 옵니다.
p082-05	Truena	a menudo.	천둥이 자주 칩니다.
p082-06	Relampaguea	esta mañana.	오늘 아침 번개가 칩니다.
p082-07	Graniza	de vez en cuando.	가끔 우박이 내립니다.
p082-08	Escarcha	a veces.	때때로 서리가 내립니다.

● **el tiempo** (날씨/시간), **magnífico(a)** (멋진), **lloviznar** (가랑비가 내리다), **mucho** (많은), **hoy** (오늘), **a menudo** (자주), **este(a)** (이 : 지시형용사), **la mañana** (아침), **de vez en cuando** (가끔), **a veces** (때때로)

pattern

네 번째 섹션 : 핵심문법 패턴!

4th Section 은 **핵심문법**을 **정리**했습니다.
스페인어 문법의 **핵심**을 이루는 요소를 활용한 **핵심 패턴**들입니다.

P 082

③ 기본패턴의 확장!

p082-09 **Hace 15 grados centígrados.** 섭씨 15도입니다.

p082-10 **Nieva desde hace 3 días.** 3일 전부터 눈이 옵니다.

● 기온을 표현할 때도 **Hace ~.** 구문을 사용합니다.
La temperatura es de 15˚C. (기온이 섭씨 15도입니다.)라고 할 수도 있습니다.
● **quince** (15), **grado centígrado** (˚C), **la temperatura** (기온), **de** (~의),
desde hace (~전부터), **tres** (3), **el día** (날/일)

④ 기본패턴의 응용!

p082-11 **A) ¿Cuál es la temperatura máxima de hoy?** 오늘 최고 기온은 몇 도입니까?

p082-12 **B) Es de 17 grados centígrados.** 섭씨 17도입니다.

p082-13 **A) ¿Qué tiempo hace en Madrid?** 마드리드 날씨는 어떻습니까?

p082-14 **B) Lueve y truena.** 비가 오고 천둥이 칩니다.

● 전치사 **en** + 지명은 '지역/나라에서'입니다.
● **cuál** (무엇 : 의문대명사), **máximo(a)** (최고의), **hoy** (오늘), **diecisiete** (17),
qué (어떤 : 의문형용사), **y** (그리고)

The focus is on **conversation** and **communication**.

Start **speaking languages** immediately using **essential phrases**.

Learn foreign language!
Spanish

Part 1. It's a completely new way to learn foreign language! | Pattern 083

Son las ~. [쏜 라스 ~.]
~시입니다.

① 기본패턴의 핵심!

❶ **Son las ~ hora(s).** 는 '~시이다.'이며 시간을 표현하는 방식입니다.
(**son** 은 **ser** 동사의 3인칭 복수형입니다.)
❷ 1시 (**una hora**) 이후의 시간은 모두 복수형으로 씁니다. (**2 horas** (2시), **3 horas** (3시))
❸ **Son las 4 y 10.** (4시 10분입니다.) '분'은 표시하지 않고, 숫자만 말합니다.

② 기본패턴의 연습!

p083-01	**Son las seis en punto.**	정각 6시입니다.
p083-02	**Son las siete y diez.**	7시 10분입니다.
p083-03	**Son las ocho y cuarto.**	8시 15분입니다.
p083-04	**Son las nueve y media.**	9시 반입니다.
p083-05	**Son casi las dos.**	거의 2시입니다.
p083-06	**Ya son las tres.**	벌써 3시입니다.
p083-07	**Pronto son las cuatro.**	곧 4시입니다.
p083-08	**Es la una ahora.**	지금은 1시입니다.

● 시간을 말할 때 **el cuarto** (1/4)은 60분의 1/4, 즉 15분을 의미합니다. 30분은 **la media** (1/2)입니다.
● **un** (1 : 시간을 말할 때는 **una**), **dos** (2), **tres** (3), **cuatro** (4), **cinco** (5), **seis** (6), **siete** (7), **ocho** (8), **nueve** (9), **diez** (10), **once** (11), **doce** (12)
● **es** 는 **ser** 동사의 3인칭 단수형입니다.
● **el punto** (점), **en punto** ((시간표현과 함께) 정각), **y** (그리고), **el cuarto** (15분), **medio(a)** (절반의), **casi** (거의), **ya** (벌써), **pronto** (곧), **ser** (~이다), **ahora** (지금)

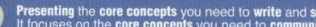

네 번째 섹션 : 핵심문법 패턴!

4th Section 은 **핵심문법**을 **정리**했습니다.
스페인어 문법의 **핵심**을 이루는 요소를 활용한 **핵심 패턴**들입니다.

P 083

③ 기본패턴의 확장!

p083-09 **Son las cuatro menos cuarto.** 15분 전 4시입니다.

p083-10 **Son las seis y media.** 6시 반입니다.

- 시간을 나타낼 때 **menos cuarto** (1/4이 부족한)은 '15분 전'이라는 의미입니다.
- **media** 는 **la media hora** 로 1시간의 절반, 즉 '30분'을 말합니다. 그래서 **seis y media** 는 '6시 반'입니다.
- **menos** (~전)

④ 기본패턴의 응용!

p083-11 **A) ¿Qué hora es ahora?** 지금 몇 시입니까?

p083-12 **B) Son las once en punto.** 정각 11시입니다.

---

p083-13 **A) ¿Qué hora tiene usted?** 몇 시입니까?

p083-14 **B) Son las cuatro menos cuarto.** 15분 전 4시입니다.

- 의문사가 앞에 오면 주어와 동사는 도치가 됩니다.
- 시간을 물어보는 다른 표현으로는 **¿Qué hora tiene usted?** (당신은 시간을 가지고 있습니까?)도 있습니다.
- **qué** (어떤 : 의문형용사), **la hora** (시), **tener** (가지다), **usted** (당신)

Learn foreign language!
Spanish

Part 1. It's a completely new way to learn foreign language! | Pattern 084

Es la hora de ~. [에스 라 오라 데 ~.]
~할 시간입니다.

① 기본패턴의 핵심!

● **Es la hora de** + 동사원형.은 '~할 시간이다.'입니다. (**ser** 동사 : ~이다)

② 기본패턴의 연습!

p084-01	Es la hora de	dormir.	잠 잘 시간입니다.
p084-02	Es la hora de	salir.	외출할 시간입니다.
p084-03	Es la hora de	almorzar.	점심식사 시간입니다.
p084-04	Es la hora de	trabajar.	일(공부)할 시간입니다.
p084-05	Es la hora de	comenzar la clase.	수업을 시작할 시간입니다.
p084-06	Es la hora de	volver a casa.	집으로 돌아갈 시간입니다.
p084-07	Es la hora de	tomar una decisión.	결정을 할 시간입니다.
p084-08	Es la hora de	juzgar la situación.	상황을 판단할 시간입니다.

● **desayunar** 는 '아침을 먹다'입니다. (**el desayuno** (아침식사), **almorzar** (점심을 먹다), **el almuerzo** (점심식사), **cenar** (저녁을 먹다), **la cena** (저녁식사))
● **dormir** (자다), **salir** (나가다/외출하다), **almorzar** (점심 먹다), **trabajar** (일하다/공부하다), **comenzar** (시작하다), **la clase** (수업), **volver** (돌아가다), **a** (~에), **la casa** (집), **tomar** (취하다), **una** (하나의), **la decisión** (결정), **juzgar** (판단하다), **la situación** (상황)

The basics of grammar and sentence construction!
The most useful phrases and expressions!

네 번째 섹션 : 핵심문법 패턴!

4th Section 은 **핵심문법**을 **정리**했습니다.
스페인어 문법의 **핵심**을 이루는 요소를 활용한 **핵심 패턴**들입니다.

P 084

③ 기본패턴의 확장!

p084-09 **Es la hora de revisar.** 복습할 시간입니다.

p084-10 **No es la hora de tomar un descanso.** 휴식할 시간이 아닙니다.

- **la hora** 대신에 **el tiempo** (시/시간)을 넣어도 같은 의미입니다.
- 부정문은 동사 앞에 부정부사 **no** (아니다)를 붙입니다.
- **tomar un descanso** 는 '휴식을 취하다/쉬다'입니다.
- **revisar** (복습하다), **tomar** (취하다/잡다), **no** (아니다), **el descanso** (휴식)

④ 기본패턴의 응용!

p084-11 **A) No sé dónde está la verdad.** 나는 진실이 어디에 있는지 모르겠습니다.

p084-12 **B) Es la hora de juzgar la situación.** 상황을 판단할 시간입니다.

p084-13 **A) Es la hora de tomar una decisión.** 결정을 할 시간입니다.

p084-14 **B) Necesito un poco de tiempo.** 나는 시간이 약간 필요합니다.

- **dónde** (어디에)는 관계부사로 사용되었습니다.
- **No sé dónde está ~.** 는 '나는 어디에 ~인지 알지 못합니다.'입니다.
- **un poco de** + 무관사명사는 '약간의 ~'입니다.
- **saber** (알다), **estar** (~있다/이다), **la verdad** (진실), **necesitar** (필요하다)

Learn foreign language!
Spanish

Part 1. It's a completely new way to learn foreign language! | Pattern 085

Es ~. [에스 ~.]
~하는 것은 ~입니다.

① 기본패턴의 핵심!

❶ Es + 형용사 + 동사원형.은 '~하는 것은 ~입니다.'입니다.
Es + 형용사 + 동사원형.의 구문에서 의미상의 주어는 '동사원형'입니다.
❷ ser 동사의 3인칭 단수형을 사용합니다.

② 기본패턴의 연습!

p085-01 Es imposible llegar a tiempo. 정시에 도착하는 것은 불가능합니다.

p085-02 Es posible escoger. 선택하는 것이 가능합니다.

p085-03 Es importante apuntar. 적어두는 것이 중요합니다.

p085-04 Es natural querer ser feliz. 행복하고 싶은 것은 당연합니다.

p085-05 Es fácil criticar defectos. 단점들을 비판하는 것은 쉽습니다.

p085-06 Es necesario respetar las reglas. 규칙들을 존중하는 것이 필요합니다.

p085-07 Es agradable hablar con Carmen. 카르멘과 함께 이야기하는 것은 즐겁습니다.

p085-08 Es difícil aprender una lengua extranjera. 외국어를 배우는 것은 어렵습니다.

● **imposible** (불가능한), **llegar** (도착하다), **a tiempo** (정시에), **posible** (가능한), **escoger** (선택하다), **importante** (중요한), **apuntar** (적어두다), **natural** (정상의/당연한), **querer** (원하다), **ser** (~이다/있다), **feliz** (행복한), **fácil** (쉬운), **criticar** (비판하다), **el defecto** (단점), **necesario** (필요한), **respetar** (존중하다), **la regla** (규칙), **agradable** (즐거운), **hablar** (말하다), **con** (~와 함께), **difícil** (어려운), **aprender** (배우다), **una** (하나의), **la lengua** (언어), **extranjero(a)** (외국의)

pattern

네 번째 섹션 : 핵심문법 패턴!

4th Section 은 **핵심문법**을 **정리**했습니다.
스페인어 문법의 **핵심**을 이루는 요소를 활용한 **핵심 패턴**들입니다.

P 085

③ 기본패턴의 확장!

p085-09 **Es difícil responder.** 대답하는 것은 어렵습니다.

p085-10 **Es evidente que dos más dos es igual a cuatro.** 2 + 2가 4인 것은 분명합니다.

● **Es** + 형용사 + **que** + 절.은 '**que** 이하는 ~하다.'입니다.
● **dos más dos es igual a cuatro** 는 '2 + 2 = 4'입니다.
es 는 **ser** (만들다/하다) 동사의 3인칭 단수형이고, **igual a ~** 는 '~과 같다'라는 뜻입니다.
● **responder** (대답하다), **evidente** (분명한/확실한), **dos** (2), **más** (그리고/더),
igual (~와 같은), **a** (~에), **cuatro** (4)

④ 기본패턴의 응용!

p085-11 **A) ¿Aprendes español?** 너는 스페인어를 배우니?

p085-12 **B) Sí, pero es difícil aprender una lengua extranjera.** 응, 하지만 외국어를 배우는 것은 어려워.

---

p085-13 **A) Quiero vivir con buena salud.** 나는 건강하게 살고 싶습니다.

p085-14 **B) Entonces, es necesario hacer ejercicio.** 그렇다면 운동을 할 필요가 있습니다.

● **con buena salud** (건강하게)는 '전치사 **con** + (형용사) + 추상명사'로 부사(~하게)처럼 해석됩니다.
con dificultad 은 '어렵게', **con frecuencia** 는 '빈번하게'라는 뜻입니다.
● **el español** (스페인어), **sí** (네), **pero** (그러나), **querer** (원하다), **vivir** (살다), **con** (~와/으로),
bueno(a) (좋은), **la salud** (건강), **entonces** (그러면), **el ejercicio** (운동)

The focus is on **conversation** and **communication**.

Start **speaking languages** immediately using **essential phrases**

Learn foreign language!
Spanish

Part 1. It's a completely new way to learn foreign language! | Pattern 086

Es demasiado ~ para ~. [에스 데마씨아도 ~ 빠라 ~.]
~하기 위해서는 너무 ~합니다.

① 기본패턴의 핵심!

❶ **Es demasiado** + 형용사/부사 + **para** + 동사원형.은 '~하기에는 너무 ~합니다.'입니다.
(**demasiado** 는 부사이며, 다음에 형용사나 부사가 옵니다.) (영어의 **too ~ to** 구문과 같습니다.)
❷ 유사한 표현으로 **Es tan** + 형용사/부사 + **que** ~. (너무 ~해서 ~합니다.)가 있습니다.

② 기본패턴의 연습!

p086-01 Es demasiado precioso para abandonarlo. 그것을 포기하기에는 너무 소중합니다.

p086-02 Es demasiado pesado para levantarlo. 그것을 들기에는 너무 무겁습니다.

p086-03 Es demasiado tarde para cancelarlo. 그것을 취소하기에는 너무 늦었습니다.

p086-04 Es demasiado temprano para comenzarlo. 그것을 시작하기에는 너무 이릅니다.

p086-05 Es demasiado complicado para explicarlo. 그것을 설명하기에는 너무 복잡합니다.

p086-06 Es demasiado joven para entenderlo. 그것을 이해하기에는 너무 어립니다.

p086-07 Es demasiado estrecho para aparcar un coche. 차를 주차시키기에는 너무 좁습니다.

p086-08 Es demasiado bueno para ser verdad. 사실이기에는 너무 아름답습니다.

● **precioso** (소중한), **abandonar** (포기하다), **lo** (그것을 : 직접목적대명사), **pesado** (무거운), **levantar** (들다), **tarde** (늦은), **cancelar** (취소하다), **temprano** (이른), **comenzar** (시작하다), **complicado** (복잡한), **explicar** (설명하다), **joven** (어린/젊은), **entender** (이해하다), **estrecho** (좁은), **aparcar** (주차하다), **un** (하나의), **el coche** (자동차), **bueno** (아름다운), **ser** (이다), **la verdad** (사실)

The basics of grammar and sentence construction!
The most useful phrases and expressions!

pattern

네 번째 섹션 : 핵심문법 패턴!

4th Section 은 **핵심문법**을 **정리**했습니다.
스페인어 문법의 **핵심**을 이루는 요소를 활용한 **핵심 패턴**들입니다.

P 086

③ 기본패턴의 확장!

p086-09 **Es demasiado peligroso para jugar afuera.** 밖에서 놀기에는 너무 위험합니다.

p086-10 **Es demasiado caro para comprarlo.** 그것을 사기에는 너무 비쌉니다.

● **peligroso** (위험한), **jugar** (놀다), **afuera** (밖에서), **caro** (비싼), **comprar** (사다), **lo** (그것을)

④ 기본패턴의 응용!

p086-11 **A) Tengo miedo de hablar en público.** 나는 사람들 앞에서 이야기하는 것이 두렵습니다.

p086-12 **B) Es demasiado tarde para cancelarlo.** 그것을 취소하기에는 너무 늦었습니다.

p086-13 **A) Me gusta mucho ese anillo.** 그 반지가 무척 나의 마음에 듭니다.

p086-14 **B) Es demasiado caro para comprarlo.** 그것을 사기에는 너무 비쌉니다.

● **Tener miedo de** + 명사/동사원형.은 '~이/~하는 것이 두렵다.'입니다.
● **en público** 는 '사람들 앞에서/대중 앞에서'입니다.
● **a** + 사람 + **gustar** + 사물은 '~의 마음에 들다'이며, **a** + 사람은 간접목적어로 받습니다.
(**me** (나에게), **te** (너에게), **le** (그(녀)에게/당신에게), **nos** (우리들에게), **os** (너희들에게), **les** (그(녀)들에게/당신들에게))
● **el miedo** (두려움), **hablar** (말하다), **el público** (대중/청중), **mucho** (많은/매우), **ese** (그 : 지시형용사), **el anillo** (반지)

Learn foreign language!
Spanish

Part 1. It's a completely new way to learn foreign language! | Pattern 087

Hay ~. [아이 ~.]
~가 있습니다.

① 기본패턴의 핵심!

❶ **Hay** + 명사.는 '~가 있습니다/존재합니다.'이며, 주어가 없는 무인칭 동사입니다.
❷ **Hay** 는 **haber** 동사의 3인칭 단수형입니다.

② 기본패턴의 연습!

p087-01	Hay	un problema.	하나의 문제가 있습니다.
p087-02	Hay	una solución.	하나의 해결책이 있습니다.
p087-03	Hay	una diferencia.	하나의 차이가 있습니다.
p087-04	Hay	un accidente.	하나의 사고가 있습니다. (사고가 났습니다.)
p087-05	Hay	opciones.	선택들이 있습니다. (선택의 폭이 넓습니다.)
p087-06	Hay	asientos todavía.	아직 좌석들이 있습니다.
p087-07	Hay	excepciones.	예외들이 있습니다.
p087-08	Hay	muchas personas.	많은 사람들이 있습니다.

● **muchos(as)** + 무관사명사는 '많은/다수의/다량의 ~'입니다.
● **un(a)** (어떤/약간의 : 부정관사), **el problema** (문제/난점), **la solución** (해결책), **la diferncia** (차이), **el accidente** (사고), **la opción** (선택), **el asiento** (좌석/자리), **todavía** (여전히), **la excepción** (예외), **la persona** (사람)

The basics of grammar and sentence construction!
The most useful phrases and expressions!

네 번째 섹션 : 핵심문법 패턴!

4th Section 은 **핵심문법**을 **정리**했습니다.
스페인어 문법의 **핵심**을 이루는 요소를 활용한 **핵심 패턴**들입니다.

P 087

③ 기본패턴의 확장!

p087-09 **Hay un buen restaurante cerca de aquí.** 여기 근처에 좋은 식당이 하나 있습니다.

p087-10 **Hay muchas posibilidades en la vida.** 인생에는 많은 가능성들이 있습니다.

● **cerca de ~** 는 '~ 근처에'이고, **lejos de ~** 는 '~에서 먼'입니다.
● **bueno** 다음에 남성단수명사가 오면, **-o** 가 탈락합니다. (**buen día** 좋은 날)
● **bueno(a)** (좋은), **el restaurante** (식당), **aquí** (여기), **la posibilidad** (가능성), **en** (~안에), **la vida** (인생)

④ 기본패턴의 응용!

p087-11 **A) ¿Me recomienda usted un buen restaurante?** 당신은 나에게 좋은 식당을 하나 추천하시겠습니까?

p087-12 **B) Hay un restaurante japonés cerca de aquí.** 여기 근처에 일본 식당이 하나 있습니다.

p087-13 **A) ¿Está completo el aparcamiento?** 주차장이 다 찼습니까?

p087-14 **B) No, todavía hay plazas libres.** 아니오, 아직 빈 자리들이 있습니다.

● 간접목적대명사의 위치는 동사 앞입니다.
(**me** (나에게), **te** (너에게), **le** (그(녀)에게), **nos** (우리들에게), **os** (너희들에게), **les** (그(녀)들에게))
● **recomendar** (추천하다), **usted** (당신), **japonés** (일본의), **estar** (~이다), **completo(a)** (꽉 찬/만원인), **el aparcamiento** (주차장), **no** (아니오), **todavía** (아직), **la plaza** (광장/장소), **libre** (빈/한가한)

Learn foreign language!
Spanish

Part 1. It's a completely new way to learn foreign language! | Pattern 088

No hay ~. [노 아이 ~.]
~가 없습니다.

① 기본패턴의 핵심!

❶ **No hay** + 명사. 는 '~은 없습니다/존재하지 않습니다.'입니다.
❷ **hay** 다음에는 불특정한 존재가 오기 때문에 정관사가 올 수 없습니다.

② 기본패턴의 연습!

p088-01	No hay	límite.	한계는 없습니다.
p088-02	No hay	preocupación.	걱정은 없습니다.
p088-03	No hay	remedio.	대책이 없습니다.
p088-04	No hay	salida.	출구는 없습니다.
p088-05	No hay	oportunidad.	기회는 없습니다.
p088-06	No hay	secreto.	비밀은 없습니다.
p088-07	No hay	otra manera.	다른 방법은 없습니다.
p088-08	No hay	efecto sin causa.	원인 없는 결과는 없습니다.

● **sin** (~이 없는) 다음에는 무관사 명사와 동사원형이 올 수 있습니다.
(**Ella sale sin decir adiós.** 그녀는 인사도 하지 않고 떠납니다).
● **el límite** (경계/한계), **la preocupación** (걱정/근심), **el remedio** (대책),
la salida (출구/해결책), **la oportunidad** (기회/행운), **el secreto** (비밀), **otro(a)** (다른),
la manera (방법), **el efecto** (결과), **sin** (~이 없는), **la cause** (원인/이유)

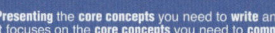

The basics of grammar and sentence construction!
The most useful phrases and expressions!

네 번째 섹션 : 핵심문법 패턴!

4th Section 은 **핵심문법**을 **정리**했습니다.
스페인어 문법의 **핵심**을 이루는 요소를 활용한 **핵심 패턴**들입니다.

③ 기본패턴의 확장!

p088-09	**No hay de qué.**	아무것도 없습니다. (별거 없습니다./천만에요.)
p088-10	**No hay más vino.**	더 이상 포도주가 없습니다. (다 떨어졌습니다.)

- **No hay de qué.** 는 상대방의 감사에 대한 답변입니다.
- **no ~ más** 는 '더 이상 ~ 않다'이고, **No hay más ~.** 는 '더 이상 ~이 없다.'입니다.
- **qué** (무엇), **el vino** (포도주)

④ 기본패턴의 응용!

p088-11	**A) Le doy las gracias por el regalo.**	나는 당신에게 선물에 대해 감사합니다.
p088-12	**B) No hay de qué.**	천만에요.

---

p088-13	**A) ¿Tiene usted alguna idea?**	당신은 어떤 아이디어가 있습니까?
p088-14	**B) No, no hay otra manera.**	아니오, 다른 방법은 없습니다.

- 간접목적대명사의 위치는 동사 앞입니다.
(**me** (나에게), **te** (너에게), **le** (그(녀)/당신에게), **nos** (우리에게), **os** (너희에게), **les** (그(녀)/당신들에게))
- **Le doy las gracias por ~.** 는 '나는 당신에게 ~에 대해 감사합니다.'입니다.
- **dar gracias** (감사하다), **por** (~에 대해), **el regalo** (선물), **tener** (가지다),
usted (당신), **alguno(a)** (어떤), **la idea** (아이디어), **no** (아니오)

Learn foreign language!
Spanish

Part 1. It's a completely new way to learn foreign language! | Pattern 089

¿Hay ~? [아이 ~?]
~가 있습니까?

① 기본패턴의 핵심!

❶ **¿Hay ~?** (~가 있습니까/존재합니까?)는 주어가 없는 무인칭동사입니다.
❷ **hay** 다음에는 불특정한 존재가 오기 때문에 정관사가 올 수 없습니다.

② 기본패턴의 연습!

p089-01	¿Hay	alguna cafetería?	어떤 커피숍이 있습니까?
p089-02	¿Hay	alguna posibilidad?	어떤 가능성이 있습니까?
p089-03	¿Hay	alguna manera?	어떤 방법이 있습니까?
p089-04	¿Hay	algún descuento?	어떤 할인이 있습니까?
p089-05	¿Hay	algún problema?	어떤 문제가 있습니까?
p089-06	¿Hay	algún autobús?	어떤 버스가 있습니까?
p089-07	¿Hay	alguien?	누군가 있습니까?
p089-08	¿Hay	alguna cosa?	어떤 뭐가 있습니까?

● **alguno(a)** + 명사는 '어떤 (아무) ~'입니다. 뒤에 나오는 명사의 성수에 따라서 활용됩니다.
(**algún** + 남성단수, **alguna** + 여성단수, **algunos** + 남성복수, **algunas** + 여성복수)
● **la cafetería** (커피숍), **alguno(a)** (어떤), **la posibilidad** (가능성), **la manera** (방법), **el descuento** (할인), **el problema** (문제/난점), **el autobús** (버스), **alguien** (누군가), **la cosa** (것/물건)

The basics of grammar and sentence construction!
The most useful phrases and expressions!

네 번째 섹션 : 핵심문법 패턴!

4th Section 은 **핵심문법**을 **정리**했습니다.
스페인어 문법의 **핵심**을 이루는 요소를 활용한 **핵심 패턴**들입니다.

P 089

③ 기본패턴의 확장!

p089-09 ¿Hay una aplicación móvil para eso? 그것을 위한 휴대폰 애플리케이션이 있습니까?

p089-10 ¿Hay algo nuevo en España? 스페인에 뭔가 새로운 것이 있습니까?

- **eso** 는 지시대명사로 문장 전체를 받거나, 이름을 알 수 없는 사물을 받을 때 사용합니다.
- **la aplicación móvil** (휴대폰 애플리케이션), **para** (~을 위한/~에 대한), **eso** (그것), **algo** (어떤 것), **nuevo(a)** (새로운), **en** (~에), **la España** (스페인)

④ 기본패턴의 응용!

p089-11 A) ¿Hay algún autobús para aeropuerto? 공항 가는 어떤 버스가 있습니까?

p089-12 B) Sí, hay una lanzadera delante del hotel. 네, 호텔 앞에 셔틀버스가 있습니다.

p089-13 A) ¿Hay elecciones en España? 스페인에 선거가 있습니까?

p089-14 B) Sí, hay una elección presidencial este año. 네, 올해 대통령 선거가 있습니다.

- **un autobús para ~** 는 '~행 버스'입니다.
- '지시형용사 **este(a)** (이) + 때를 나타내는 명사'는 가까운 시간을 표현합니다. 지시형용사는 명사의 성수에 따라 변화합니다. **esta noche** (오늘 저녁), **este mes** (이번 달), **este año** (금년)
- **el autobús** (버스), **el aeropuerto** (공항), **sí** (네), **la lanzadera** (셔틀버스), **delante** (~앞에), **el hotel** (호텔), **la elección** (선거), **presidencial** (대통령의), **el año** (해/년)

The focus is on **conversation** and **communication**.
Start **speaking languages** immediately using **essential phrases**.

Learn foreign language!
Spanish

Part 1. It's a completely new way to learn foreign language! | Pattern 090

Hay que ~. [아이 께 ~.]
~해야 합니다.

① 기본패턴의 핵심!

❶ **Hay** 는 주어가 없는 무인칭동사입니다.
❷ **Hay que** + 동사원형.은 '~해야 합니다.'입니다.
❸ **que** 는 관계대명사로 앞에 있는 명사를 선행사로 합니다.

② 기본패턴의 연습!

p090-01	Hay que	continuar.	계속해야 합니다.
p090-02	Hay que	trabajar.	일(공부)해야 합니다.
p090-03	Hay que	tener cuidado.	주의해야 합니다.
p090-04	Hay que	pagar en efectivo.	현금으로 지불해야 합니다.
p090-05	Hay que	dejar un mensaje.	메시지를 남겨야 합니다.
p090-06	Hay que	hacer ejercicio.	운동을 해야 합니다.
p090-07	Hay que	probar una vez más.	한 번 더 시도해봐야 합니다.
p090-08	Hay que	tomar el desayuno.	아침 식사를 해야 합니다.

● **tener cuidado** 는 '주의를 가지다' > '주의를 하다'입니다.
● **en efectivo** (현금으로), **una vez más** (한 번 더)
● **continuar** (계속하다), **trabajar** (일/공부하다), **tener** (가지다), **el cuidado** (주의), **pagar** (지불하다), **el efectivo** (현금), **dejar** (남기다), **un(a)** (하나의), **el mensaje** (메시지), **hacer** (하다), **el ejercicio** (운동), **probar** (시도하다), **la vez** (번/회), **más** (더), **tomar** (먹다/잡다/취하다), **el desayuno** (아침 식사)

The basics of grammar and sentence construction!
The most useful phrases and expressions!

네 번째 섹션 : 핵심문법 패턴!

4th Section 은 **핵심문법**을 **정리**했습니다.
스페인어 문법의 **핵심**을 이루는 요소를 활용한 **핵심 패턴**들입니다.

P 090

③ 기본패턴의 확장!

p090-09	Hay que dejar de fumar.	흡연하는 것을 멈춰야 합니다. (담배를 끊어야 합니다.)
p090-10	Hay que preguntar al profesor.	그 선생님께 여쭤봐야 합니다.

- **dejar de** + 동사원형은 '~하는 것을 멈추다/중단하다'입니다.
- **preguntar a ~** 는 '~에게 물어보다'입니다.
- 전치사 **a** (~에게)는 정관사 **el** 과 만나면 **al** 로 축약합니다. (**a + el profesor = al profesor** 그 선생님께)
- **dejar** (버리다/내버려두다), **de** (~의), **fumar** (흡연하다), **preguntar** (물어보다), **a** (~에게), **el profesor** (교사)

④ 기본패턴의 응용!

p090-11	A) Mi hija detesta el olor a cigarro.	나의 딸은 담배 냄새를 싫어합니다.
p090-12	B) Hay que dejar de fumar.	담배를 끊어야 합니다.

p090-13	A) Quiero abandonar.	나는 포기하고 싶습니다.
p090-14	B) Hay que probar una vez más.	한 번 더 시도해봐야 합니다.

- 소유형용사는 명사의 수에 따라 변화합니다. **mi** (나의 : 남성/여성 단수), **mis** (나의 : 남성/여성 복수)
- **olor a** + 명사는 '~한 냄새가 나다' 또는 '~한 냄새'의 의미도 됩니다.
- **quiero** 는 **querer** (원하다/바라다) 동사의 1인칭 단수 형태입니다. **querer** + 명사/동사원형은 '~을/~하기를 바라다'입니다.
- **mi** (나의), **la hija** (딸/소녀), **detestar** (싫어하다), **el olor** (냄새), **de** (~의), **el cigarro** (담배), **abandonar** (포기하다)

Learn foreign language!
Spanish

Part 1. It's a completely new way to learn foreign language! | Pattern 091

Se habla ~. [쎄 아블라 ~.]
~ 말합니다.

① 기본패턴의 핵심!

❶ 스페인어의 비인칭 구문은 **se** 와 함께 사용됩니다.
비인칭 구문은 주어가 없고, 반드시 3인칭 단수를 사용합니다.
❷ 비인칭 구문의 **se** 는 '일반 사람들'의 의미이고, 해석은 생략해도 됩니다.
❸ **Se habla ~.** 는 '~(언어)를 말합니다.'입니다.

② 기본패턴의 연습!

p091-01 **Se habla español en Chile.** 칠레에서는 스페인어를 말합니다.

p091-02 **Se habla inglés y francés en Canadá.** 캐나다에서는 영어와 프랑스어를 말합니다.

p091-03 **Se va al ayuntamiento en metro.** 사람들은 지하철로 시청에 갑니다.

p091-04 **Se come bien en esta ciudad.** 이 도시에서 사람들은 잘 먹습니다.

p091-05 **Se paga solo en efectivo.** 현금으로만 지불합니다.

p091-06 **Se lee mucho en España.** 스페인에서는 사람들이 독서를 많이 합니다.

p091-07 **Se trabaja mucho aquí.** 이곳에서 사람들은 열심히 일합니다.

p091-08 **Se almuerza a las dos en España.** 스페인에서는 2시에 점심식사를 합니다.

● 비인칭 구문의 **se** 는 '일반적인 사람들' 또는 '예외 없이 누구나'라는 의미가 있습니다.
● **se va** (간다) / **come** (먹는다)/ **paga** (지불한다) / **lee** (읽는다) / **trabaja** (일한다) / **almuerza** (점심을 먹는다) 등과 같이 **se** 뒤에는 반드시 동사의 3인칭 단수형이 옵니다.
● **hablar** (말하다), **el español** (스페인어), **el inglés** (영어), **y** (그리고), **el francés** (프랑스어), **en** (~에서), **Canadá** (캐나다), **ir** (가다), **el ayuntamiento** (시청), **en** (~으로), **el metro** (지하철), **comer** (먹다), **bien** (잘), **la ciudad** (도시), **pagar** (지불하다), **solo** (단지), **el efectivo** (현금), **leer** (읽다), **mucho** (열심히/많이), **trabajar** (일하다), **aquí** (여기), **almorzar** (점심식사하다), **a las** (~시), **dos** (2)

pattern

네 번째 섹션 : 핵심문법 패턴!

4th Section 은 **핵심문법**을 **정리**했습니다.
스페인어 문법의 **핵심**을 이루는 요소를 활용한 **핵심 패턴**들입니다.

P 091

③ 기본패턴의 확장!

p091-09 **Se juega al fútbol en el parque.** 사람들은 공원에서 축구를 합니다.

p091-10 **Se escribe L-O-P-E-Z.** (사람들은) L(엘레)-O(오)-P(뻬)-E(에)-Z(쎄따)라고 씁니다.

● **jugar** (경기하다) 동사는 뒤에 운동종목이 나올 때 전치사 **a** 를 함께 씁니다.
전치사 **a** + 정관사 **el** 은 축약하여 **al** 이 됩니다.
● 비인칭구문 **se escribe ~** 는 철자(알파벳)로 어떻게 쓰는지를 말하는 표현입니다.
● **jugar** (경기하다), **a** (~에 대해), **el fútbol** (축구), **en** (~에서), **el parque** (공원),
escribir (쓰다/편지를 쓰다)

④ 기본패딘의 응용!

p091-11 **A) ¿Cómo se dice book en español?** 스페인어로 book 을 뭐라고 말합니까?

p091-12 **B) Se dice libro en español.** (사람들은) 스페인어로 libro 라고 부릅니다.

---

p091-13 **A) ¿Qué se habla en Canadá?** 캐나다에서는 (사람들이) 무슨 말로 말합니까?

p091-14 **B) Se habla inglés y francés en Canadá.** 캐나다에서는 영어와 프랑스어를 말합니다.

● **cómo** (어떻게)는 '수단'을 나타내는 의문부사입니다.
● 비인칭구문에서의 **se** 는 동사 앞에 나옵니다.
● **cómo** (어떻게), **decir** (말하다), **qué** (무엇)

Learn foreign language!
Spanish

Part 1. It's a completely new way to learn foreign language! | Pattern 092

Se dice que ~. [쎄 디쎄 께 ~.]
(사람들은) ~라고 합니다.

① 기본패턴의 핵심!

❶ **Se dice que ~.** ((**que** 절 이하)라고 합니다.)는 불특정한 사람들이 의미상의 주어입니다.
❷ **se** 비인칭 구문의 **decir** 동사는 3인칭 단수를 사용하고, **que** 절이 따라 옵니다.

② 기본패턴의 연습!

p092-01 **Se dice que** el amor es permanente. 사랑은 영원한 것이라고 합니다.

p092-02 **Se dice que** hace mucho calor en verano. 여름에는 무척 덥다고 합니다.

p092-03 **Se dice que** el K-pop es popular en Europa. 유럽에서 K팝이 인기가 있다고 합니다.

p092-04 **Se dice que** hay mucha discriminación racial en la República Sudafricana. 남아프리카 공화국에서는 인종차별이 심하다고 합니다.

p092-05 **Se dice que** van a aumentar los impuestos. 세금이 오를 것이라고 합니다.

p092-06 **Se dice que** el examen va a ser difícil. 시험이 어려울 거라고 합니다.

p092-07 **Se dice que** va a nevar este invierno. 올 겨울에는 눈이 올 거라고 합니다.

p092-08 **Se dice que** es difícil aprobar las oposiciones a funcionario público. 공무원 시험에 합격하기는 어렵다고 합니다.

● **ir a** + 동사원형은 '~예정이다/계획이다'로 가까운 미래를 나타냅니다.
● **el amor** (사랑), **ser** (~이다), **permanente** (영원한), **hacer** (~하다), **mucho** (매우), **el calor** (열기), **en** (~에), **el verano** (여름), **popular** (인기 있는), **la Europa** (유럽), **hay** (~이 있다), **la discriminación** (차별), **racial** (인종의), **la república** (공화국), **venir** (오다), **aumentar** (증대시키다), **el impuesto** (세금), **ir** (가다), **ser** (~이다), **difícil** (어려운), **el examen** (시험), **nevar** (눈이 오다), **este** (이) **el invierno** (겨울), **aprobar** (합격하다), **las oposiciones** (경쟁시험), **el funcionario** (직원), **público** (공공의)

The basics of grammar and sentence construction!
The most useful phrases and expressions!

네 번째 섹션 : 핵심문법 패턴!

4th Section 은 **핵심문법**을 **정리**했습니다.
스페인어 문법의 **핵심**을 이루는 요소를 활용한 **핵심 패턴**들입니다.

P 092

③ 기본패턴의 확장!

p092-09 **Se dice que el tiempo es dinero.** 시간이 돈이라고 합니다.

p092-10 **Se dice que ver es creer.** 보는 것이 믿는 것이라고 합니다.

● **ver** (보다) 와 **creer** (믿다)는 모두 동사원형으로 **ver** 는 주어, **creer** 는 보어 역할을 합니다. 일반적으로 동사원형이 주어가 되면 정관사 **el** 을 쓰기도 하는데, 속담이나 경구 등 여러 사람들에게 잘 알려져 있는 표현은 정관사를 생략합니다. 이때 동사원형은 3인칭 단수로 취급합니다.
● **el tiempo** (시간), **el dinero** (돈), **ver** (보다), **creer** (믿다)

④ 기본패턴의 응용!

p092-11 **A) ¿Por qué no solicita usted el examen?** 왜 당신은 시험을 보지 않으십니까?

p092-12 **B) Se dice que es difícil aprobar el examen.** 시험을 합격하기 어렵다고 합니다.

---

p092-13 **A) ¿Vuelve usted a viajar por España?** 당신은 스페인에 다시 여행을 가십니까?

p092-14 **B) Sí. Se dice que hay muchos sitios que visitar.** 네. 구경할 곳이 많다고 합니다.

● **volver + a** + 동사원형은 '다시 ~하다'입니다.
● **qué** (접속사) + 동사원형은 '~해야 할'이라는 뜻입니다.
Tengo mucho que hacer. (나는 해야 할 많은 일이 있다.)
● **por qué** (왜), **no** (아니다), **solicitar** (신청하다), **usted** (당신), **volver** (돌아오다), **viajar** (여행하다), **por** (~에), **hay** (있다), **mucho** (많은), **el sitio** (장소), **que** (~해야 할), **visitar** (방문하다)

Learn foreign language!
Spanish

Part 1. It's a completely new way to learn foreign language! | Pattern 093

Se prohíbe ~. [쎄 쁘로이베 ~.]
~하는 것을 금합니다.

① 기본패턴의 핵심!

❶ **Se prohíbe** + 명사/동사원형.은 '~하는 것을 금하다/금지시키다'라는 뜻입니다.
❷ **se** 비인칭 구문의 **prohibir** 동사는 3인칭 단수를 사용합니다.

② 기본패턴의 연습!

p093-01	Se prohíbe	beber alcohol.	음주를 금합니다.
p093-02	Se prohíbe	fumar.	금연합니다.
p093-03	Se prohíbe	pisar el cesped.	잔디 밟는 것을 금합니다.
p093-04	Se prohíbe	usar móviles.	핸드폰 사용을 금합니다.
p093-05	Se prohíbe	tocar el claxon.	경적을 울리는 것을 금합니다.
p093-06	Se prohíbe	estacionar en la calle.	거리에 주차하는 것을 금합니다.
p093-07	Se prohíbe	fumar en el restaurante.	식당에서 담배 피우는 것을 금합니다.
p093-08	Se prohíbe	hacer trampas en el examen.	시험에서 커닝하는 것을 금합니다.

● **beber** (마시다), **el alcohol** (술), **fumar** (담배를 피우다), **pisar** (밟다), **el cesped** (잔디), **usar** (사용하다), **el móvil** (핸드폰), **tocar** (만지다/연주하다), **el claxon** (경적), **estacionar** (주차하다), **en** (~안에), **la calle** (거리/길), **fumar** (담배를 피우다), **el restaurante** (레스토랑), **hacer** (~하다), **la trampa** (계략/커닝), **el examen** (시험)

The basics of grammar and sentence construction!
The most useful phrases and expressions!

pattern

네 번째 섹션 : 핵심문법 패턴!

4th Section 은 **핵심문법**을 **정리**했습니다.
스페인어 문법의 **핵심**을 이루는 요소를 활용한 **핵심 패턴**들입니다.

P 093

③ 기본패턴의 확장!

p093-09 **Se prohíbe cruzar la calle con el semáforo en rojo.** 빨간 신호등에 길 건너는 것을 금합니다.

p093-10 **Se prohíbe sacar fotos en el museo.** 박물관에서 사진 찍는 것을 금합니다.

- **se prohíbe** 뒤에 나오는 동사원형은 문장의 목적어가 됩니다.
- **cruzar** (건너다), **el semáforo** (신호등), **en** (~에), **rojo** (붉은), **sacar** (찍다/뽑다), **la foto** (사진), **el museo** (박물관)

④ 기본패턴의 응용!

p093-11 **A) ¿Qué se prohíbe durante las fiestas?** 축제 기간 동안에 무엇을 금합니까?

p093-12 **B) Se prohíbe estacionar en la calle.** 거리에 주차하는 것을 금합니다.

p093-13 **A) ¿Dónde se prohíbe sacar fotos?** 어디가 사진촬영을 금합니까?

p093-14 **B) En el museo se prohíbe sacar fotos y tocar los objetos.** 박물관에서 사진촬영과 물건 만지는 것을 금합니다.

- **se** 비인칭 구문에서 목적어로 동사원형이 두 개 이상 올 수도 있습니다.
- **qué** (무엇), **durante** (~하는 동안), **la fiesta** (축제), **dónde** (어디), **tocar** (만지다), **el objeto** (사물/물건)

Learn foreign language!
Spanish

Part 1. It's a completely new way to learn foreign language! | Pattern 094

Se cree que ~. [쎄 끄레에 께 ~.]
(사람들은) ~라고 생각합니다.

① 기본패턴의 핵심!

❶ **Se cree que ~.** 는 '(사람들은) ~라고 생각합니다.'라는 비인칭 구문입니다.
❷ **se** 비인칭 구문의 **creer** 동사는 3인칭 단수형을 사용하고, 뒤에 **que** (접속사) 이하의 절이 옵니다.

② 기본패턴의 연습!

p094-01 **Se cree que va a subir el dólar.** 달러가 오를 거라고 생각합니다.

p094-02 **Se cree que va a bajar la temperatura.** 기온이 내려갈 거라고 생각합니다.

p094-03 **Se cree que va a hacer frío.** 추울 거라고 생각합니다.

p094-04 **Se cree que va a llover mucho.** 비가 많이 올 거라고 생각합니다.

p094-05 **Se cree que el cáncer se puede curar.** 암은 나을 수 있다고 생각합니다.

p094-06 **Se cree que va a estallar una guerra.** 전쟁이 일어날 거라고 생각합니다.

p094-07 **Se cree que va a haber terremotos.** 지진이 있을 거라고 생각합니다.

p094-08 **Se cree que su novia va a cambiar.** 그의 애인이 바뀔 거라고 생각합니다.

● **ir** (가다) 동사는 뒤에 전치사 **a** 를 동반하여 **ir + a +** 동사원형으로 '가까운 미래'를 나타냅니다.
● **subir** (오르다), **el dólar** (달러), **bajar** (내리다), **la temperatura** (기온), **el frío** (추위), **llover** (비가 오다), **mucho** (많이), **el cáncer** (암), **poder** (할 수 있다), **curar** (치료하다), **estallar** (발발하다), **la guerra** (전쟁), **haber** (있다), **el terremoto** (지진), **su** (그의), **la novia** (애인), **cambiar** (바뀌다)

네 번째 섹션 : 핵심문법 패턴!

4th Section 은 **핵심문법**을 **정리**했습니다.
스페인어 문법의 **핵심**을 이루는 요소를 활용한 **핵심 패턴**들입니다.

P 094

③ 기본패턴의 확장!

p094-09 **Se cree que va a hacer buen tiempo.** 날씨가 좋을 거라고 생각합니다.

p094-10 **Se cree que la población va a disminuir.** 인구가 줄 거라고 생각합니다.

- **bueno(a)** (좋은), **el tiempo** (날씨), **la población** (인구), **disminuir** (줄다)

④ 기본패턴의 응용!

p094-11 **A) ¿Por qué se cree que va a disminuir la población?**
왜 사람들은 인구가 줄 거라고 생각합니까?

p094-12 **B) Porque la gente prefiere vivir sola.** 사람들이 혼자 사는 것을 선호하기 때문입니다.

---

p094-13 **A) ¿Qué tengo que hacer para bajar de peso?** 몸무게를 줄이려면 무엇을 해야 합니까?

p094-14 **B) Se cree que es importante hacer dieta.** 다이어트를 하는 것이 중요하다고 생각합니다.

- 의문사가 있는 의문문에서 비인칭 **se** 는 의문사 뒤, 동사 앞에 옵니다.
- **por qué** (왜), **porque** (~이기 때문에), **la gente** (사람들), **preferir** (선호하다), **vivir** (살다), **solo(a)** (혼자서), **tener** (가지다), **hacer** (하다), **para** (~ 위하여), **bajar** (내리다), **el peso** (몸무게), **importante** (중요한), **la dieta** (다이어트)

Learn foreign language!
Spanish

Part 1. It's a completely new way to learn foreign language! | Pattern 095

Se permite ~. [쎄 뻬르미떼 ~.]
~을 허용합니다.

① 기본패턴의 핵심!

❶ **Se permite ~.** 는 '~을 허용하다.'이며, **se** 비인칭 구문입니다.
❷ **se** 비인칭 구문의 **permitir** 동사는 3인칭 단수를 사용합니다.

② 기본패턴의 연습!

p095-01	**Se permite sacar fotos.**	촬영을 허용합니다.
p095-02	**Se permite pagar con tarjeta de crédito.**	신용카드를 받습니다.
p095-03	**Se permite fumar.**	흡연을 허용합니다.
p095-04	**Se permite introducir comida.**	음식물 반입을 허용합니다.
p095-05	**Se permite salir.**	외출을 허용합니다.
p095-06	**Se permite comer.**	식사를 허용합니다.
p095-07	**Se permite usar móviles.**	핸드폰 사용을 허용합니다.
p095-08	**Se permite aparcar.**	주차를 허용합니다.

● **se permite** (~을 허용하다) 다음에는 동사원형이나 명사가 옵니다.
● **sacar** (찍다), **la foto** (사진), **pagar** (지불하다), **con** (~으로), **la tarjeta de crédito** (신용카드), **fumar** (담배 피우다), **introducir** (반입하다), **la comida** (음식), **salir** (나가다), **comer** (먹다), **usar** (사용하다), **el móvil** (핸드폰), **aparcar** (주차하다)

③ 기본패턴의 확장!

p095-09 **No se permite hablar de asuntos personales.** 개인적인 사안에 대해서 말하는 것을 허용하지 않습니다.

p095-10 **Se permite solicitar la visa por internet.** 인터넷을 통한 비자 신청은 허용합니다.

- **hablar de** + 명사는 '~에 대해서 말하다'입니다.
- **no** (아니다), **el asunto** (사안), **personal** (개인적인), **solicitar** (신청하다), **la visa** (비자), **por** (~을 통하여), **el internet** (인터넷)

④ 기본패턴의 응용!

p095-11 **A) ¿Qué no se permite en los hoteles?** 호텔들에서는 무엇을 허용하지 않습니까?

p095-12 **B) No se puede pagar con tarjeta de crédito ahí.** 거기에서 신용카드로 결제할 수 없습니다.

---

p095-13 **A) ¿Dónde se presenta la solicitud?** 신청서는 어디에 제출하나요?

p095-14 **B) Se permite presentarla por internet.** 인터넷을 통해서 제출하는 것을 허용합니다.

- 의문사가 있는 의문문에서 비인칭 구문의 **se** 는 의문사 뒤, 동사 앞에 옵니다.
- **presentarla** 의 직접목적대명사 **la** (그것을)은 앞에 나오는 **la solicitud** (신청서)를 지칭하며, **permitir** 동사 다음에 원형으로 오면서 **presentar** 의 끝에 붙었습니다.
- **qué** (무엇), **el hotel** (호텔), **ahí** (거기), **dónde** (어디), **presentar** (제출하다), **la** (그것을)

Learn foreign language!
Spanish

Part 2. It's a completely new way to learn foreign language! | Pattern 096

Me alegro ~. [메 알레그로 ~.]
나는 ~ 기쁩니다.

The basics of grammar and sentence construction!

① 기본패턴의 핵심!

❶ **alegrarse** (기뻐하다)는 규칙변화동사입니다.
❷ **alegrarse** 는 '(스스로) 기쁘다'입니다. (재귀동사)
(**Yo me alegro, Tú te alegras, Él/Ella/Ud. se alegra, Nosotros nos alegramos, Vosotros os alegráis, Ellos/Ellas/Uds. se alegran**)
❸ **Me alegro de** + 명사/동사원형.은 '나는 ~이/~하는 것이 (나 스스로) 기쁩니다.'입니다.

② 기본패턴의 연습!

The most useful phrases and expressions!

p096-01	**Me alegro.**	나는 (나 스스로) 기쁩니다.
p096-02	**Me alegro de antemano.**	나는 벌써(미리) 기쁩니다.
p096-03	**Me alegro de este viaje.**	나는 이 여행이 기쁩니다.
p096-04	**Me alegro de la respuesta.**	나는 그 대답이 기쁩니다.
p096-05	**Me alegro de esa buena noticia.**	나는 그 좋은 소식에 기쁩니다.
p096-06	**Me alegro de volver a verlo(a).**	나는 당신을 다시 보는 것이 기쁩니다.
p096-07	**Me alegro de conocerlo a usted.**	나는 당신을 알게 되어 기쁩니다.
p096-08	**Me alegro de comenzar a trabajar.**	나는 일을 시작하게 되어 기쁩니다.

● 직접목적대명사 **lo(a)** (당신을)의 위치는 동사 앞이지만, 동사원형이 오면 동사원형 끝에 붙습니다.
● **comenzar a** + 동사원형 (~하는 것을 시작하다).
● **volver a** + 동사원형 (다시 ~하다)
● **de antemano** (미리/사전에), **este** (이 : 지시형용사), **el viaje** (여행), **la respuesta** (대답), **ese(a)** (그), **bueno(a)** (좋은), **la noticia** (소식), **volver** (돌아오다), **lo(a)** (당신을), **a** (~에), **ver** (보다), **conocer** (알다), **usted** (당신), **comenzar** (시작하다), **trabajar** (일하다)

네 번째 섹션 : 핵심문법 패턴!

4th Section 은 **핵심문법**을 **정리**했습니다.
스페인어 문법의 **핵심**을 이루는 요소를 활용한 **핵심 패턴**들입니다.

P 096

③ 기본패턴의 확장!

p096-09 **Me alegro de trabajar en su compañía.** 나는 귀사에서 일하는 것이 기쁩니다.

p096-10 **Me alegro de tener una entrevista de trabajo.** 나는 면접 인터뷰를 갖게 되어 기쁩니다.

- 전치사 **de** + 사람은 '그 사람의 집/지역/회사' 등입니다. (**su compañía = la compañía de usted** 당신의 회사)
- 전치사 뒤에는 전치격인칭대명사를 사용합니다. (**mí** (나) / **ti** (너) / **él** (그) / **ella** (그녀) / **usted** (당신) / **nosotros** (우리들) / **vosotros** (너희들) / **ellos** (그들) / **ellas** (그녀들) / **ustedes** (당신들))
- **la entrevista de trabajo** (면접 인터뷰) = **la entrevista** (인터뷰) + **de** (~의) + **el trabajo** (고용/채용)
- **en** (~에/안에), **su** (당신의), **la compañía** (회사), **tener** (가지다), **un(a)** (하나의)

④ 기본패턴의 응용!

p096-11 **A) Encantada.** 반갑습니다.

p096-12 **B) Me alegro de conocerla.** 나는 당신을 알게 되어 기쁩니다.

---

p096-13 **A) Bienvenida a nuestra empresa.** 우리 회사에 오신 것을 환영합니다.

p096-14 **B) Gracias. Me alegro de trabajar en su compañía.** 감사합니다. 나는 귀사에서 근무하여 기쁩니다.

- **Encantado(a).** (기쁩니다/반갑습니다.)는 '나는 매우 기쁩니다.' (**Estoy encantado(a).**)의 축약형입니다. **Mucho gusto.** 도 같은 뜻입니다. 처음 만났을 때 주고받을 수 있는 인사말입니다.
- **bienvenido(a)** (환영/환대)는 환영의 인사표현입니다. (영어의 **welcome**)
- **encantado(a)** (매우 만족한), **nuestra** (우리의), **la empresa** (회사), **gracias** (감사합니다)

Learn foreign language!
Spanish

Part 2. It's a completely new way to learn foreign language! | Pattern 097

Me siento ~. [메 씨엔또 ~.]
나는 ~ 느낍니다.

① 기본패턴의 핵심!

❶ **Me siento ~.** 는 '나는 (스스로) ~ 느낍니다.'입니다.
❷ **se sentir** 는 '스스로 ~ 느끼다'입니다. 재귀대명사는 인칭에 따라 다른 형태입니다.
(**Yo me siento, Tú te sientes, Él /Ella/Ud. se siente, Nosotros nos sentimos, Vosotros os sentís, Ellos/Ellas/Uds. se sienten**)

② 기본패턴의 연습!

p097-01	Me siento bien.	나는 (스스로) 좋은 느낌입니다.
p097-02	Me siento mal.	나는 불편합니다.
p097-03	Me siento enfermo(a).	나는 아픕니다.
p097-04	Me siento cansado(a).	나는 피곤합니다.
p097-05	Me siento celoso(a).	나는 질투를 느낍니다.
p097-06	Me siento cómodo(a).	나는 편안합니다.
p097-07	Me siento confundido(a).	나는 당황스럽습니다.
p097-08	Me siento nostálgico(a).	나는 향수를 느낍니다.

● **Me siento bien.** 나는 (스스로) 좋은 느낌입니다. > 나는 편합니다.로 해석할 수 있습니다.
● **bien** (좋게), **mal** (나쁘게), **enfermo(a)** (아픈), **cansado(a)** (피곤한), **celoso(a)** (질투하는), **cómodo(a)** (마음이 편안한), **confundido(a)** (당황한/난처한), **nostálgico(a)** (향수에 젖은)

pattern

네 번째 섹션 : 핵심문법 패턴!

4th Section 은 **핵심문법**을 **정리**했습니다.
스페인어 문법의 **핵심**을 이루는 요소를 활용한 **핵심 패턴**들입니다.

P 097

③ 기본패턴의 확장!

p097-09 **Me siento bien con usted.** 나는 당신과 함께해서 좋은 느낌입니다.

p097-10 **Me siento como en casa.** 나는 내 집에 있는 것 같은 느낌입니다. (편안합니다.)

- 전치사 뒤에는 전치격인칭대명사를 사용합니다. (**mí** (나) / **ti** (너) / **él** (그) / **ella** (그녀) / **usted** (당신) / **nosotros** (우리들) / **vosotros** (너희들) / **ellos** (그들) / **ellas** (그녀들) / **ustedes** (당신들))
- **como** 는 뒤에 관사가 나오면 '~처럼'으로 해석하고, 관사가 없으면 '~로서'의 뜻입니다.
- **con** (~와 함께), **como** (~인 듯이), **en** (~에), **la casa** (집)

④ 기본패턴의 응용!

p097-11 **A) ¿Cómo se siente usted?** 당신은 어떻게 느끼십니까?

p097-12 **B) Me siento bien.** 나는 좋습니다.

---

p097-13 **A) Me siento sola.** 나는 외로워.

p097-14 **B) Voy a quedarme contigo.** 내가 너와 함께 머물러 줄게.

- 의문사가 문장 앞에 오면 주어와 동사는 도치됩니다. 재귀대명사는 반드시 동사 앞으로 옵니다.
- **ir** (가다) + **a** + 동사원형은 '~ 할 것이다'이며, 가까운 미래를 나타냅니다.
- **cómo** (어떻게), **usted** (당신), **solo(a)** (혼자인/외로운), **ir** (가다), **a** (~하러), **quedarse** (머무르다/남다), **contigo** (너와 함께)

Learn foreign language!
Spanish

Part 2. It's a completely new way to learn foreign language! | Pattern 098

Me intereso en ~. [메 인떼레소 엔 ~.]
나는 ~에 대해 흥미가 있습니다.

① 기본패턴의 핵심!

❶ **Me intereso en ~.** 은 '나는 ~에 대해 흥미가 있습니다.'입니다.
❷ **interesarse** 는 '(스스로) 흥미/관심을 가지다'입니다.
(Yo me intereso, Tú te interesas, Él/Ella/Ud. se interesa, nosotros nos interesamos, vosotros os interesáis, Ellos/Ellas/Uds. se interesan)
❸ **interesarse en** ~ 은 '~에 관심 있다'입니다.

② 기본패턴의 연습!

p098-01 **Me intereso en ese tema.** 나는 그 주제에 흥미가 있습니다.

p098-02 **Me intereso en la política.** 나는 정치에 흥미가 있습니다.

p098-03 **Me intereso en el deporte.** 나는 스포츠에 흥미가 있습니다.

p098-04 **Me intereso en la película.** 나는 영화에 흥미가 있습니다.

p098-05 **Me intereso en la economía.** 나는 경제에 흥미가 있습니다.

p098-06 **Me intereso en la cultura española.** 나는 스페인 문화에 흥미가 있습니다.

p098-07 **Me intereso en las lenguas extranjeras.** 나는 외국어들에 흥미가 있습니다.

p098-08 **Me intereso en las nuevas tecnologías.** 나는 신기술들에 흥미가 있습니다.

● **interesarse en** (~에 관심있다)는 전치사 **en** 대신에 **por** 나 **con** 을 사용할 수도 있습니다.
(**Me intereso con el edificio.** 나는 건물에 흥미가 있습니다.)
● **ese** (그 : 지시형용사), **el tema** (주제), **la política** (정치), **el deporte** (스포츠), **la película** (영화), **la economía** (경제), **la cultura** (문화), **española** (스페인의), **la lengua** (언어), **extranjero(a)** (외국의), **nuevo(a)** (새로운), **la tecnología** (기술)

네 번째 섹션 : 핵심문법 패턴!

4th Section 은 **핵심문법**을 **정리**했습니다.
스페인어 문법의 **핵심**을 이루는 요소를 활용한 **핵심 패턴**들입니다.

P 098

③ 기본패턴의 확장!

p098-09 **Me intereso no solo en la música sino también en el fútbol.**
나는 음악뿐만 아니라 축구에도 흥미가 있습니다.

p098-10 **Me intereso en la cultura española mucho desde hace mucho tiempo.**
나는 오래 전부터 스페인 문화에 흥미가 많습니다.

- **no solo A, sino también B** 는 '**A** 뿐만 아니라 **B** 도 역시'입니다.
- **la música** (음악), **el fútbol** (축구), **mucho** (많이), **desde** (~이래로), **hace mucho tiempo** (오래 전)

④ 기본패턴의 응용!

p098-11 **A) ¿Cuáles son sus intereses principales?** 당신의 주된 관심사들은 무엇입니까?

p098-12 **B) Me intereso en la cocina.** 나는 요리에 흥미 있습니다.

---

p098-13 **A) ¿Tiene usted otros intereses?** 당신은 또 다른 흥미들을 가지고 있습니까?

p098-14 **B) Me intereso no solo en el baile sino también en la computadora.**
나는 춤뿐만 아니라 컴퓨터에도 흥미가 있습니다.

- **cuál** (어떤 : 의문대명사), **ser** (~이다), **su** (당신의), **el interés** (흥미/관심), **principal** (주된), **la cocina** (요리), **tener** (가지다), **usted** (당신), **otro** (다른), **el baile** (춤), **la computadora** (컴퓨터)

The focus is on **conversation** and **communication**.

Start **speaking languages** immediately using **essential phrases**.

Learn foreign language!
Spanish

Part 2. It's a completely new way to learn foreign language! | Pattern 099

Me acostumbro a ~. [메 아꼬스뚬브로 아 ~.]
나는 ~에 익숙해집니다.

① 기본패턴의 핵심!

❶ **Me acostumbro a ~.** 는 '나는 ~에 익숙해집니다.'입니다.
❷ **acostumbrarse a** + 명사/동사원형은 '~에/~하는 것에 익숙해지다'입니다.
(**Yo me acostumbro, Tú te acostumbras, Él/Ella/Ud. se acostumbra, Nosotros nos acostumbramos, Vosotros os acostumbráis, Ellos/Ellas/Uds. se acostumbran**)

② 기본패턴의 연습!

p099-01	Me acostumbro	bien.	나는 잘 익숙해집니다.
p099-02	Me acostumbro	poco a poco.	나는 조금씩 익숙해집니다.
p099-03	Me acostumbro	a la vida nueva.	나는 새로운 생활에 익숙해집니다.
p099-04	Me acostumbro	al equipo nuevo.	나는 새로운 팀에 익숙해집니다.
p099-05	Me acostumbro	a vivir solo.	나는 혼자 사는 것에 익숙해집니다.
p099-06	Me acostumbro	a levantarme temprano.	나는 일찍 일어나는 것에 익숙해집니다.
p099-07	Me acostumbro	a trabajar con Pablo.	나는 빠블로와 함께 일하는 것에 익숙해집니다.
p099-08	Me acostumbro	a usar el producto nuevo.	나는 신제품을 사용하는 것에 익숙해집니다.

● **poco a poco** 는 '조금씩'입니다.
● 형용사 **nuevo** (새로운)은 불규칙 변화를 합니다.
nuevo (남성단수) / **nueva** (여성단수) / **nuevos** (남성복수) / **nuevas** (여성복수)
● **bien** (잘), **la vida** (생활/삶), **el equipo** (팀), **vivir** (살다), **solo(a)** (혼자인), **levantarse** (일어나다), **temprano** (일찍), **trabajar** (일하다), **con** (~와 함께), **usar** (사용하다), **el producto** (제품/생산물)

네 번째 섹션 : 핵심문법 패턴!

4th Section 은 **핵심문법**을 **정리**했습니다.
스페인어 문법의 **핵심**을 이루는 요소를 활용한 **핵심 패턴**들입니다.

P 099

③ 기본패턴의 확장!

p099-09 **No me acostumbro rápido.** 나는 빨리 익숙해지지 않습니다.

p099-10 **Acostumbro a decir que no.** 나는 아니오라고 말하는 버릇이 들었습니다.

- **acostumbrar + a +** 동사원형은 '~하는 버릇을 가지고 있다'라는 뜻입니다.
- 부정문은 맨 앞에 부정부사 **no** (아니다)를 붙입니다.
- **no** (아니오), **rápido** (빨리), **decir** (말하다), **que** (~라고)

④ 기본패턴의 응용!

p099-11 **A) ¿Te sientes bien en tu trabajo nuevo?** 너는 너의 새로운 직장에서 잘 지내니?

p099-12 **B) Me acostumbro poco a poco.** 나는 조금씩 익숙해지고 있어.

---

p099-13 **A) ¿Tiene usted problemas?** 당신은 문제들이 있습니까?

p099-14 **B) No, me acostumbro bien al equipo nuevo.** 아니오, 나는 새로운 팀에 잘 익숙해지고 있습니다.

- **Te sientes bien.** 은 **sentirse bien** ((스스로) ~좋게 느끼다)의 2인칭 단수 변화형입니다.
(너는 너 스스로 좋게 느끼다. > 너는 편안하다/잘 지낸다.)
- 소유형용사는 명사의 수에 따라 변화합니다. **tu** (너의 : 남성/여성 단수) / **tus** (남성/여성 복수)
- **bien** (잘/좋게), **en** (~안에서), **el trabajo** (직장/일), **usted** (당신),
tener (가지다), **el problema** (문제)

Learn foreign language!
Spanish

Part 2. It's a completely new way to learn foreign language! | Pattern 100

Me lavo ~. [메 라보 ~.]
나는 ~ 씻습니다.

① 기본패턴의 핵심!

❶ **Me lavo ~.** 는 '나는 ~ 씻습니다.'입니다.
❷ **lavarse** 는 '(스스로) 씻다'입니다.
(**Yo me lavo, Tú te lavas, Él/Ella/Ud. se lava, Nosotros nos lavamos, Vosotros os laváis, Ellos/Ellas/Uds. se lavan**)

② 기본패턴의 연습!

p100-01	Me lavo	las manos.	나는 (내 몸의) 손들을 씻습니다.
p100-02	Me lavo	los pies.	나는 발(들)을 씻습니다.
p100-03	Me lavo	la cara.	나는 얼굴을 씻습니다.
p100-04	Me lavo	el pelo.	나는 머리를 감습니다.
p100-05	Me lavo	el pelo todos los días.	나는 매일 머리를 감습니다.
p100-06	Me lavo	los dientes.	나는 치아(들)를 닦습니다.
p100-07	Me lavo	las manos antes de comer.	나는 식사 전에 손(들)을 씻습니다.
p100-08	Me lavo	los dientes después de la comida.	나는 식사 후에 치아(들)를 닦습니다.

● **todos los días** (매일), **todo el día** (하루 종일)
● **la mano** (손), **el pie** (발), **la cara** (얼굴), **el pelo** (머리카락), **todo** (모든), **el día** (날/일), **el diente** (치아), **antes** (~(의) 이전에), **de** (~의), **comer** (식사하다), **después** (~(의) 후에), **la comida** (식사)

pattern

네 번째 섹션 : 핵심문법 패턴!

4th Section 은 **핵심문법**을 **정리**했습니다.
스페인어 문법의 **핵심**을 이루는 요소를 활용한 **핵심 패턴**들입니다.

P 100

③ 기본패턴의 확장!

p100-09 **Me lavo las manos con jabón.** 나는 비누로 손을 씻습니다.

p100-10 **Me lavo los dientes tres veces al día.** 나는 하루에 세 번 이를 닦습니다.

● **con** 은 무관사명사와 함께 사용하여 '~을 가지고'란 의미로 씁니다. (**con cuchillo** 나이프를 가지고)
● **tres veces al día** (하루에 세 번)에서처럼 '~마다'는 **a** + 정관사 + 명사 또는 **por** + 무관사명사로 표현합니다. (**al día / por día** 하루에)
● **con** (~으로/~와 함께), **el jabón** (비누), **tres** (3), **la vez** (회/때/번), **a/por** (~ 마다)

④ 기본패턴의 응용!

p100-11 **A) ¿Qué hace usted después de la comida?** 당신은 식사 후에 무엇을 합니까?

p100-12 **B) Me lavo los dientes.** 나는 이를 닦습니다.

---

p100-13 **A) ¿Cuántas veces te lavas?** 너는 몇 번이나 씻니?

p100-14 **B) Me lavo las manos lo más frecuentemente posible.** 나는 가능한 한 자주 손을 씻어.

● **¿Cuánto(a)** + 무관사명사**?**는 '얼마나 ~?'이고, **¿Cuántas veces ~?** 는 '몇 번이나 ~?'입니다.
● 의문사가 문장 앞에 오면 주어와 동사는 도치됩니다. 그러나 재귀대명사는 평서문에서와 같이 동사 앞에 옵니다. **Te lavas las manos.** (너는 손을 씻는다.) / **¿Cuántas veces te laves?** (너는 몇 번이나 씻니?)
● **qué** (무엇), **hacer** (하다/만들다), **usted** (당신), **cuánto** (얼마나),
lo más (가장 많이), **frecuentemente** (자주), **posible** (가능한)

Learn foreign language!
Spanish

Part 2. | It's a completely new way to **learn foreign language!** | Pattern 101

Me afeito ~. [메 아페이또 ~.]
나는 ~ 면도합니다.

① 기본패턴의 핵심!

● **Me afeito ~.** 는 '나는 ~ 면도합니다.'입니다.
❷ **afeitarse** 는 '(스스로를) 면도하다'입니다. (**Yo me afeito, Tú te afeitas, Él/Ella/Ud. se afeita, Nosotros nos afeitamos, Vosotros os afeitáis, Ellos/Ellas/Uds. se afeitan**)
❸ **maquillarse** (화장하다)도 같은 방식으로 표현합니다.
(**Yo me maquillo, Tú te maquillas, Él/Ella/Ud. se maquilla, Nosotros nos maquillamos, Vosotros os maquilláis, Ellos/Ellas/Uds. se maquillan**)

② 기본패턴의 연습!

p101-01	Me afeito.		나는 면도합니다.
p101-02	Me afeito	todas las noches.	나는 매일 저녁 면도합니다.
p101-03	Me afeito	todas las mañanas.	나는 매일 아침 면도합니다.
p101-04	Me afeito	una vez al día.	나는 하루에 한 번 면도합니다.
p101-05	Me maquillo.		나는 화장합니다.
p101-06	Me maquillo	a menudo.	나는 자주 화장합니다.
p101-07	Me maquillo	todas las mañanas.	나는 매일 아침 화장합니다.
p101-08	Me maquillo	con cuidado.	나는 정성스럽게 화장합니다.

● **todas las noches** 는 '매일 저녁', **todas las mañanas** 는 '매일 아침'입니다.
● **una vez al día** 는 '하루에 한 번'입니다.
● **todo** (모든), **la noche** (저녁), **la mañana** (아침), **una** (하나의), **la vez** (번/회), **a** (~마다), **el día** (날/일), **a menudo** (자주), **con cuidado** (정성스럽게/세심하게)

pattern

네 번째 섹션 : 핵심문법 패턴!

4th Section 은 **핵심문법**을 **정리**했습니다.
스페인어 문법의 **핵심**을 이루는 요소를 활용한 **핵심 패턴**들입니다.

P 101

③ 기본패턴의 확장!

p101-09 **Me afeito con afeitadora eléctrica.** 나는 전기면도기로 면도합니다.

p101-10 **Me maquillo siempre antes de salir.** 나는 외출하기 전에 언제나 화장을 합니다.

- **antes de** + 동사원형은 '~하기 전에'입니다.
- **con** (~으로/함께), **la afeitadora** (면도기), **eléctrico(a)** (전기의), **siempre** (언제나), **antes** (~전에), **de** (~의), **salir** (나가다/외출하다)

④ 기본패턴의 응용!

p101-11 **A) ¿Cuándo te afeitas?** 너는 언제 면도하니?

p101-12 **B) Me afeito todas las mañanas.** 나는 매일 아침 면도해.

---

p101-13 **A) ¿Se maquilla usted?** 당신은 화장을 하십니까?

p101-14 **B) Claro que sí, me maquillo siempre antes de salir.** 물론이죠, 나는 외출하기 전에 언제나 화장을 합니다.

- 의문사가 문장 앞에 오면 주어와 동사는 도치됩니다. 재귀대명사는 평서문과 어순이 같습니다.
Te afeitas ~. (너는 ~ 면도한다.) / **¿Cuándo te afeitas?** (너는 면도하니?)
- **Claro que sí.** (물론입니다.)
- **cuándo** (언제), **te** (너), **usted** (당신), **claro** (확실한/분명한), **sí** (네)

Learn foreign language!
Spanish

Part 2. It's a completely new way to learn foreign language! | Pattern 102

Me siento ~. [메 씨엔또 ~.]
나는 ~ 앉습니다.

① 기본패턴의 핵심!

❶ **Me siento ~.** 는 '나는 ~ 앉습니다.'입니다.
❷ **sentar** (앉히다/놓다)는 불규칙동사이며, 동사의 인칭변화형을 활용하여 다양한 문장을 만들 수 있습니다.
(**Yo me siento, Tú te sientas, Él/Ella/Ud. se sienta, Nosotros nos sentamos, Vosotros os sentáis, Ellos/Ellas/Uds. se sientan**)
❸ **esconderse** (숨다)도 같은 방식으로 사용합니다. (**Yo me escondo, Tú te escondes, Él/Ella/Ud. se esconde, Nosotros nos escondemos, Vosotros os escondéis, Ellos/Ellas/Uds. se esconden**)

② 기본패턴의 연습!

p102-01	Me siento.	나는 앉습니다.
p102-02	Me siento en el suelo.	나는 땅바닥에 앉습니다.
p102-03	Me siento en la silla.	나는 의자에 앉습니다.
p102-04	Me siento en el sillón.	나는 안락의자에 앉습니다.
p102-05	Me escondo.	나는 숨습니다.
p102-06	Me escondo debajo de la cama.	나는 침대 아래에 숨습니다.
p102-07	Me escondo dentro del sótano.	나는 지하실 안에 숨습니다.
p102-08	Me escondo detrás del árbol.	나는 나무 뒤에 숨습니다.

● **en el suelo** 는 '땅바닥에'입니다. 위치를 표현하는 다양한 전치사들이 있습니다.
sobre (~ 위에), **dentro de** (~ 안에), **debajo de** (~ 아래에), **detrás de** (~ 뒤에)
● **en** (~에), **el suelo** (땅), **la silla** (의자), **el sillón** (안락의자), **de** (~의), **la cama** (침대), **el sótano** (지하실), **el árbol** (나무)

The basics of grammar and sentence construction!
The most useful phrases and expressions!

네 번째 섹션 : 핵심문법 패턴!

4th Section 은 **핵심문법**을 **정리**했습니다.
스페인어 문법의 **핵심**을 이루는 요소를 활용한 **핵심 패턴**들입니다.

P 102

③ 기본패턴의 확장!

p102-09 Me siento sobre la silla hecha de madera. 나는 나무로 된 의자 위에 앉습니다.

p102-10 Me escondo detrás de la cortina. 나는 커튼 뒤에 숨습니다.

- **hecho(a) de madera** 는 '나무로 된', **hecho(a) de hierro** 은 '철로 된'입니다. **hecho** 는 **hacer** (만들다)의 과거분사로 명사 뒤에서 수식합니다. 명사의 성수에 따라 **hecho(a) / hechos(as)** 로 형태가 바뀝니다.
- **de** (~으로 된), **la madera** (나무/목재), **la cortina** (커튼/막)

④ 기본패턴의 응용!

p102-11 A) No hay ningún asiento. 자리가 더 이상 없습니다.

p102-12 B) Me siento en el suelo. 나는 땅바닥에 앉겠습니다.

---

p102-13 A) ¿Dónde estás? 너는 어디 있니?

p102-14 B) Me escondo detrás del árbol. 나는 나무 뒤에 숨어 있어.

- **Hay ~.** (~이 있습니다.) / **No hay ~.** (~이 없습니다.) / **No hay ~ más.** (더 이상 ~이 없습니다.)
- **no** (아니다), **ningún** (어떤 ~도 (아니다)), **el asiento** (자리), **dónde** (어디), **estar** (~ 있다/이다)

Learn foreign language!
Spanish

Part 2. It's a completely new way to learn foreign language! | Pattern 103

Me acuerdo de ~. [메 아꾸에르도 데 ~.]
나는 ~을 기억합니다.

① 기본패턴의 핵심!

❶ **Me acuerdo de ~.** 는 '나는 ~을 기억합니다.'입니다.
❷ **acordarse de** 는 '~을 기억하다'입니다.
(**Yo me acuerdo, Tú te acuerdas, Él/Ella/Ud. se acuerda, Nosotros nos acordamos, Vosotros os acordáis, Ellos/Ellas/Uds. se acuerdan**)

② 기본패턴의 연습!

p103-01	**Me acuerdo bien.**	나는 잘 기억합니다.
p103-02	**Me acuerdo todavía.**	나는 여전히 기억합니다.
p103-03	**Me acuerdo de eso.**	나는 그것에 대해 기억합니다.
p103-04	**Me acuerdo de la película.**	나는 그 영화에 대해 기억합니다.
p103-05	**Me acuerdo de esa historia.**	나는 그 이야기에 대해 기억합니다.
p103-06	**Me acuerdo de ese tiempo.**	나는 그 시절에 대해 기억합니다.
p103-07	**Me acuerdo de ese día.**	나는 그 날에 대해 기억합니다.
p103-08	**Me acuerdo de nuestro encuentro.**	나는 우리들의 만남에 대해 기억합니다.

● 전치사 **de** 는 정관사 **el** 과 만나면 **del** 로 축약합니다. (**de + el tiempo = del tiempo** 그 때에 대해)
● **bien** (잘), **todavía** (아직도/여전히), **eso** (그것 : 지시대명사), **la película** (영화), **la historia** (이야기/역사), **el tiempo** (시절), **el día** (하루/낮 동안), **nuestro** (우리들의), **el encuentro** (만남)

pattern

네 번째 섹션 : 핵심문법 패턴!

4th Section 은 **핵심문법**을 **정리**했습니다.
스페인어 문법의 **핵심**을 이루는 요소를 활용한 **핵심 패턴**들입니다.

P 103

③ 기본패턴의 확장!

p103-09 No puedo acordarme del paraguas. 나는 그 우산을 기억할 수 없습니다.

p103-10 Me acuerdo de mi difunto padre. 나는 나의 돌아가신 아버지를 기억하고 있습니다.

- **poder** 동사 다음에는 동사원형이 오기 때문에 **acordar** 동사 끝에 재귀대명사 **me** 가 옵니다.
- **no** (아니다), **el paraguas** (우산), **mi** (나의), **difunto(a)** (사망한), **el padre** (아버지)

④ 기본페턴의 응용!

p103-11 A) ¿Se acuerda usted de su compromiso conmigo? 당신은 나와의 약속을 기억합니까?

p103-12 B) Sí. Me acuerdo bien. 네. 나는 잘 기억합니다.

p103-13 A) ¿Se acuerda usted del nombre de ese hombre? 그 남자의 이름을 기억하십니까?

p103-14 B) No me acuerdo bien del nombre. 나는 이름을 잘 기억하지 못합니다.

- 지시형용사 **ese** (그)는 다음에 오는 명사의 성과 수에 따라 다릅니다.
ese hombre (그 남자) / **esa mujer** (그 여자) / **esos hombres** (그 남자들) / **esas mujeres** (그 여자들)
- **con + mí** 는 **conmigo** (나와 함께)가 되고, **con + ti** 는 **contigo** (너와 함께)가 됩니다.
- **usted** (당신), **su** (당신의), **el compromiso** (약속), **el nombre** (이름), **de** (~의), **el hombre** (남자)

The focus is on **conversation** and **communication**.

Start **speaking languages** immediately using **essential phrases**.

Learn foreign language!
Spanish

Part 2. It's a completely new way to learn foreign language! | Pattern 104

Me preocupo ~. [메 쁘레오꾸뽀 ~.]
나는 ~ 걱정합니다.

① 기본패턴의 핵심!

❶ **Me preocupo ~.** 는 '나는 ~ 걱정합니다.'입니다.
❷ **preocuparse de (por/con)** 은 '(스스로) ~에 대해 걱정하다'입니다.
(Yo me preocupo, Tú te preocupas, Él/Ella/Ud. se preocupa, Nosotros nos preocupamos, Vosotros os preocupáis, Ellos/Ellas/Uds. se preocupan)

② 기본패턴의 연습!

p104-01	Me preocupo	un poco.	나는 좀 걱정합니다.
p104-02	Me preocupo	mucho.	나는 많이 걱정합니다.
p104-03	Me preocupo	de eso.	나는 그것에 대해 걱정합니다.
p104-04	Me preocupo	de su salud.	나는 당신의 건강에 대해 걱정합니다.
p104-05	Me preocupo	de esta situación.	나는 이 상황에 대해 걱정합니다.
p104-06	Me preocupo	de la ausencia de seguridad.	나는 안전의 부재에 대해 걱정합니다.
p104-07	Me preocupo	del desempleo de los jóvenes.	나는 청년 실업에 대해 걱정합니다.
p104-08	No me preocupo	de nada.	나는 아무 걱정을 하지 않습니다.

● **preocuparse de (por/con)** + 명사는 '나는 ~에 대해 걱정하다'입니다.
● 정관사 + 형용사는 '~한 사람'입니다. **los jóvenes** (청년들/젊은이들), **los viejos** (노인들)
● **nada** (아무것도 아닌 것)은 동사 앞의 **no** 와 함께 사용합니다.
● **un poco** (조금), **mucho** (많이), **eso** (그것 : 지시대명사), **su** (당신의), **la salud** (건강), **esta** (이), **la situación** (상황), **la ausencia** (부재), **de** (~의), **la seguridad** (안전), **el desempleo** (실업), **joven** (젊은/어린), **no** (아니다), **nada** (아무것도 아닌 것)

네 번째 섹션 : 핵심문법 패턴!

4th Section 은 **핵심문법**을 **정리**했습니다.
스페인어 문법의 **핵심**을 이루는 요소를 활용한 **핵심 패턴**들입니다.

P 104

③ 기본패턴의 확장!

p104-09 **No me preocupo del futuro.** 나는 미래에 대해 걱정하지 않습니다.

p104-10 **No voy a preocuparme tanto.** 나는 너무 많이 걱정하지 않을 것입니다.

- **ir a** + 동사원형은 가까운 미래를 나타내며, 뒤에 동사원형이 오면 재귀대명사의 위치는 원형동사의 끝에 붙습니다. **No voy a preocuparme.** (걱정하지 않을 것입니다.)
- **el futuro** (미래), **tanto** (너무 많이)

④ 기본패턴의 응용!

p104-11 **A) ¿De qué se preocupa usted?** 당신은 무엇에 대해 걱정합니까?

p104-12 **B) Me preocupo del desempleo de los jóvenes.** 나는 청년 실업에 대해 걱정합니다.

---

p104-13 **A) ¿Por qué llega la gente tan tarde?** 왜 사람들이 이토록 늦는 걸까요?

p104-14 **B) No voy a preocuparme tanto.** 나는 너무 많이 걱정하지 않겠습니다.

- 의문사가 문장 앞에 오면 주어와 동사는 도치되고, 재귀대명사는 동사 앞에 옵니다. **Usted se preocupa de ~.** (당신은 ~에 대해 걱정합니다.) / **¿Se preocupa usted de ~?** (당신은 ~에 대해 걱정합니까?)
- **llegar tarde** 는 '늦다/지각하다'입니다.
- **de qué** (무엇에 대해), **por qué** (왜), **llegar** (도착하다), **la gente** (사람들), **tan** (이토록/그다지도), **tarde** (늦은)

The focus is on conversation and communication.
Start speaking languages immediately using essential phrases.

Learn foreign language!
Spanish

Part 2. It's a completely new way to learn foreign language! | Pattern 105

Me encargo de ~. [메 엔까르고 데 ~.]
나는 ~을 담당합니다.

① 기본패턴의 핵심!

❶ **Me encargo de ~.** 는 '나는 ~을 담당합니다.'입니다.
❷ **encargarse de** + 명사/동사원형은 '~을/~하는 것을 담당하다'입니다.
(**Yo me encargo, Tú te encargas, Él/Ella/Ud. se encarga, Nosotros nos encargamos, Vosotros os encargáis, Ellos/Ellas/Uds. se encargan**)

② 기본패턴의 연습!

p105-01	Me encargo de	los niños.	나는 아이들을 담당합니다. (돌봅니다.)
p105-02	Me encargo de	la caja.	나는 계산대를 담당합니다.
p105-03	Me encargo de	ese problema.	나는 그 문제를 담당합니다.
p105-04	Me encargo de	la negociación.	나는 협상을 담당합니다.
p105-05	Me encargo del	marketing.	나는 마케팅을 담당합니다.
p105-06	Me encargo del	servicio posterior.	나는 애프터서비스를 담당합니다.
p105-07	Me encargo de	ordenar la tienda.	나는 매장 정리를 담당합니다.
p105-08	Me encargo de	inspeccionar el producto nuevo.	나는 신제품 검사를 담당합니다.

● 전치사 **de** 는 정관사 **el** 과 만나면 각각 **del** 로 축약합니다.
(**de + el marketing = del marketing** 마케팅에 대해/을)
● **el niño** (아이), **la caja** (계산대), **ese** (그), **el problema** (문제), **la negociación** (협상), **el marketing** (마케팅), **el servicio posterior** (애프터서비스), **ordenar** (정리하다), **la tienda** (매장), **inspeccionar** (검사하다), **el producto** (제품), **nuevo** (새로운)

The basics of grammar and sentence construction!
The most useful phrases and expressions!

네 번째 섹션 : 핵심문법 패턴!

4th Section 은 **핵심문법**을 **정리**했습니다.
스페인어 문법의 **핵심**을 이루는 요소를 활용한 **핵심 패턴**들입니다.

P 105

③ 기본패턴의 확장!

p105-09 **Me encargo de la política.** 나는 정치를 담당합니다. (정치에 관여합니다.)

p105-10 **Me encargo del comercio internacional.** 나는 국제영업을 담당합니다.

● **la política** (정치), **el comercio** (영업), **internacional** (국제적인)

④ 기본패턴의 응용!

p105-11 **A) ¿Qué hace usted después de salir del trabajo?** 당신은 퇴근 후에 무엇을 합니까?

p105-12 **B) Me encargo de los quehaceres domésticos.** 나는 가사를 담당합니다.

p105-13 **A) ¿Qué hace usted?** 당신은 무슨 일을 하십니까?

p105-14 **B) Me encargo del intercambio.** 나는 무역을 담당합니다.

● **¿Qué hace usted?** 은 '직업'(하는 일)을 묻는 표현입니다. 같은 표현으로 **¿A qué se dedica usted?** 이 있습니다. **dedicarse a ~ / ocuparse de ~** 는 '~에 헌신하다(종사하다)'입니다.
● **qué** (무엇), **hacer** (하다), **usted** (당신), **después** (~ 이후에), **salir** (벗어나다/손을 놓다), **el trabajo** (일), **el quehacer** (일), **doméstico** (가정의), **el intercambio** (무역)

Learn foreign language!
Spanish

Part 3. | Pattern 106

It's a completely new way to learn foreign language!

¿Quién es ~? [끼엔 에스 ~?]
~ 누구입니까?

① 기본패턴의 핵심!

❶ 의문사 **quién** 은 '누구'입니다.
❷ **¿Quién es ~?** 는 '~ 누구입니까?'입니다.
❸ 의문사가 있는 의문문의 어순은 '의문사 + 동사 + (주어)?'입니다.
❹ 전치사는 의문사 앞에 옵니다.
¿A quién quiere usted? (당신은 누구를 좋아합니까?)

② 기본패턴의 연습!

p106-01	**¿Quién es**	**aquella?**	저 여성은 누구입니까?
p106-02	**¿Quién es**	**usted?**	당신은 누구입니까?
p106-03	**¿Quién es**	**aquel?**	저 사람은 누구입니까?
p106-04	**¿Quién es**	**aquel niño?**	저 소년은 누구입니까?
p106-05	**¿Quién fuma**	**aquí?**	누가 여기서 담배 피웁니까?
p106-06	**¿Quién conduce**	**el coche?**	누가 차를 운전합니까?
p106-07	**¿Quién llama**	**a la puerta?**	누가 문을 두드립니까?
p106-08	**¿Quién habla**	**ahora?**	누가 지금 말합니까?

● 지시대명사 **aquel** 과 지시형용사 남성 단수형 **aquel** 은 형태가 같습니다.
¿Quién es aquel? (저 사람은 누구입니까? : 지시대명사) /
¿Quién es aquel niño? (저 소년은 누구입니까? : 지시형용사)
● **llamar a la puerta** 는 '문을 두드리다'입니다.
● **ser** (~이다), **aquella** (저 사람(여성)), **usted** (당신), **el niño** (소년), **aquel** (저), **fumar** (흡연하다), **aquí** (여기), **conducir** (운전하다), **el coche** (자동차), **llamar** (두드리다), **la puerta** (문), **hablar** (말하다), **ahora** (지금)

● The basics of **grammar** and **sentence construction**!
● The most useful **phrases** and **expressions**!

네 번째 섹션 : 핵심문법 패턴!

4th Section 은 **핵심문법**을 **정리**했습니다.
스페인어 문법의 **핵심**을 이루는 요소를 활용한 **핵심 패턴**들입니다.

P 106

❸ 기본패턴의 확장!

p106-09	¿De parte de quién?	누구십니까? (전화 통화할 때)
p106-10	No sé quién es usted.	나는 당신이 누구인지 모릅니다.

● 전화를 받을 때, '여보세요?'는 **¿Hola? / ¿Aló? / ¿Bueno? / ¿Sí?** 등입니다.
● 전화를 한 상대방을 물을 때는 3인칭 단수형을 써서 **¿De parte de quién?** (전화 건 분은 누구십니까?)라고 합니다.
● 동사 **saber** (알다) 다음에는 의문사가 있는 문장이나 동사원형이 올 수 있습니다. **Sé dónde está el restaurante.** (나는 그 레스토랑이 어디에 있는지 압니다.), **Sé conducir un coche.** (나는 운전할 줄 압니다.)
● **la parte** (~편/쪽), **de** (~로부터/~의), **no** (아니다), **saber** (알다)

❹ 기본패턴의 응용!

p106-11	A) ¿De parte de quién?	누구십니까? (전화 통화할 때)
p106-12	B) De parte de Carlos.	나는 까를로스입니다.
p106-13	A) ¿Quién conduce el coche?	누가 차를 운전합니까?
p106-14	B) Conduzco yo.	내가 운전합니다.

● **¿De parte de quién?** 에 대한 질문에 의문사 앞의 전치사를 활용해서 **De parte de ~.** (그 사람은 ~입니다.)로 답합니다.
● 전치사에 인칭대명사가 올 경우에는 전치격인칭대명사를 사용합니다.
(**mí** (나) / **ti** (너) / **él** (그) / **ella** (그녀) / **usted** (당신) / **nosotros** (우리들) / **vosotros** (너희들) / **ellos** (그들) / **ellas** (그녀들) / **ustedes** (당신들))

The focus is on **conversation** and **communication**.
Start **speaking languages** immediately using **essential phrases**.

Learn foreign language!
Spanish

Part 3. It's a completely new way to learn foreign language! | Pattern 107

¿Qué es ~? [께 에스 ~?]
~ 무엇입니까?

① 기본패턴의 핵심!

❶ 의문사 **qué** 는 '무엇'입니다.
❷ **¿Qué es ~?** 는 '~ 무엇입니까?'입니다. (**ser** ~이다)
❸ 의문사가 있는 의문문의 어순은 '의문사 + 동사 + (주어)?'입니다.
¿Qué hace usted? (당신은 무엇을 합니까?)
❹ 의문사 **qué** 는 의문대명사뿐 아니라, 형용사로도 사용됩니다.
¿Qué día es hoy? (오늘은 무슨 요일입니까?) **¿Qué fecha es hoy?** (오늘은 며칠입니까?)

② 기본패턴의 연습!

p107-01	¿Qué	es eso?	그것은 무엇입니까?
p107-02	¿Qué	hace usted?	당신은 무엇을 합니까?
p107-03	¿Qué	busca usted?	당신은 무엇을 찾습니까?
p107-04	¿Qué	desea usted?	당신은 무엇을 원합니까?
p107-05	¿Qué	significa eso?	그것은 무슨 뜻입니까?
p107-06	¿Qué	piensa usted?	당신은 무엇을 생각합니까? (어떻게 생각합니까?)
p107-07	¿Qué	quiere usted?	당신은 무엇을 원합니까?
p107-08	¿Qué	quiere hacer usted?	당신은 무엇을 하고 싶습니까?

- **eso** 는 '그것', 지시대명사입니다.
- **querer** + 동사원형은 '~하고 싶어하다/하기 원하다'입니다.
- **ser** (~이다), **eso** (그것), **hacer** (하다), **usted** (당신), **buscar** (찾다), **desear** (원하다), **significar** (의미하다), **pensar** (생각하다), **querer** (원하다/바라다)

pattern

네 번째 섹션 : 핵심문법 패턴!

4th Section 은 **핵심문법**을 **정리**했습니다.
스페인어 문법의 **핵심**을 이루는 요소를 활용한 **핵심 패턴**들입니다.

P 107

③ 기본패턴의 확장!

p107-09	¿Qué le pasa?	무슨 일입니까?
p107-10	¿Qué hace usted en la vida?	생활 속에서 당신은 무엇을 합니까?

- **¿Qué le pasa?** 는 '무엇이 당신에게 일어났습니까? > 무슨 일입니까?'입니다.
- 간접목적대명사는 동사 앞에 위치합니다. (**me** (나에게), **te** (너에게), **le** (그(녀)에게/당신에게), **nos** (우리들에게), **os** (너희들에게), **les** (그(녀)들에게/당신들에게))
- **¿Qué hace usted en la vida?** 는 '생활 속에서 당신은 무엇을 합니까?' > '당신의 직업은 무엇입니까?' 입니다. **en la vida** (생활 속에서)는 생략 가능합니다.
- **le** (당신에게), **pasar** (일어나다), **en** (~에서/안에), **la vida** (삶/인생/생활)

④ 기본패턴의 응용!

p107-11	A) ¿Qué hace usted?	당신은 직업이 무엇입니까?
p107-12	B) Soy escritora.	나는 여류작가입니다.

p107-13	A) ¿Qué pasa afuera?	밖에 무슨 일이 났습니까?
p107-14	B) Hay un accidente.	사고가 났습니다.

- **el escritor/la escritora** (남/녀 작가), **afuera** (밖에서), **un** (하나의), **el accidente** (사고/사건)

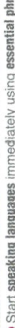

Learn foreign language!
Spanish

Part 3. It's a completely new way to learn foreign language! | Pattern 108

¿Dónde está ~? [돈데 에스따 ~?]
~ 어디에 있습니까?

① 기본패턴의 핵심!

❶ 의문사 **dónde** 는 '어디'입니다.
❷ **¿Dónde está ~?** 는 '~ 어디에 있습니까?'입니다. (**estar** ~이다)
❸ 의문사가 있는 의문문의 어순은 '의문사 + 동사 + (주어)?'입니다.
❹ 전치사가 나오는 의문문의 경우, 전치사는 의문사 앞에 옵니다.

② 기본패턴의 연습!

p108-01	¿Dónde está	usted?	당신은 어디에 있습니까?
p108-02	¿Dónde está	la entrada?	입구는 어디에 있습니까?
p108-03	¿Dónde está	el ascensor?	엘리베이터는 어디에 있습니까?
p108-04	¿Dónde está	el responsable?	책임자는 어디에 있습니까?
p108-05	¿Dónde están	los aseos?	화장실은 어디에 있습니까?
p108-06	¿Dónde vive	usted?	당신은 어디에 삽니까?
p108-07	¿Dónde trabaja	usted?	당신은 어디에서 일합니까?
p108-08	¿Dónde estudia	usted?	당신은 어디에서 공부합니까?

● 화장실은 남/녀 화장실이 같이 있으므로 복수로 표현합니다. (**los aseos**)
● **estar** (~이다), **usted** (당신), **la entrada** (입구), **el ascensor** (엘리베이터), **el responsable** (책임자), **los aseos** (화장실), **vivir** (거주하다), **trabajar** (일하다), **estudiar** (공부하다)

The basics of grammar and sentence construction!
The most useful phrases and expressions!

네 번째 섹션 : 핵심문법 패턴!

4th Section 은 **핵심문법**을 **정리**했습니다.
스페인어 문법의 **핵심**을 이루는 요소를 활용한 **핵심 패턴**들입니다.

P 108

③ 기본패턴의 확장!

p108-09	**¿A dónde va usted?**	당신은 어디로 갑니까?
p108-10	**¿Dónde está la tienda de juguetes?**	장난감 매장은 어디에 있습니까?

- **a** (~에 : 전치사) + **dónde** (어디 : 의문사) + **va?** (**ir** 동사) = **¿Adónde va?** (어디에 갑니까?)
¿Adónde va usted? (당신은 어디에 갑니까?) **Voy al cine.** (나는 영화관에 갑니다.)
- **ir** (가다), **la tienda** (매장), **el juguete** (장난감)

④ 기본패턴의 응용!

p108-11	**A) ¿Dónde están los aseos?**	화장실은 어디에 있습니까?
p108-12	**B) Esos están al fondo del pasillo.**	그것은 복도의 끝에 있습니다.

p108-13	**A) ¿Dónde estudia usted?**	당신은 어디에서 공부합니까?
p108-14	**B) Estudio en la biblioteca.**	나는 도서관에서 공부합니다.

- **al fondo de ~** 는 '~ 끝에'입니다.
- 전치사 **de** 는 정관사 **el** 과 만나면 **del** 로 축약합니다. (**de + el pasillo = del pasillo** 그 복도의)
- **esos** (그것들 : 3인칭 여성복수 = **los aseos**), **el fondo** (끝/말단),
el pasillo (복도), **la biblioteca** (도서관)

Learn foreign language!
Spanish

Part 3. It's a completely new way to learn foreign language! | Pattern 109

¿Cuándo es ~? [꾸안도 에스 ~?]
~ 언제입니까?

① 기본패턴의 핵심!

❶ 의문사 **cuándo** 는 '언제'입니다.
❷ **¿Cuándo es ~?** 는 '~ 언제입니까?'입니다. (**ser** ~이다)
❸ 의문사가 있는 의문문의 어순은 '의문사 + 동사 + (주어)?'입니다.
❹ **¿Desde cuándo ~?** 는 '언제부터 ~?'입니다.

② 기본패턴의 연습!

p109-01	**¿Cuándo parte usted?**	당신은 언제 떠납니까?
p109-02	**¿Cuándo vuelve usted?**	당신은 언제 돌아옵니까?
p109-03	**¿Cuándo termina usted?**	당신은 언제 끝냅니까?
p109-04	**¿Cuándo trabaja usted?**	당신은 언제 일합니까?
p109-05	**¿Cuándo empieza el concierto?**	콘서트는 언제 시작합니까?
p109-06	**¿Cuándo abre el restaurante?**	식당은 언제 엽니까?
p109-07	**¿Cuándo cierra el museo?**	박물관은 언제 닫습니까?
p109-08	**¿Cuándo tiene lugar la reunión?**	회의는 언제 열립니까?

● **partir** (떠나다), **usted** (당신), **volver** (돌아오다), **terminar** (끝내다/마치다), **trabajar** (일하다), **empezar** (시작하다), **el concierto** (콘서트), **abrir** (열다), **el restaurante** (식당), **cerrar** (닫다), **el museo** (박물관), **tener lugar** (열리다/개최하다), **la reunión** (회의)

The basics of **grammar** and **sentence construction**!

The most useful **phrases** and **expressions**!

Pattern

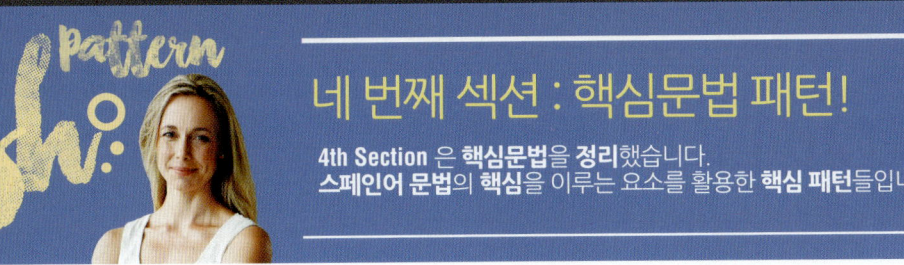

네 번째 섹션 : 핵심문법 패턴!

4th Section 은 **핵심문법**을 **정리**했습니다.
스페인어 문법의 **핵심**을 이루는 요소를 활용한 **핵심 패턴**들입니다.

P 109

③ 기본패턴의 확장!

p109-09	¿Cuándo cenamos?	우리 언제 저녁식사할까요?
p109-10	¿Desde cuándo vive usted aquí?	당신은 언제부터 여기에 살고 있습니까?

- **¿Cuándo ~?** 다음에는 동사와 주어가 서로 바뀌어 나오기도 합니다.
- 전치사는 의문사 **cuándo** 앞에 써야 합니다.
- **cenar** (저녁식사하다), **desde** (~이래로), **vivir** (살다), **aquí** (여기)

④ 기본패턴의 응용!

p109-11	A) ¿Cuándo trabaja usted?	당신은 언제 일합니까?
p109-12	B) Trabajo desde las 9 hasta las 17.	나는 9시부터 17시까지 일합니다.
p109-13	A) ¿Cuándo comienza la reunión?	회의는 언제 시작합니까?
p109-14	B) La reunión empieza a la una.	회의는 1시에 시작합니다.

- 전치사 **desde ~ hasta** 는 '~에서 ~까지'입니다.
- 시간을 말할 때는 정관사(**la/las**)를 붙입니다.
- **nueve** (9), **la hora** (시간), **diecisiete** (17), **comenzar** (시작하다), **a** (~시에), **una** (1)

Learn foreign language!
Spanish

Part 3. It's a completely new way to learn foreign language! | Pattern 110

¿Cómo es ~? [꼬모 에스 ~?]
~ 어떻습니까?

1 기본패턴의 핵심!

❶ 의문사 **cómo** 는 '어떻게'입니다.
❷ **¿Cómo es ~?** 는 '~ 어떻습니까?'입니다. (**ser** ~이다)
❸ 의문사가 있는 의문문의 어순은 '의문사 + 동사 + (주어)?'입니다.
❹ **¿Cómo** + 동사원형**?**은 '어떻게 ~합니까?'입니다.

2 기본패턴의 연습!

p110-01	¿Cómo es el profesor de inglés?	영어 선생님은 어떻습니까?
p110-02	¿Cómo es ella?	그녀는 어떻습니까? (용모/성격/능력)
p110-03	¿Cómo va usted a la universidad?	당신은 대학에 어떻게 갑니까?
p110-04	¿Cómo le va a usted?	당신은 어떻게 지내세요? (안녕하세요?)
p110-05	¿Cómo se dice eso en español?	그것을 스페인어로 어떻게 말합니까?
p110-06	¿Cómo paga usted?	당신은 어떻게 지불하겠습니까?
p110-07	¿Cómo usan ellos hashtags?	해시태그들을 어떻게 사용합니까?
p110-08	¿Cómo se escribe su nombre?	당신의 이름은 어떻게 씁니까?

● 동사 **ir** (가다) + **a** + 사람으로 안부를 표현할 수 있습니다.
● **ser** (~이다/있다), **el profesor** (선생님), **de** (~의), **el inglés** (영어), **ella** (그녀), **usted** (당신), **la universidad** (대학), **ir** (가다), **decir** (말하다), **eso** (그것), **en español** (스페인어로), **pagar** (지불하다), **usar** (사용하다), **ellos** (그것들), **hashtag** (해시태그 #), **se** (사람들은 : 일반주어), **escribir** (쓰다), **su** (당신의), **el nombre** (이름)

The basics of grammar and sentence construction!
The most useful phrases and expressions!

네 번째 섹션 : 핵심문법 패턴!

4th Section 은 **핵심문법**을 **정리**했습니다.
스페인어 문법의 **핵심**을 이루는 요소를 활용한 **핵심 패턴**들입니다.

P 110

③ 기본패턴의 확장!

p110-09 **¿Cómo funciona eso?** 그것은 어떻게 작동합니까?

p110-10 **¿Cómo se llama usted?** 당신은 (당신을) 어떻게 부릅니까?

- 당신은 (당신을) 어떻게 부릅니까? > 이름이 어떻게 됩니까?
- **eso** 는 지시대명사입니다. 지시대명사는 성수에 따라 형태가 다릅니다.
ese (그 : 남성단수), **esa** (여성단수), **esos** (남성복수), **esas** (여성복수)
- 의문사가 있는 의문문에서 재귀대명사는 동사 앞에 위치합니다.
¿Cómo se llama usted? 에서 **se** 는 주어인 **usted** 과 목적어가 같은 경우에 사용합니다.
그래서 '당신은 당신 자신을 어떻게 부릅니까?'가 됩니다. '네 이름은 뭐니?'는 **¿Cómo te llamas?** 입니다.
- **funcionar** (작동하다), **llamar** (~라고 (스스로) 부르다/이름이 ~이다)

④ 기본패턴의 응용!

p110-11 **A) ¿Cómo le va a usted?** 어떻게 지내세요? (안녕하세요?)

p110-12 **B) Me va bien. Gracias. ¿Y a usted?** 잘 지냅니다. 감사합니다. 당신은요?

p110-13 **A) ¿Cómo es el profesor de chino?** 중국어 선생님은 어떻습니까?

p110-14 **B) Él es alto y delgado.** 그는 키가 크고 말랐습니다.

- **bien** (잘/좋게), **me** (나 : 재귀대명사), **gracias** (감사합니다), **y** (그리고), **el chino** (중국어),
alto (큰), **delgado** (마른/날씬한)

Learn foreign language!
Spanish

Part 3. It's a completely new way to learn foreign language! | Pattern 111

¿Cuánto es ~? [꽌또 에스 ~?]
얼마나 ~입니까?

① 기본패턴의 핵심!

❶ 의문사 **cuánto** 는 '얼마나'입니다. **cuánto** 가 의문형용사로 쓰이면 뒤에 오는 명사의 성수에 따라 형태가 바뀝니다. (**cuánto** + 남성단수, **cuánta** + 여성단수, **cuántos** + 남성복수, **cuántas** + 여성복수)
❷ **¿Cuánto es ~?** 는 '얼마나/얼마만큼 ~입니까?'입니다. (**ser** ~이다)
❸ 가격을 물을 때에는 (**¿Cuánto cuesta ~?**) 3인칭 단수 동사를 사용합니다.

② 기본패턴의 연습!

p111-01 **¿Cuántos son ustedes?** 당신들은 몇 명입니까?

p111-02 **¿Cuánto falta para la Navidad?** 성탄절까지는 얼마나 남았습니까?

p111-03 **¿Cuánto cuestan los honorarios de entrada?** 가입비는 얼마입니까?

p111-04 **¿Cuánto pesa el equipaje?** 소포의 무게는 얼마입니까?

p111-05 **¿Cuántos hijos tiene usted?** 당신은 아이들이 몇 명입니까?

p111-06 **¿Cuántos idiomas habla usted?** 당신은 얼마나 많은 언어를 말합니까?

p111-07 **¿Cuánto se queda usted?** 당신은 얼마나 오래 머뭅니까?

p111-08 **¿Cuántas veces toma usted café?** 당신은 얼마나 자주 커피를 마십니까?

● **faltar para ~** 는 '~하는데 ~의 (시간/기일)이 남다'라는 뜻입니다.
● **ser** (~이다), **usted** (당신), **faltar** (필요하다), **para** (~까지), **la Navidad** (성탄절), **costar** (값이 나가다), **los honorarios** (보수), **de** (~의), **la entrada** (가입), **pesar** (무게가 나가다), **el equipaje** (소포), **el hijo** (아이), **tener** (가지다), **el idioma** (언어), **hablar** (말하다), **quedar** (머물다), **la vez** (번/회), **tomar** (마시다), **un** (하나의), **el café** (커피)

The **basics** of **grammar** and **sentence construction!**
The most useful **phrases** and **expressions!**

pattern

네 번째 섹션 : 핵심문법 패턴!

4th Section 은 **핵심문법**을 **정리**했습니다.
스페인어 문법의 **핵심**을 이루는 요소를 활용한 **핵심 패턴**들입니다.

P 111

③ 기본패턴의 확장!

p111-09 **¿Cuánto vale eso?** 그것은 얼마입니까?

p111-10 **¿Cuánto tiempo hace que vive usted aquí?** 당신은 여기에 산 지 얼마나 됩니까?

- **eso** (그것 : 지시대명사)은 앞 문장 전체를 가리키기도 합니다.
- **valer** (가치가 있다), **el tiempo** (시간), **hace que** (~전부터 ~하다), **vivir** (살다), **aquí** (여기)

④ 기본패턴의 응용!

p111-11 **A) ¿Cuánto vale eso?** 그것은 얼마입니까?

p111-12 **B) Vale cincuenta euros.** 50유로입니다.

p111-13 **A) ¿Cuántos idiomas habla usted?** 당신은 얼마나 많은 언어를 말합니까?

p111-14 **B) Hablo tres lenguas, coreano, inglés y español.** 나는 한국어, 영어, 스페인어 3개 언어를 말합니다.

- 언어 = 정관사 **el** + 국가 형용사 남성형으로 표시합니다.
동사 **hablar** (말하다) 뒤에서는 관사를 생략하고 사용합니다.
- **cincuenta** (50), **euro** (유로), **tres** (3), **la lengua** (언어), **el coreano** (한국어), **el inglés** (영어), **y** (그리고), **el español** (스페인어)

Learn foreign language!
Spanish

Part 3. It's a completely new way to learn foreign language! | Pattern 112

¿Por qué está ~? [뽀르 께 에스따 ~?]
왜 ~입니까?

① 기본패턴의 핵심!

❶ 의문사 **por qué** 는 '왜/무엇 때문에'입니다.
❷ **¿Por qué está ~?** 는 '왜 ~입니까?'입니다. (**estar** ~이다)
❸ 의문사가 있는 의문문의 어순은 '의문사 + 동사 + 주어?'입니다.
❹ **¿Por qué~?** 질문에 대한 대답은 **porque** (~이기 때문에)로 시작합니다.

② 기본패턴의 연습!

- p112-01 **¿Por qué está usted aquí?** 당신은 왜 여기에 있습니까?
- p112-02 **¿Por qué corre usted?** 당신은 왜 뜁니까?
- p112-03 **¿Por qué llora usted?** 당신은 왜 웁니까?
- p112-04 **¿Por qué está usted enfadado(a)?** 당신은 왜 화가 났습니까?
- p112-05 **¿Por qué lo hace usted?** 당신은 왜 그것을 합니까?
- p112-06 **¿Por qué hace usted esa pregunta?** 당신은 왜 그 질문을 합니까?
- p112-07 **¿Por qué aprende usted español?** 당신은 왜 스페인어를 배웁니까?
- p112-08 **¿Por qué se interesa usted en este puesto?** 당신은 왜 이 부서에 관심이 있습니까?

● **estar enfadado(a)** 는 '화가 나다'입니다.
● **interesarse en ~** 은 '~에 흥미있다/관심있다'입니다.
● **estar** (~있다/이다), **aquí** (여기), **correr** (달리다), **usted** (당신), **llorar** (울다), **enfadado(a)** (화난), **lo** (그(것)/당신을: 직접목적대명사), **hacer** (~하다), **ese(a)** (그것 : 지시대명사), **la pregunta** (질문), **aprender** (배우다), **el español** (스페인어), **interesarse** (흥미있다), **este** (이 : 형용사), **el puesto** (직위/직/부서)

The **basics** of **grammar** and **sentence construction**!
The most useful **phrases** and **expressions**!

pattern

네 번째 섹션 : 핵심문법 패턴!

4th Section 은 **핵심문법**을 **정리**했습니다.
스페인어 문법의 **핵심**을 이루는 요소를 활용한 **핵심 패턴**들입니다.

P 112

③ 기본패턴의 확장!

p112-09 ¿Por qué habla usted de eso? 당신은 왜 그것에 대해 말합니까?

p112-10 ¿Por qué no va usted al cine? 당신은 영화관에 가시는 게 어떠세요?

- **¿Por qué no ~?** 는 '왜 ~하지 않습니까?'로도 해석되지만, 경우에 따라서는 '~하는 게 어떠세요?'라는 요청의 의미도 있습니다.
- **hablar de ~** 는 '~에 대해 말하다'입니다.
- 부정문은 동사 앞뒤에 부정부사 **no** (아니다)를 씁니다.
- **ir** (가다), **a** (~에), **el cine** (영화관)

④ 기본패딘의 응용!

p112-11 A) ¿Por qué aprende usted español? 당신은 왜 스페인어를 배웁니까?

p112-12 B) Porque quiero estudiar en España. 나는 스페인에서 공부하고 싶기 때문입니다.

p112-13 A) ¿Por qué corre usted? 당신은 왜 뜁니까?

p112-14 B) Porque llego tarde. 나는 늦었기 때문입니다.

- **porque** (~이기 때문에)는 접속사입니다. 보통 문장 앞에 옵니다.
- **querer** (원하다), **estudiar** (연구/공부하다), **en** (~에서), **España** (스페인), **llegar tarde** (늦다/지각하다)

Learn foreign language!
Spanish

Part 3. It's a completely new way to learn foreign language! | Pattern 113

¿Por qué no ~? [뽀르 께 노 ~?]
왜 ~ 아닙니까?

① 기본패턴의 핵심!

❶ 의문사 **por qué** 는 '왜'입니다.
❷ **¿Por qué no está ~?** 는 '왜 ~ 아닙니까?'입니다. (**estar** ~이다)
❸ 부정의문문의 어순은 '의문사 + **no** + 동사 + 주어?'입니다.
❹ **¿Por qué no ~?** 는 '왜 ~하지 않습니까?' 즉 '~하는 것이 어떻습니까?'라는 요청의 표현입니다.

② 기본패턴의 연습!

p113-01	¿Por qué no	viene usted?	당신은 왜 오지 않습니까?
p113-02	¿Por qué no	responde usted?	당신은 왜 대답하지 않습니까?
p113-03	¿Por qué no	come usted?	당신은 왜 먹지 않습니까?
p113-04	¿Por qué no	trabaja usted hoy?	당신은 오늘 왜 일하지 않습니까?
p113-05	¿Por qué todavía no	duerme usted?	당신은 왜 아직 안 잡니까?
p113-06	¿Por qué no	lo hace usted?	당신은 왜 그것을 하지 않습니까?
p113-07	¿Por qué no	propone la solución?	당신은 왜 해결책을 제시하지 않습니까?
p113-08	¿Por qué no	prueba usted una vez más?	당신은 왜 한 번 더 시도하지 않습니까?

● **una vez más** 는 '한 번 더'입니다.
● **no** (아니다), **venir** (오다), **usted** (당신), **responder** (대답하다), **comer** (먹다), **trabajar** (일하다), **hoy** (오늘), **todavía** (아직/ 여전히), **dormir** (자다), **lo** (그것 : 목적대명사), **hacer** (하다), **proponer** (제안하다), **la solución** (해결책), **probar** (시도하다), **uno(a)** (하나의), **la vez** (번/회), **más** (더)

③ 기본패턴의 확장!

p113-09 ¿Por qué no? 왜 안됩니까? (물론 됩니다.)

p113-10 ¿Por qué no vuelve usted ahora? 당신은 왜 지금 돌아가지 않습니까?

- **¿Por qué no vuelve usted ahora?** (당신은 왜 지금 돌아가지 않습니까? > 당신은 지금 돌아가는 것이 어떻습니까?)
- **¿Por qué no?** 는 '당연히 가능하다'는 의미입니다. (영어의 **Why not?**)
- **volver** (돌아가다), **ahora** (지금)

④ 기본패턴의 응용!

p113-11 A) ¿Por qué no trabaja usted hoy? 당신은 오늘 왜 일하지 않습니까?

p113-12 B) Porque estoy enferma. 나는 아프기 때문입니다.

---

p113-13 A) ¿Por qué no viene usted? 당신은 왜 오지 않습니까?

p113-14 B) Porque estoy ocupada. 나는 바쁘기 때문입니다.

- **porque** (~ 이기 때문에)는 이유를 나타내는 접속사입니다. 보통 문장 앞에 옵니다.
- **estar** (~이다), **enfermo(a)** (아픈), **ocupado(a)** (바쁜)

Learn foreign language!
Spanish

Part 3. It's a completely new way to learn foreign language! | Pattern 114

¿Qué ~? [께 ~?]
어떤 ~입니까?

① 기본패턴의 핵심!

❶ 의문사 **qué** 는 '어떤'입니다.
❷ **qué** 는 다음에 오는 명사에 따라 어미변화를 하지 않습니다.
❸ 의문형용사가 있는 문장의 어순은 '의문형용사 (+ 명사) + 동사 + 주어?'입니다.
❹ 의문형용사 **qué** 뒤에는 무관사명사가 옵니다.

② 기본패턴의 연습!

p114-01	¿Qué	tiempo hace?	날씨가 어떻습니까?
p114-02	¿Qué	hora es?	몇 시입니까?
p114-03	¿Qué	edad tiene usted?	당신은 몇 살입니까?
p114-04	¿Qué	deporte hace usted?	당신은 어떤 스포츠를 합니까?
p114-05	¿Qué	coche quiere usted?	당신은 어떤 자동차를 좋아합니까?
p114-06	¿Qué	día es hoy?	오늘은 무슨 요일입니까?
p114-07	¿Qué	color prefiere usted?	당신은 어떤 색깔을 선호합니까?
p114-08	¿Qué	género de música escucha usted?	당신은 어떤 장르의 음악을 듣습니까?

● **¿Qué día es hoy?** 는 '오늘은 무슨 요일입니까?'이고 **¿Qué fecha es hoy?** 는 '오늘은 몇 월 몇 일입니까?'입니다.
● **Hace ~.** (날씨가 ~입니다.) / **Son las ~ horas.** (~시입니다.)
● **el tiempo** (날씨), **la hora** (시간), **la edad** (나이), **tener** (가지다), **usted** (당신), **el deporte** (스포츠), **el coche** (자동차), **querer** (좋아하다), **el día** (날), **hoy** (오늘), **el color** (색깔), **preferir** (선호하다), **el género** (장르), **de** (~의), **la música** (음악), **escuchar** (듣다)

네 번째 섹션 : 핵심문법 패턴!

4th Section 은 **핵심문법**을 **정리**했습니다.
스페인어 문법의 **핵심**을 이루는 요소를 활용한 **핵심 패턴**들입니다.

P 114

③ 기본패턴의 확장!

p114-09	**¿De qué color es su bicicleta?**	당신의 자전거 색깔은 무엇입니까?
p114-10	**¿A qué hora termina su clase?**	당신의 수업은 몇 시에 끝납니까?

- **qué** 는 **ser** (~이다) 동사와 함께 보어로 써서 '어떤/무엇?'의 의미로도 사용합니다.
- 전치사 + **qué** 로 다양한 표현이 가능합니다.
¿A qué hora ~? (몇 시에 ~?) / **¿En qué mes ~?** (몇 월에 ~?)
- **el color**(색깔), **la bicicleta** (자전거), **su** (당신의), **ser** (~이다), **terminar** (끝내다), **la clase** (수업)

④ 기본패턴의 응용!

p114-11	**A) ¿Qué día es hoy?**	오늘은 무슨 요일입니까?
p114-12	**B) Hoy es sábado, 12 de noviembre.**	오늘은 11월 12일 토요일입니다.

p114-13	**A) ¿Qué estación prefiere usted?**	당신은 어떤 계절을 선호합니까?
p114-14	**B) Prefiero el verano.**	나는 여름을 선호합니다.

- **¿Qué día es hoy?** (오늘은 무슨 요일입니까? > 몇 월 며칠입니까?)
- 특정한 날짜를 말할 때는 정관사 **el (día)** 를 함께 사용합니다.
Es el 1 de enero, Año Nuevo. (새해 1월 1일입니다.)
- **la estación** (계절), **la primavera** (봄), **el verano** (여름), **el otoño** (가을), **el invierno** (겨울)
'~계절에'는 전치사 **en** (~에)를 사용합니다. **En verano voy de vacaciones.** (여름에 나는 휴가를 갑니다.)
- **el sábado** (토요일), **doce** (12), **noviembre** (11월), **la estación** (계절), **el verano** (여름)

The focus is on **conversation** and **communication**.

Start **speaking languages** immediately using **essential phrases**.

Learn foreign language!
Spanish

Part 3. It's a completely new way to learn foreign language! | Pattern 115

¿De dónde es ~? [데 돈데 에스 ~?]
어디로부터 ~입니까?

① 기본패턴의 핵심!

❶ **de dónde** 는 '어디로부터/에서'입니다.
❷ **¿De dónde es ~?** 는 '어디로부터 ~입니까?', **¿A dónde es ~?** 는 '어디로 ~입니까?'입니다.
❸ 의문사가 있는 의문문의 어순은 '의문사 + 동사 + (주어)?'입니다.
❹ 의문사가 있는 의문문에서 전치사는 의문사 앞에 옵니다.

② 기본패턴의 연습!

- p115-01 **¿De dónde es usted?** 당신은 어디로부터 와있습니까? (출신)
- p115-02 **¿De dónde viene usted?** 당신은 어디로부터 왔습니까?
- p115-03 **¿De dónde sale usted?** 당신은 어디에서 나왔습니까?
- p115-04 **¿De dónde sale esa idea?** 그 아이디어는 어디서 나왔습니까?
- p115-05 **¿De dónde viene esa expresión?** 그 표현은 어디로부터 유래합니까?
- p115-06 **¿A dónde va usted?** 당신은 어디로 갑니까?
- p115-07 **¿A dónde lleva usted a Carmen?** 당신은 까르멘을 어디로 데리고 갑니까?
- p115-08 **¿A dónde van los turistas ahora?** 여행객들은 지금 어디로 갑니까?

● **¿De dónde es usted?** (당신은 어디로부터 와있습니까?) / **¿De dónde viene usted?** (당신은 어디로부터 왔습니까?) > 당신은 어디 출신입니까?
● 지시형용사는 명사의 성수에 따라 변합니다.
ese (그 : 남성단수), **esa** (여성단수), **esos** (남성 복수), **esas** (여성 복수)
● **ser** (~이다/있다), **usted** (당신), **venir** (오다), **salir** (나가다), **la idea** (아이디어), **la expresión** (표현), **a dónde** (어디로), **ir** (가다), **llevar** (데리고 가다), **el turista** (여행객), **ahora** (지금)

네 번째 섹션 : 핵심문법 패턴!

4th Section 은 **핵심문법**을 **정리**했습니다.
스페인어 문법의 **핵심**을 이루는 요소를 활용한 **핵심 패턴**들입니다.

P 115

③ 기본패턴의 확장!

p115-09	**No sé de dónde viene usted.**	나는 당신이 어디에서 왔는지 모릅니다.
p115-10	**¿Por dónde se va a Segovia?**	세고비아에 가려면 어디로 가면 됩니까?

- **Sé de dónde ~.** 는 '나는 어디로부터/에서 ~ 하는지 안다.'입니다.
- **No sé de dónde ~.** 는 '나는 어디로부터/에서 ~ 하는지 모른다.'입니다.
- **se** 는 비인칭 구문에서 일반적인 사람을 주어로 나타낼 때 사용하며, 동사는 3인칭 단수형을 씁니다.
- **no** (아니다), **saber** (알다), **por dónde** (어디로), **ir** (가다), **a** (~에)

④ 기본패턴의 응용!

p115-11	**A) ¿De dónde viene usted?**	당신은 어디로부터 왔습니까?
p115-12	**B) Vengo de Corea.**	나는 한국에서 왔습니다.
p115-13	**A) ¿A dónde vamos ahora?**	지금 우리는 어디로 가고 있습니까?
p115-14	**B) No sé a dónde vamos.**	나는 우리가 어디로 가는지 모릅니다.

- **de** (~로부터), **Corea** (한국), **ir** (가다), **ahora** (지금)

The focus is on **conversation** and **communication.**

Start **speaking languages** immediately using **essential phrases.**

Learn foreign language!
Spanish

Part 4. It's a completely new way to learn foreign language! | Pattern 116

Puedo ~. [뿌에도 ~.]
나는 ~할 수 있습니다.

① 기본패턴의 핵심!

❶ **poder** 는 '~할 수 있다'입니다.
❷ **Puedo** + 동사원형.(나는 ~할 수 있습니다.)로 가능/능력을 표현합니다.
❸ **poder** 는 불규칙 동사로 인칭변화형을 활용하여 다양한 주어의 문장을 만들 수 있습니다.
(**Yo puedo, Tú puedes, Él/Ella/Ud. puede, Nosotros podemos, Vosotros podéis, Ellos/Ellas/Uds. pueden**)

② 기본패턴의 연습!

p116-01	Puedo	esperar.	나는 기다릴 수 있습니다.
p116-02	Puedo	responder.	나는 대답할 수 있습니다.
p116-03	Puedo	entender.	나는 이해할 수 있습니다.
p116-04	Puedo	ganarme la vida.	나는 생활비를 벌 수 있습니다.
p116-05	Puedo	imaginármelo bien.	나는 잘 상상할 수 있습니다.
p116-06	Puedo	hacer esfuerzos.	나는 노력할 수 있습니다.
p116-07	Puedo	continuar mis estudios.	나는 나의 학업을 계속할 수 있습니다.
p116-08	Puedo	probar una vez más.	나는 한 번 더 시도할 수 있습니다.

● **ganarse la vida** 는 '생활비를 벌다'입니다.
● 직접목적대명사의 위치는 동사 앞입니다. 그러나 동사원형이 올 때는 동사 끝에 붙여 씁니다. 간접목적대명사 + 직접목적대명사를 순서대로 붙이면 됩니다. (**imaginármelo**)
● 소유형용사는 명사의 성수에 따라 변화합니다. **mi** (나의 : 남/녀 단수) / **mis** (남/녀 복수)
● **esperar** (기다리다), **responder** (대답하다), **entender** (이해하다), **ganar** (돈을 벌다), **la vida** (생활/인생), **imaginar(se)** (상상하다), **bien** (잘), **hacer** (하다), **el esfuerzo** (노력/수고), **continuar** (계속하다), **el estudio** (학업/연구), **probar** (시도하다), **un(a)** (하나의), **la vez** (번/회), **más** (더)

The basics of grammar and sentence construction!
The most useful phrases and expressions!

pattern

네 번째 섹션 : 핵심문법 패턴!

4th Section 은 **핵심문법**을 **정리**했습니다.
스페인어 문법의 **핵심**을 이루는 요소를 활용한 **핵심 패턴**들입니다.

P 116

③ 기본패턴의 확장!

p116-09 **No puedo llegar a tiempo.** 나는 제 시간에 도착할 수 없습니다.

p116-10 **No puedo quedarme en España sin certificado de estancia.** 나는 체류증 없이 스페인에 머물 수 없습니다.

- 부정문은 **poder** 앞에 부정부사 **no** (아니다)를 붙입니다.
- **el certificado de estancia** (체류증)
- **llegar** (도착하다), **a tiempo** (정각에), **el tiempo** (시간), **quedarse** (머물다), **en** (~에), **España** (스페인), **sin** (~없이), **el certificado** (증서), **de** (~의), **la estancia** (체류/거주)

④ 기본패턴의 응용!

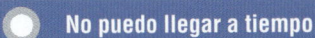

p116-11 **A) La caja abre dentro de 30 minutos.** 창구는 30분 후에 엽니다.

p116-12 **B) Puedo esperar.** 나는 기다릴 수 있습니다.

---

p116-13 **A) ¿Puedo quedarme más tiempo en España?** 당신은 스페인에 더 오래 머물 수 있습니까?

p116-14 **B) No puedo quedarme sin certificado de estancia.** 나는 체류증 없이 머물 수 없습니다.

- **la caja** (창구), **abrir** (열다), **treinta** (30), **el cuarto** (15분), **el minuto** (분), **la media** (30분), **dentro de** (후에/뒤에), **más** (더), **el tiempo** (시간)

The focus is on conversation and communication.

Start speaking languages immediately using essential phrases.

Part 4. It's a completely new way to learn foreign language! | Pattern 117

¿Puedo ~? [뿌에도 ~?]
내가 ~해도 됩니까?

① 기본패턴의 핵심!

❶ **poder** 는 '~할 수 있다'입니다.
❷ **¿Puedo + 동사원형?** (내가 ~해도 됩니까?)로 허락을 구할 수 있습니다.
❸ **poder** 동사의 인칭변화형을 활용하여 다양한 주어의 문장을 만들 수 있습니다.
(**Yo puedo, Tú puedes, Él/Ella/Ud. puede, Nosotros podemos, Vosotros podéis, Ellos/Ellas/Uds. pueden**)

② 기본패턴의 연습!

p117-01	¿Puedo	entrar?	내가 들어가도 됩니까?
p117-02	¿Puedo	hacerlo?	내가 그것을 해도 됩니까?
p117-03	¿Puedo	ver la habitación?	내가 방을 봐도 됩니까?
p117-04	¿Puedo	abrir la ventana?	내가 창문을 열어도 됩니까?
p117-05	¿Puedo	quedarme un momento?	내가 잠깐 머물러도 됩니까?
p117-06	¿Puedo	sacar una foto?	내가 사진 한 장 찍어도 됩니까?
p117-07	¿Puedo	probarme este traje?	내가 이 원피스를 입어봐도 됩니까?
p117-08	¿Puedo	pagar con tarjeta de crédito?	내가 신용카드로 지불해도 됩니까?

● 직접목적대명사의 위치는 동사 앞입니다. 그러나 동사원형이 올 때는 동사 끝에 붙여 씁니다.
(**me** (나를), **te** (너를), **lo** (그(그것)/당신을), **la** (그녀(그것)/당신을), **nos** (우리를), **os** (너희를), **los** (그들(그것들)/당신들을), **las** (그녀들(그것들)/당신들을))
● **entrar** (들어가다), **hacer** (하다), **ver** (보다), **la habitación** (방), **abrir** (열다), **la ventana** (창문), **quedarse** (머물다), **un(a)** (하나의/어떤), **el momento** (순간), **sacar** (찍다), **la foto** (사진), **probarse** (입어보다), **este** (이 : 지시형용사 남성단수), **el traje** (원피스), **pagar** (지불하다), **con** (~으로/함께), **la tarjeta** (카드), **de** (~의), **el crédito** (신용)

네 번째 섹션 : 핵심문법 패턴!

4th Section 은 **핵심문법**을 **정리**했습니다.
스페인어 문법의 **핵심**을 이루는 요소를 활용한 **핵심 패턴**들입니다.

P 117

③ 기본패턴의 확장!

p117-09 **¿Puedo ayudarle?** 내가 당신을 도와드려도 됩니까?

p117-10 **¿Puedo preguntarle algo?** 내가 당신에게 무엇을 물어봐도 됩니까?

- **ayudar** (돕다)는 뒤에 직접목적대명사 **lo/la** (당신을)이 와야하는데 스페인에서는 **lo** 대신에 **le** 를 쓰는 경우가 많습니다. **Me alegro de conocerle.** (당신을 만나게 되어 반갑습니다)
- **preguntar** (물어보다) + **le** (당신에게) = **preguntarle** (당신에게 묻다)
- **ayudar** (돕다), **preguntar** (물어보다), **le** (그(녀)/당신에게), **algo** (무엇인가)

④ 기본패턴의 응용!

p117-11 **A) ¿Puedo probarme los zapatos?** 내가 신발들을 신어봐도 됩니까?

p117-12 **B) Claro que sí.** 물론이죠.

---

p117-13 **A) ¿Puedo sacar fotos aquí?** 내가 여기서 사진들을 찍어도 됩니까?

p117-14 **B) No, está prohibido sacarlas.** 아니오, 사진찍는 것이 금지되어 있습니다.

- **Claro que sí.** 는 '물론입니다.'입니다.
- **Es prohibido sacarlas.** (촬영이 금지되어 있습니다.) 이 문장에서 의미상 주어는 동사원형인 **sacarlas** 이며, 동사의 원형에 목적대명사 **las** 가 붙은 상태입니다. **las** 는 명사 **fotos** 를 지칭합니다.
- **me** (나를), **los zapatos** (신발들), **aquí** (여기), **no** (아니오), **ser** (~이다), **prohibido** (금지된)

Learn foreign language!
Spanish

Part 4. It's a completely new way to learn foreign language! | Pattern 118

¿Puede usted ~? [뿌에데 우스뗏 ~?]
당신은 ~해줄 수 있습니까?

① 기본패턴의 핵심!

❶ **poder** 는 '~할 수 있다'입니다.
❷ **¿Puede usted** + 동사원형**?** (당신은 ~해줄 수 있습니까?)로 공손한 부탁을 표현합니다.
❸ **poder** 동사의 인칭변화형을 활용하여 다양한 주어의 문장을 만들 수 있습니다.
(**Yo puedo, Tú puedes, Él/Ella/Ud. puede, Nosotros podemos, Vosotros podéis, Ellos/Ellas/Uds. pueden**)

② 기본패턴의 연습!

p118-01	¿Puede usted	venir?	당신은 와줄 수 있습니까?
p118-02	¿Puede usted	explicármelo?	당신은 그것을 나에게 설명해줄 수 있습니까?
p118-03	¿Puede usted	repetir?	당신은 반복해줄 수 있습니까?
p118-04	¿Puede usted	firmar aquí?	당신은 여기에 서명해줄 수 있습니까?
p118-05	¿Puede usted	deletrear?	당신은 철자를 불러줄 수 있습니까?
p118-06	¿Puede usted	abrir una cuenta?	당신은 통장 하나를 개설해줄 수 있습니까?
p118-07	¿Puede usted	enviar por e-mail?	당신은 이메일로 보내줄 수 있습니까?
p118-08	¿Puede usted	hablar más despacio?	당신은 좀 더 천천히 말씀해줄 수 있습니까?

● **aqexplicármelo** 는 동사원형 뒤에 간접목적대명사(**me** : 나에게)와 직접목적대명사(**lo** : 그것을)이 모두 오는 경우입니다. 두 대명사가 모두 붙을 경우, 악센트가 동사원형의 마지막 **-a** 에 와야 합니다.
● **venir** (오다), **explicar** (설명하다), **me** (나에게), **lo** (그것을), **repetir** (반복하다), **firmar** (서명하다), **aquí** (여기), **deletrear** (철자를 말하다), **abrir** (열다), **un(a)** (하나의), **la cuenta** (통장), **enviar** (보내다), **por** (~를 통해서), **el e-mail** (이메일), **hablar** (말하다), **más** (더), **despacio** (느리게/천천히)

pattern

네 번째 섹션 : 핵심문법 패턴!

4th Section 은 **핵심문법**을 **정리**했습니다.
스페인어 문법의 **핵심**을 이루는 요소를 활용한 **핵심 패턴**들입니다.

P 118

③ 기본패턴의 확장!

p118-09 **¿Puede usted recomendarme un buen restaurante?** 당신은 나에게 좋은 식당을 하나 추천해줄 수 있습니까?

p118-10 **¿Puede usted ayudarme?** 당신은 나를 도와줄 수 있습니까?

- 간접목적대명사의 위치는 동사 앞입니다. 그러나 동사원형이 올 때는 동사 끝에 붙여 씁니다.
(**me** (나에게), **te** (너에게), **le** (그(녀)에게/당신에게), **nos** (우리들에게), **os** (너희들에게), **les** (그(녀)들에게/당신들에게))
- 직접목적대명사의 위치는 동사 앞입니다. 그러나 동사원형이 올 때는 동사 끝에 붙여 씁니다.
(**me** (나를), **te** (너를), **lo** (그(것)/당신을), **la** (그녀(것)/당신을), **nos** (우리를), **os** (너희를), **los** (그(것)/당신들을), **las** (그녀(것)/당신들을)
- **recomendar** (추천하다), **bueno(a)** (좋은), **el restaurante** (식당), **ayudar** (돕다)

④ 기본패턴의 응용!

p118-11 **A) ¿Puede usted ayudarme?** 당신은 나를 도와줄 수 있습니까?

p118-12 **B) ¡Claro que sí!** 물론입니다!

---

p118-13 **A) ¿Puede usted recomendarme un buen restaurante?** 당신은 나에게 좋은 식당을 하나 추천해줄 수 있습니까?

p118-14 **B) Sí, con gusto.** 네, 기꺼이요.

- **¡Claro que sí!** (물론입니다!)
- **sí** (네), **con** (함께), **el gusto** (선호)

The focus is on conversation and communication.
Start speaking languages immediately using essential phrases.

Learn foreign language!
Spanish

Part 4. It's a completely new way to learn foreign language! | Pattern 119

Usted puede ~. [우스뗏 뿌에데 ~.]
당신은 ~해도 됩니다.

❶ 기본패턴의 핵심!

❶ **poder** 는 '~할 수 있다'입니다.
❷ **Usted puede** + 동사원형. (당신은 ~해도 됩니다/당신은 ~하십시오.)는 허락/완곡한 명령의 의미도 됩니다.
❸ **poder** 동사의 인칭변화형을 활용하여 다양한 주어의 문장을 만들 수 있습니다.
(**Yo puedo, Tú puedes, Él/Ella/Ud. puede, Nosotros podemos, Vosotros podéis, Ellos/Ellas/Uds. pueden**)

❷ 기본패턴의 연습!

p119-01	**Usted puede**	**entrar.**	당신은 들어와도 됩니다.
p119-02	**Usted puede**	**continuar.**	당신은 계속해도 됩니다.
p119-03	**Usted puede**	**preguntar.**	당신은 물어봐도 됩니다.
p119-04	**Usted puede**	**hacerlo.**	당신은 그것을 해도 됩니다.
p119-05	**Usted puede**	**intervenir.**	당신은 개입해도 됩니다.
p119-06	**Usted puede**	**invitar a sus amigos.**	당신은 당신의 친구들을 초대해도 됩니다.
p119-07	**Usted puede**	**anular su reserva.**	당신은 당신의 예약을 취소해도 됩니다.
p119-08	**Usted puede**	**participar en la reunión.**	당신은 회의에 참가해도 됩니다.

- **participar en ~** 는 '~에 참가하다'입니다.
- **invitar a ~** 는 '(사람)을 초대하다'입니다.
- **entrar** (들어가다/들어오다), **continuar** (계속하다), **preguntar** (묻다), **hacer** (하다), **intervenir** (개입하다), **invitar** (초대하다), **su** (당신의), **el amigo** (친구), **anular** (취소하다), **la reserva** (예약), **participar** (참여/참가하다), **en** (~에), **la reunión** (회의)

pattern

네 번째 섹션 : 핵심문법 패턴!

4th Section 은 **핵심문법**을 **정리**했습니다.
스페인어 문법의 **핵심**을 이루는 요소를 활용한 **핵심 패턴**들입니다.

P 119

③ 기본패턴의 확장!

p119-09 **Usted puede contar conmigo.** 당신은 나에게 의지해도 됩니다.

p119-10 **Usted no puede comer en la biblioteca.** 당신은 도서관 안에서 (음식을) 먹을 수 없습니다.

- **contar con ~** 은 '~를 의지하다'입니다.
- 전치사 뒤에는 전치격인칭대명사를 사용합니다. 단 **con** 다음에는 **conmigo** (나와 함께), **contigo** (너와 함께)가 됩니다. (**mí** (나) / **ti** (너) / **él** (그) / **ella** (그녀) / **usted** (당신) / **nosotros** (우리들) / **vosotros** (너희들) / **ellos** (그들) / **ellas** (그녀들) / **ustedes** (당신들))
- 부정문은 **poder** 동사 앞에 부정부사 **no** (아니다)를 붙입니다.
- **contar con** (~을 믿다), **comer** (먹다), **en** (~안에), **la biblioteca** (도서관)

④ 기본패턴의 응용!

p119-11 **A) Me siento sola.** 나는 외롭습니다.

p119-12 **B) Usted puede contar conmigo.** 당신은 나에게 의지해도 됩니다.

p119-13 **A) El examen de colocación se acerca en seguida.** 채용시험이 곧 다가옵니다.

p119-14 **B) Usted puede retrasar la fecha del examen.** 당신은 시험날짜를 연기해도 됩니다.

- **se sentir** (스스로 ~느낌이다)는 재귀동사입니다. (**Yo me siento, Tú te sientes, Él/Ella/Ud. se siente, Nosotros nos sentimos, Vosotros os sentís, Ellos/Ellas/Uds. se sienten**)
- **acercarse** (다가오다)는 **acercar** (접근시키다)의 재귀동사로 인칭에 따라 변화합니다. (**Yo me acerco, Tú te acercas, Él/Ella/Ud. se acerca, Nosotros nos acercamos, Vosotros os acercáis, Ellos/Ellas/Uds. se acercan**)
- **solo(a)** (외로운), **el examen** (시험), **de** (~의), **la colocación** (직위), **acercar(se)** (다가오다), **en seguida** (곧), **retrasar** (연기하다), **la fecha** (날짜)

Learn foreign language!
Spanish

Part 4. It's a completely new way to learn foreign language! | Pattern 120

Debo ~. [데보 ~.]
나는 ~해야만 합니다.

① 기본패턴의 핵심!

❶ **deber** 는 '~해야만 한다'입니다.
❷ **Debo** + 동사원형. (나는 ~해야만 합니다.)로 의무를 나타냅니다.
❸ **deber** 동사의 인칭변화형을 활용하여 다양한 주어의 문장을 만들 수 있습니다.
(**Yo debo, Tú debes, Él/Ella/Ud. debe, Nosotros debemos, Vosotros debéis, Ellos/Ellas/Uds. deben**)

② 기본패턴의 연습!

p120-01	Debo	partir.	나는 떠나야 합니다.
p120-02	Debo	reflexionar.	나는 숙고해야 합니다.
p120-03	Debo	decir la verdad.	나는 진실을 말해야 합니다.
p120-04	Debo	salir en seguida.	나는 곧 나가야 합니다.
p120-05	Debo	perder peso.	나는 체중을 줄여야 합니다.
p120-06	Debo	dormir mucho.	나는 많이 자야 합니다.
p120-07	Debo	ganar dinero.	나는 돈을 벌어야 합니다.
p120-08	Debo	trabajar ahora.	나는 이제 일해야 합니다.

● **partir** (떠나다), **reflexionar** (숙고하다), **decir** (말하다), **la verdad** (진실), **salir** (나가다), **en seguida** (곧), **perder** (줄이다), **el peso** (체중), **dormir** (자다), **mucho** (많이), **ganar** (돈을 벌다), **el dinero** (돈), **trabajar** (일하다), **ahora** (이제/지금)

● The **basics** of **grammar** and **sentence construction**!
● The most useful **phrases** and **expressions**!

pattern

네 번째 섹션 : 핵심문법 패턴!

4th Section 은 **핵심문법**을 **정리**했습니다.
스페인어 문법의 **핵심**을 이루는 요소를 활용한 **핵심 패턴**들입니다.

P 120

③ 기본패턴의 확장!

p120-09	**Debo ir ahí.**	나는 거기에 가야 합니다.
p120-10	**Debo ir al trabajo.**	나는 일하러 가야 합니다.

- **ahí** (거기)는 장소를 나타냅니다. **aquí** (여기), **ahí** (거기에), **allí** (저기)
- 전치사 **a** (~으로)는 정관사 **el** 과 만나면 **al** 로 축약합니다.
a + el trabajo (일/노동) = **al trabajo** (일에/로)
- **ir al trabajo** 는 '출근하다'입니다.
- **ir** (가다), **el trabajo** (일/노동)

④ 기본패턴의 응용!

p120-11	**A) ¿Adónde va usted?**	당신은 어디에 갑니까?
p120-12	**B) Debo ir al supermercado a comprar.**	나는 장보러 슈퍼마켓에 가야 합니다.

p120-13	**A) Debo perder peso.**	나는 체중을 줄여야 합니다.
p120-14	**B) Le aconsejo hacer dieta.**	나는 당신에게 다이어트 하기를 조언합니다.

- **ir de** + 동사원형은 관용적인 표현으로 '~하러 가다'입니다.
ir de compras (쇼핑가다), **ir de excursión** (소풍가다)
- **Le aconsejo** + 동사원형 ~.은 '나는 당신에게 ~할 것을 조언합니다.'입니다.
- 간접목적대명사의 위치는 동사 앞입니다.
(**me** (나에게), **te** (너에게), **le** (그(녀)에게/당신에게), **nos** (우리들에게), **os** (너희들에게),
les (그(녀)들에게/당신들에게))
- **adónde** (어디에), **el supermercado** (슈퍼마켓), **a** (~하기 위하여), **aconsejar** (조언하다),
hacer (하다), **la dieta** (다이어트)

Learn foreign language!
Spanish

Part 4. It's a completely new way to learn foreign language! | Pattern 121

Usted debe ~. [우스뗏 데베 ~.]
당신은 ~해야만 합니다.

① 기본패턴의 핵심!

❶ **deber** 는 '~해야만 한다'입니다.
❷ **Usted debe** + 동사원형. (당신은 ~해야만 합니다.)로 의무를 표현합니다.
❸ **deber** 동사의 인칭변화형을 활용하여 다양한 주어의 문장을 만들 수 있습니다.
(**Yo debo, Tú debes, Él/Ella/Ud. debe, Nosotros debemos, Vosotros debéis, Ellos/Ellas/Uds. deben**)

② 기본패턴의 연습!

p121-01	Usted debe	actuar.	당신은 행동해야만 합니다.
p121-02	Usted debe	trabajar.	당신은 일해야만 합니다.
p121-03	Usted debe	planear el plan.	당신은 계획을 세워야만 합니다.
p121-04	Usted debe	explicarse.	당신은 이해해 줘야 합니다.
p121-05	Usted debe	ver esa película.	당신은 그 영화를 봐야만 합니다.
p121-06	Usted debe	tomar ese tren.	당신은 그 기차를 타야만 합니다.
p121-07	Usted debe	respetar las reglas.	당신은 규칙들을 존중해야만 합니다.
p121-08	Usted debe	comer algo.	당신은 뭔가를 먹어야만 합니다.

● 지시형용사는 명사의 성수에 따라 변화합니다.
ese (그 : 남성단수), **esa** (여성단수), **esos** (남성복수), **esas** (여성복수)
● **actuar** (행동하다), **trabajar** (일하다), **planear** (계획을 세우다), **el plan** (계획), **explicar(se)** ((상대를) 이해시키다), **ver** (보다), **la película** (영화), **tomar** (잡다/타다), **el tren** (기차), **respetar** (존중하다), **la regla** (규칙), **comer** (먹다), **algo** (무엇인가)

네 번째 섹션 : 핵심문법 패턴!

4th Section 은 **핵심문법**을 **정리**했습니다.
스페인어 문법의 **핵심**을 이루는 요소를 활용한 **핵심 패턴**들입니다.

③ 기본패턴의 확장!

p121-09 **Usted debe partir en seguida.** 당신은 즉시 떠나야만 합니다.

p121-10 **Usted debe ir ahí.** 당신은 거기에 가야만 합니다.

● **ahí** (거기에)는 장소를 나타내는 표현입니다. 스페인에서는 **aquí** (여기), **allí** (저기)라고 하고, 중남미에서는 **acá** (여기), **allá** (저기)라고 사용합니다.
● **partir** (떠나다), **en seguida** (즉시/당장), **ir** (가다)

④ 기본패턴의 응용!

p121-11 **A) Quiero viajar por Oceanía.** 나는 오세아니아로 여행 가고 싶습니다.

p121-12 **B) Usted debe planear el viaje.** 당신은 여행 계획을 세워야만 합니다.

---

p121-13 **A) Pido disculpas por llegar tarde a la reunión.** 회의에 늦어서 죄송합니다.

p121-14 **B) Usted debe explicar su retraso.** 당신은 당신의 지각(의 이유를)을 설명해야만 합니다.

● 각각의 대륙명은 다음과 같습니다. **la Europa** (유럽), **el África** (아프리카), **el Asia** (아시아), **la Oceanía** (오세아니아), **la América del Norte** (북아메리카), **la América del Sur** (남아메리카)
● **pedir disculpas** 는 '용서를 구하다'입니다.
● **llegar tarde** 는 '늦다/지각하다'입니다.
● **querer** (원하다), **viajar** (여행하다), **por** (~로/향해), **el viaje** (여행), **pedir** (요청하다), **la disculpa** (사죄/사과), **llegar** (도착하다), **tarde** (늦게), **a** (~에/로), **la reunión** (회의), **su** (당신의), **el retraso** (늦음/지각)

Learn foreign language!
Spanish

Part 4. It's a completely new way to learn foreign language! | Pattern 122

¿Debo ~? [데보 ~?]
나는 ~해야 할까요?

① 기본패턴의 핵심!

❶ **deber** 는 '~해야 한다'입니다.
❷ **¿Debo + 동사원형?** (나는 ~해야 합니까?)로 의무를 표현합니다.
❸ 일반적으로 **deber** 동사는 도덕적인 의무 등을 표현할 때 많이 쓰입니다.
❹ **deber** 동사의 인칭변화형을 활용하여 다양한 주어의 문장을 만들 수 있습니다.
(**Yo debo, Tú debes, Él/Ella/Ud. debe, Nosotros debemos, Vosotros debéis, Ellos/Ellas/Uds. deben**)

② 기본패턴의 연습!

p122-01	¿Debo	cuidarme?	내가 조심해야 할까요?
p122-02	¿Debo	esperar aquí?	내가 여기서 기다려야 할까요?
p122-03	¿Debo	hacerlo ahora?	내가 그것을 지금 해야 할까요?
p122-04	¿Debo	enviar mi C.V.?	내가 나의 이력서를 보내야 할까요?
p122-05	¿Debo	pedir ayuda?	내가 도움을 요청해야 할까요?
p122-06	¿Debo	tomar la medicina?	내가 약을 복용해야 할까요?
p122-07	¿Debo	hablar con mi abogado?	내가 나의 변호사와 상의해야 할까요?
p122-08	¿Debo	cambiar de estilo de vida?	내가 나의 라이프 스타일을 바꿔야 할까요?

● 소유형용사는 명사의 수에 따라 변화합니다. **mi** (나의 : 남성/여성 단수) / **mis** (남성/여성 복수)
● **cambiar de** + 관사 없는 명사는 '(무엇을) 바꾸다/변경하다'입니다. (**cambiar de autobús** 버스를 갈아타다, **cambiar de casa** 집을 바꾸다/이사하다, **cambiar de oficio** 직업을 바꾸다)
● **cuidar(se)** (조심하다), **esperar** (기다리다), **aquí** (여기), **hacer** (하다), **lo** (그것), **ahora** (지금), **enviar** (보내다), **C.V.** (**curriculum vitae** : 이력서), **pedir** (요구하다), **la ayuda** (도움), **tomar** (복용하다), **la medicina** (약), **hablar** (상의하다), **con** (~와 함께), **el abogado** (변호사), **cambiar** (변경하다), **de** (~의), **el estilo** (스타일), **la vida** (삶/생활/인생)

네 번째 섹션 : 핵심문법 패턴!

4th Section 은 **핵심문법**을 **정리**했습니다.
스페인어 문법의 **핵심**을 이루는 요소를 활용한 **핵심 패턴**들입니다.

P 122

③ 기본패턴의 확장!

p122-09 ¿Debo responder en español? 내가 스페인어로 대답을 해야 할까요?

p122-10 ¿Debo reservar de antemano? 내가 미리 예약을 해야만 할까요?

- **en español** 은 '스페인어로'입니다.
- **responder** (대답하다), **el español** (스페인어), **reservar** (예약하다), **de antemano** (미리/사전에)

④ 기본패턴의 응용!

p122-11 A) ¿Debo enviar mi C.V.? 내가 나의 이력서를 보내야 할까요?

p122-12 B) ¡Absolutamente! 절대적입니다! (그럼요!)

p122-13 A) Hay un buen restaurante cerca de aquí. 이 근처에 좋은 식당이 하나 있습니다.

p122-14 B) ¿Debo reservar de antemano? 내가 미리 예약을 해야만 할까요?

- **Hay ~.** (~이 있습니다.)는 비인칭 표현입니다.
- **cerca de ~** 는 '~에서 가까이에/~의 근처에'입니다.
- **absolutamente** (절대적으로), **un(a)** (하나의/어떤), **bueno(a)** (좋은), **el restaurante** (식당)

Learn foreign language!
Spanish

Part 4. It's a completely new way to learn foreign language! | Pattern 123

Deseo ~. [데쎄오 ~.]
나는 ~하기를 원합니다.

① 기본패턴의 핵심!

❶ **desear** 는 '~원하다/바라다'입니다.
❷ **Deseo** + 동사원형. (나는 ~하기를 원합니다.)로 의지를 표현합니다.
❸ **desear** 동사의 인칭변화형을 활용하여 다양한 주어의 문장을 만들 수 있습니다.
(**Yo deseo, Tú deseas, Él/Ella/Ud. desea, Nosotros deseamos, Vosotros deseáis, Ellos/Ellas/Uds. desean**)

② 기본패턴의 연습!

p123-01	Deseo	practicar.	나는 실습하기를 원합니다.
p123-02	Deseo	decirlo.	나는 그것을 말하기를 원합니다.
p123-03	Deseo	visitar Madrid.	나는 마드리드 방문하기를 원합니다.
p123-04	Deseo	ser director de cine.	나는 영화감독이 되기를 원합니다.
p123-05	Deseo	comprar un ordenador.	나는 컴퓨터 하나 사기를 원합니다.
p123-06	Deseo	aprender español.	나는 스페인어를 배우기를 원합니다.
p123-07	Deseo	progresar con mi español.	나는 나의 스페인어를 향상시키기를 원합니다.
p123-08	Deseo	anular mi reserva.	나는 나의 예약을 취소하기를 원합니다.

● 소유형용사는 명사의 수에 따라 변화합니다. **mi** (나의 : 남성/여성 단수) / **mis** (남성/여성 복수)
● **progresar con ~** 은 '~을 향상시키다'입니다.
● **practicar** (실습하다), **decir** (말하다), **lo** (그것 : 목적대명사), **visitar** (방문하다), **ser** (~이다), **el director/la directora de cine** (영화감독), **comprar** (사다/구매하다), **un(a)** (하나의), **el ordenador** (컴퓨터), **aprender** (배우다), **el español** (스페인어), **progresar** (향상시키다), **con** (가지고), **anular** (취소하다), **la reserva** (예약)

The basics of grammar and sentence construction!
The most useful phrases and expressions!

네 번째 섹션 : 핵심문법 패턴!

4th Section 은 **핵심문법**을 **정리**했습니다.
스페인어 문법의 **핵심**을 이루는 요소를 활용한 **핵심 패턴**들입니다.

P 123

③ 기본패턴의 확장!

p123-09 Deseo continuar mis estudios. 나는 나의 학업을 계속하기를 원합니다.

p123-10 Deseo hablar con el profesor Kim mañana. 나는 내일 김 교수님과 이야기할 것을 원합니다.

- **con el profesor Kim** 은 '김 교수와 함께'입니다.
- **hablar con ~** 은 '~와 함께 말하다'입니다.
- **continuar** (계속하다), **el estudio** (공부/학업), **hablar** (말하다), **el profesor** (교수/교사), **mañana** (내일)

④ 기본패턴의 응용!

p123-11 A) ¿Qué hace usted durante las vacaciones? 당신은 방학 동안 무엇을 할 것입니까?

p123-12 B) Deseo hacer un curso de idiomas. 나는 어학연수하기를 원합니다.

p123-13 A) ¿Qué espera usted? 당신은 무엇을 기대합니까?

p123-14 B) Deseo sacar buena nota. 나는 좋은 성적을 받기를 기대합니다.

- **hacer un curso de idiomas** 는 '어학연수를 하다'입니다.
- **qué** (무엇), **usted** (당신), **durante** (~ 동안에), **las vacaciones** (방학/휴가), **el idioma** (언어), **esperar** (기대하다/기다리다), **sacar** (얻다), **bueno(a)** (좋은), **la nota** (성적)

The focus is on **conversation** and **communication**.

Start **speaking languages** immediately using **essential phrases**.

Learn foreign language!
Spanish

Part 4. It's a completely new way to learn foreign language! | Pattern 124

¿Desea usted ~? [데쎄아 우스뗃 ~?]
당신은 ~하기를 원합니까?

① 기본패턴의 핵심!

❶ **desear** 는 '~원하다/바라다'입니다.
❷ **¿Desea usted** + 동사원형**?** (당신은 ~하기를 원합니까?)는 '~해주시겠습니까?'라는 부탁의 표현이기도 합니다.
❸ **desear** 동사의 인칭변화형을 활용하여 다양한 주어의 문장을 만들 수 있습니다.
(**Yo deseo, Tú deseas, Él/Ella/Ud. desea, Nosotros deseamos, Vosotros deseáis, Ellos/Ellas/Uds. desean**)

② 기본패턴의 연습!

p124-01	¿Desea usted	probarlo?	당신은 그것을 맛보기를 원합니까?
p124-02	¿Desea usted	continuar?	당신은 계속하기를 원합니까?
p124-03	¿Desea usted	decir una palabra?	당신은 한마디 하기를 원합니까?
p124-04	¿Desea usted	cerrar la puerta?	당신은 문을 닫는 것을 원합니까?
p124-05	¿Desea usted	comer conmigo?	당신은 나와 함께 먹기를 원합니까?
p124-06	¿Desea usted	indicar el camino?	당신은 길을 가르쳐주기를 원합니까?
p124-07	¿Desea usted	tomar cita?	당신은 약속 잡기를 원합니까?
p124-08	¿Desea usted	hacer una pregunta?	당신은 질문 하나 하기를 원합니까?

● **conmigo** (나와 함께), 전치사 뒤에는 전치격인칭대명사를 사용합니다.
(**mí** (나) / **ti** (너) / **él** (그) / **ella** (그녀) / **usted** (당신) / **nosotros** (우리들) / **vosotros** (너희들) / **ellos** (그들) / **ellas** (그녀들) / **ustedes** (당신들))
● **probar** (맛보다), **lo** (그것을), **continuar** (계속하다), **decir** (말하다), **un(a)** (하나의), **la palabra** (단어/말), **cerrar** (닫다), **la puerta** (문), **comer** (먹다), **con** (~와 함께), **indicar** (가르쳐주다), **el camino** (길), **tomar** (잡다/취하다), **la cita** (약속), **hacer** (하다), **la pregunta** (질문)

pattern

네 번째 섹션 : 핵심문법 패턴!

4th Section 은 **핵심문법**을 **정리**했습니다.
스페인어 문법의 **핵심**을 이루는 요소를 활용한 **핵심 패턴**들입니다.

P 124

③ 기본패턴의 확장!

p124-09 ¿Desea usted tomar un taxi? 당신은 택시 타기를 원합니까?

p124-10 ¿Desea usted ayudarme? 당신은 나를 도와주기를 원합니까? (나를 도와주세요.)

- **¿Desea usted + 명사?** (당신은 ~을 원합니까?)는 상대방의 의향을 묻는 표현입니다.
- 직접목적대명사의 위치는 본동사 앞이지만 동사원형이 올 때는 동사 끝에 붙습니다.
(**ayudarme** 나를 돕다) (**me** (나를), **te** (너를), **lo** (그(것)/당신을), **la** (그녀(것)/당신을), **nos** (우리를), **os** (너희를), **los** (그(것)/당신들을), **las** (그녀(것)/당신들을)
- **el taxi** (택시), **ayudar** (돕다)

④ 기본패턴의 응용!

p124-11 A) ¿Desea usted ayudarme? 당신은 나를 도와주시겠습니까?

p124-12 B) ¡De buena gana! 기꺼이요!

p124-13 A) ¿Desea usted oler las rosas? 당신은 장미꽃 향기를 맡고 싶으세요?

p124-14 B) Sí, huelen bien. 네, 향기가 좋네요.

- **¡De buena gana! / ¡Con mucho gusto!** (기꺼이!)
- **oler** 동사는 불규칙 변화동사입니다. (**Yo huelo, Tú hueles, Él/Ella/Ud. huele, Nosotros olemos, Vosotros oléis, Ellos/Ellas/Uds. huelen**)
- **la gana** (의욕), **oler** (냄새가 나다/냄새를 맡다), **la rosa** (장미), **sí** (네), **bien** (좋게)

Learn foreign language!
Spanish

Part 4. It's a completely new way to learn foreign language! | Pattern 125

Sé ~. [쎄 ~.]
나는 ~할 줄 압니다.

① 기본패턴의 핵심!

❶ saber 는 '~할 줄 알다'입니다.
❷ Sé + 동사원형.은 '나는 ~할 줄 압니다.'입니다.
❸ saber 동사의 인칭변화형을 활용하여 다양한 주어의 문장을 만들 수 있습니다.
(Yo sé, Tú sabes, Él/Ella/Ud. sabe, Nosotros sabemos, Vosotros sabéis, Ellos/Ellas/Uds. saben)

② 기본패턴의 연습!

p125-01	Sé nadar.	나는 수영할 줄 압니다.
p125-02	Sé conducir.	나는 운전할 줄 압니다.
p125-03	Sé rapear.	나는 랩을 할 줄 압니다.
p125-04	Sé hacer esquí.	나는 스키를 탈 줄 압니다.
p125-05	Sé tocar el violín.	나는 바이올린을 연주할 줄 압니다.
p125-06	Sé cocinar comida italiana.	나는 이탈리아 요리를 할 줄 압니다.
p125-07	Sé hablar bien español.	나는 스페인어를 잘할 줄 압니다.
p125-08	Sé cantar una canción española.	나는 스페인 노래를 부를 줄 압니다.

● hacer rap (랩을 하다), hacer esquí (스키를 타다)
● tocar + 악기 (~를 연주하다), tocar el violín (바이올린을 연주하다)
● nadar (수영하다), conducir (운전하다), hacer (하다), rapear (랩을 하다), el esquí (스키), tocar (연주하다), el violín (바이올린), cocinar (요리하다), la comida (요리), italiano(a) (이탈리아의), bien (잘), hablar (말하다), el español (스페인어), cantar (노래하다), un(a) (하나의), la canción (노래), española (스페인의)

● The basics of grammar and sentence construction!
● The most useful phrases and expressions!

pattern

네 번째 섹션 : 핵심문법 패턴!

4th Section 은 **핵심문법**을 **정리**했습니다.
스페인어 문법의 **핵심**을 이루는 요소를 활용한 **핵심 패턴**들입니다.

P 125

③ 기본패턴의 확장!

p125-09 **No sé cómo hacer.** 나는 어떻게 하는지 모릅니다.

p125-10 **Sé tocar la guitarra.** 나는 기타를 연주할 줄 압니다.

- 부정문은 동사 앞에 부정부사 **no** (아니다)를 붙입니다.
- **tocar la guitarra** 는 '기타를 연주하다'입니다.
- **no** (아니다), **cómo** (어떻게), **la guitarra** (기타)

④ 기본패턴의 응용!

p125-11 **A) ¿Cuál es su música favorita?** 당신의 선호 음악은 어떤 것입니까?

p125-12 **B) Es hip-hop. Sé rapear.** 힙합입니다. 나는 랩을 할 줄 압니다.

---

p125-13 **A) ¿Habla usted una lengua extranjera?** 당신은 외국어를 말합니까?

p125-14 **B) Sé hablar español con mucha soltura.** 나는 스페인어를 꽤 유창하게 할 줄 압니다.

- **cuál** (어떤 : 의문대명사)는 주어의 수에 따라 형태가 변합니다.
(**cuál** (남성/여성 단수), **cuáles** (남성/여성 복수)
- 전치사 **con** + 추상명사는 부사처럼 해석됩니다. **con mucha soltura** (꽤 유창하게)
- **ser** (~이다), **su** (당신의), **la música** (음악), **favorito(a)** (선호하는),
el hip-hop (힙합), **hablar** (말하다), **la lengua** (언어), **extranjero(a)** (외국의),
mucho(a) (많은), **la soltura** (유창함), **con soltura** (유창하게)

Learn foreign language!
Spanish

Part 4. It's a completely new way to learn foreign language! | Pattern 126

Me gusta ~. [메 구스따 ~.]
나는 ~을 좋아합니다.

① 기본패턴의 핵심!

❶ **gustar** 는 '~ 좋아하다/하고 싶다'입니다.
❷ **Me gusta** + 명사. 는 '나는 ~을 좋아합니다.'이고,
Me gusta + 동사원형.은 '나는 ~하는 것을 좋아합니다.'입니다.
❸ **gustar** 동사의 인칭변화형을 활용하여 다양한 주어의 문장을 만들 수 있습니다.
(**Yo gusto, Tú gustas, Él/Ella/Ud. gusta, Nosotros gustamos, Vosotros gustáis, Ellos/Ellas/Uds. gustan**)

② 기본패턴의 연습!

p126-01	**Me gusta el café.**	나는 커피를 좋아합니다.
p126-02	**Me gusta el deporte.**	나는 스포츠를 좋아합니다.
p126-03	**Me gusta la música.**	나는 음악을 좋아합니다.
p126-04	**Me gusta mucho la película.**	나는 영화를 매우 좋아합니다.
p126-05	**Me gusta leer.**	나는 (책을) 읽는 것을 좋아합니다.
p126-06	**Me gusta viajar.**	나는 여행하는 것을 좋아합니다.
p126-07	**Me gusta ir de compras.**	나는 쇼핑하는 것을 좋아합니다.
p126-08	**Me gusta quedar con mis amigos.**	나는 나의 친구들 만나는 것을 좋아합니다.

● **ir de** + 동사원형은 관용적인 표현으로 '~하러 가다'입니다.
ir de compras (쇼핑 가다), **ir de excursión** (소풍 가다)
● **el café** (커피), **el deporte** (스포츠), **la música** (음악), **mucho** (많이), **la película** (영화),
leer (읽다), **viajar** (여행하다), **ir** (가다), **la compra** (쇼핑), **quedar** (만나다),
con (~와), **mi** (나의), **el amigo** (친구)

The **basics** of **grammar** and **sentence construction**!
The most useful **phrases** and **expressions**!

네 번째 섹션 : 핵심문법 패턴!

4th Section 은 **핵심문법**을 **정리**했습니다.
스페인어 문법의 **핵심**을 이루는 요소를 활용한 **핵심 패턴**들입니다.

P 126

③ 기본패턴의 확장!

p126-09	Me gusta cantar y bailar.	나는 노래하고 춤추는 것을 좋아합니다.
p126-10	No me gusta el fútbol.	나는 축구를 좋아하지 않습니다.

- 간접목적대명사의 위치는 동사 앞입니다.
(**me** (나에게), **te** (너에게), **le** (그(녀)에게/당신에게), **nos** (우리들에게), **os** (너희들에게), **les** (그(녀)들에게/당신들에게))
- **gustar** 동사는 뒤에 주어로 동사원형이 둘 이상 나오더라도 3인칭 단수를 사용합니다.
- 부정문은 동사 앞에 부정부사 **no** (아니다)를 붙입니다.
- **cantar** (노래하다), **y** (그리고), **bailar** (춤추다), **el fútbol** (축구)

④ 기본패턴의 응용!

p126-11	A) ¿Qué le gusta?	당신은 무엇을 좋아합니까?
p126-12	B) Me gusta leer y viajar.	나는 (책) 읽기와 여행을 좋아합니다.
p126-13	A) ¿Quiere usted comprar un coche más?	당신은 차를 한 대 더 사고 싶으세요?
p126-14	B) Sí, me gusta mucho el coche.	네, 나는 차를 정말 좋아합니다.

- 길이가 짧은 평서문은 끝을 올려 읽는 것으로도 의문문이 될 수 있습니다.
- **leer** 와 **viajar** 두 개의 동사원형이 주어가 되지만 동사는 3인칭 단수인 **gusta** 를 사용합니다.
- **qué** (무엇), **querer** (~하고 싶다), **usted** (당신), **comprar** (사다), **un(a)** (하나의),
el coche (자동차), **más** (더), **sí** (네), **mucho** (많이)

Learn foreign language!
Spanish

Part 4. It's a completely new way to learn foreign language! | Pattern 127

¿Le gusta ~? [레 구스따 ~?]
당신은 ~을 좋아합니까?

① 기본패턴의 핵심!

❶ **gustar** (~ 좋아하다/하고 싶다)는 다음에 동사원형 또는 명사나 **que** 절이 오기도 합니다.
❷ **¿Le gusta + 명사?**는 '당신은 ~을 좋아합니까?'이고,
¿Le gusta + 동사원형?은 '당신은 ~하는 것을 좋아합니까?'입니다.
❸ **gustar** 동사의 인칭변화형을 활용하여 다양한 주어의 문장을 만들 수 있습니다.
(**Yo gusto, Tú gustas, Él/Ella/Ud. gusta, Nosotros gustamos, Vosotros gustáis, Ellos/Ellas/Uds. gustan**)

② 기본패턴의 연습!

p127-01	¿Le gusta el deporte?	당신은 스포츠를 좋아합니까?
p127-02	¿Le gusta Brams?	당신은 브람스를 좋아합니까?
p127-03	¿Le gustan mis amigos?	당신은 나의 친구들을 좋아합니까?
p127-04	¿Le gusta su trabajo?	당신은 당신의 일을 좋아합니까?
p127-05	¿Le gustan las películas de terror?	당신은 공포영화들을 좋아합니까?
p127-06	¿Le gusta la cocina española?	당신은 스페인 요리를 좋아합니까?
p127-07	¿Le gusta la literatura alemana?	당신은 독일 문학을 좋아합니까?
p127-08	¿Le gustan los pintores impresionistas?	당신은 인상주의 화가들을 좋아합니까?

● 소유형용사는 명사의 수에 따라 변화합니다. **mi** (나의 : 남성/여성 단수), **mis** (나의 : 남성/여성 복수)
● **el deporte** (스포츠), **el amigo** (친구), **su** (당신의), **el trabajo** (일/작업), **la película** (영화), **de** (~의), **el terror** (공포), **la cocina** (요리/식사), **español(a)** (스페인의), **la literatura** (문학), **alemán/alemana** (독일의), **el pintor** (화가), **impresionista** (인상주의의)

● The basics of grammar and sentence construction!
● The most useful phrases and expressions!

pattern

네 번째 섹션 : 핵심문법 패턴!

4th Section 은 **핵심문법**을 **정리**했습니다.
스페인어 문법의 **핵심**을 이루는 요소를 활용한 **핵심 패턴**들입니다.

P 127

③ 기본패턴의 확장!

p127-09 **¿Le gusta el café con leche?** 당신은 카페라떼를 좋아합니까?

p127-10 **¿Le gusta tomar alcohol?** 당신은 음주를 좋아합니까?

● **el café** (커피), **con** (~와 함께), **la leche** (우유), **el café con leche** (카페라떼), **tomar** (마시다), **el alcohol** (술)

④ 기본패턴의 응용!

p127-11 **A) ¿Le gusta el té o el café?** 당신은 차 또는 커피를 좋아합니까?

p127-12 **B) Prefiero el café.** 나는 커피를 선호합니다.

---

p127-13 **A) ¿Le gustan las películas de terror?** 당신은 공포영화들을 좋아합니까?

p127-14 **B) Absolutamente no. Me gustan las películas románticas.** 전혀요, 나는 로맨틱 영화들을 선호합니다.

● **Absolutamente no.** 는 '전혀/완전히 아니다.'로 강한 부정을 나타냅니다.
● **el té** (차), **o** (또는), **preferir** (선호하다), **absolutamente** (완전히/전혀), **romántico(a)** (로맨틱한/낭만적인)

The focus is on **conversation** and **communication**.

Start **speaking languages** immediately using **essential phrases**.

5th Section

pattern spanish

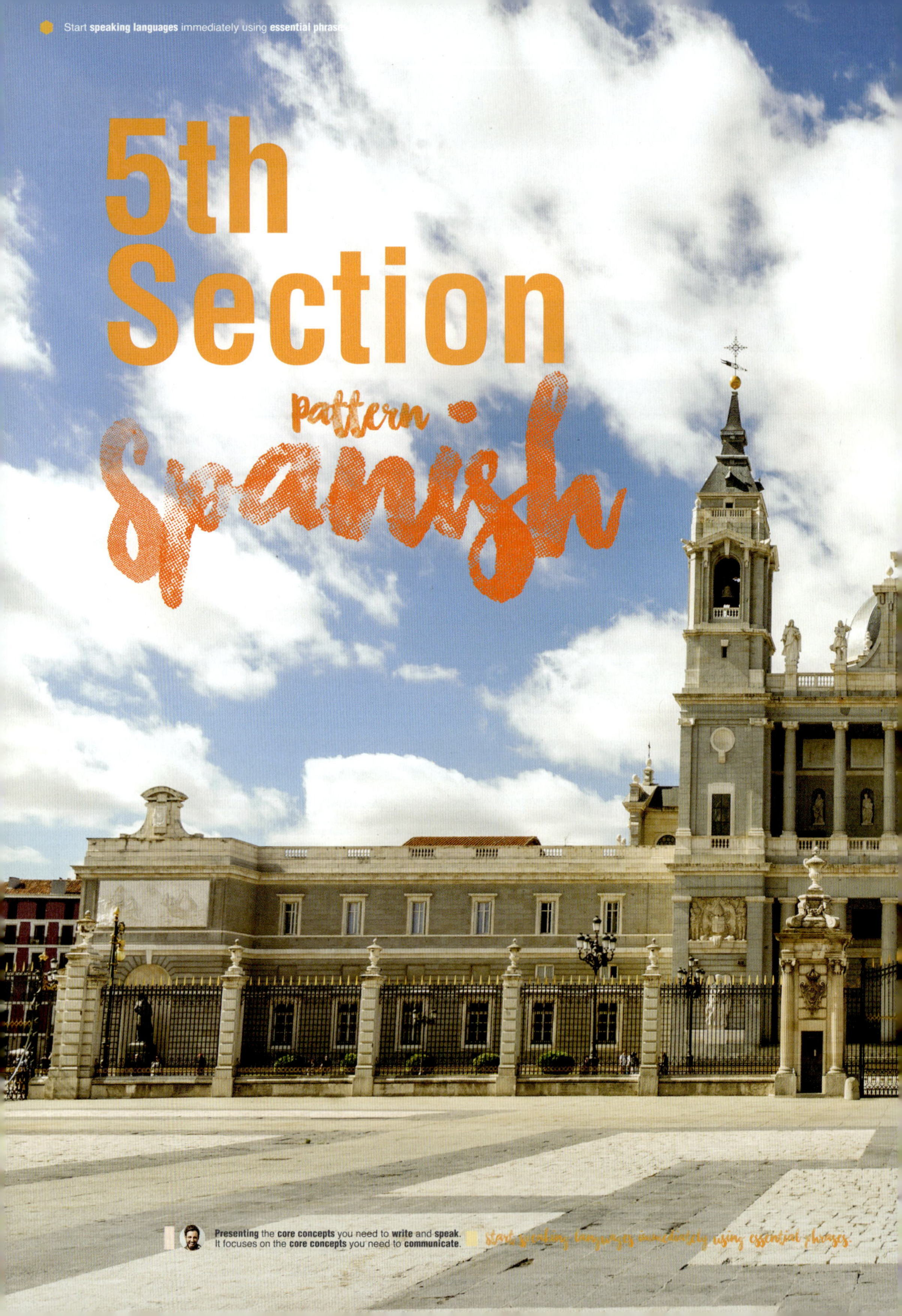

5th Section

pattern Spanish

다섯 번째 섹션 : 중요문법 패턴!

5th Section 은 **중요문법**을 정리하였습니다.
문법적으로 **난이도**도 높고, **사용빈도**도 높은 **표현**들을 정리했습니다.

start speaking languages immediately using essential phrases

5th Section
중요문법 섹션 :

5th Section 은 중요문법을 활용한 패턴을 준비하였습니다.
문법적으로 중요하고, 활용도도 높은 표현들을 정리했습니다.
(해당 파트의 문법설명은 부록편을 참고하시면 됩니다.)

문법내용은 부록부의 설명 정도로만 이해하시고,
우선적으로 패턴 자체에 익숙해지는 것이 중요합니다.

Part 01. 명령문, 2줄요약!

❶ 스페인어의 명령문, 일단 주어를 생략하고 바로 동사로 시작합니다.
❷ 스페인어의 명령문은 2인칭 단수/복수(**tú/vosotros**)형과
청유에 가까운 3인칭 단수/복수(**Ud./Uds**)형,
그리고 동의를 구하는 1인칭 복수형(**nosotros**)이 있습니다.

Part 02. 시제, 2줄요약!

❶ 스페인어의 주요 시제로는 현재/현재완료/단순과거/불완료과거/미래 등이 있습니다.
❷ 가장 자주 사용하는 시제인 미래/완료/조건시제의 패턴을 중점적으로 공부합니다.

Part 03. 조건법, 2줄요약!

❶ 스페인어의 접속법을 활용하여 기원과 바램을 표현할 수 있습니다.
❷ 접속법으로 목적/조건/가정을 표현할 수 있습니다

¡Vamos a ~! [바모스 아 ~!]
우리 ~하러 가자!

① 기본패턴의 핵심!

❶ **vamos** 는 동사 **ir** (가다)의 1인칭 복수형태입니다.
❷ **¡Vamos a** + 동사원형**!**은 '우리 ~하러 가자!'라는 뜻으로 일종의 '청하는 형식의 명령문'입니다.

② 기본패턴의 연습!

p128-01	¡Vamos a bailar!	우리 춤추러 가자!
p128-02	¡Vamos a ver la película!	우리 영화보러 가자!
p128-03	¡Vamos a jugar afuera!	우리 밖으로 놀러 가자!
p128-04	¡Vamos a tomar una copa!	우리 한 잔 하러 가자!
p128-05	¡Vamos a ir de compras!	우리 쇼핑하러 가자!
p128-06	¡Vamos a ver al profesor!	우리 선생님을 만나러 가자!
p128-07	¡Vamos a dar un paseo!	우리 산책하러 가자!
p128-08	¡Vamos a comer algo!	우리 뭐 좀 먹으러 가자!

- **tomar una copa** 는 '한 잔 마시다 > (술) 한 잔 하다'입니다.
- **ir de compras** 는 '쇼핑하다/장보러 가다', **dar un paseo** 는 '산책하다'입니다.
- **bailar** (춤추다), **ver** (보다/만나다), **la película** (영화), **jugar** (놀다), **afuera** (밖으로/밖에), **tomar** (잡다/먹다/마시다), **un(a)** (하나의), **la copa** (잔/컵), **la compra** (쇼핑), **el profesor** (교수/교사), **dar** (하다), **el paseo** (산책), **comer** (먹다), **algo** (무엇/어떤 것)

● The **basics** of **grammar** and **sentence construction**!
● The most useful **phrases** and **expressions**!

다섯 번째 섹션 : 중요문법 패턴!

5th Section 은 **중요문법**을 정리하였습니다.
문법적으로 **난이도**도 높고, **사용빈도**도 높은 **표현**들을 정리했습니다.

P 128

③ 기본패턴의 확장!

p128-09	¡Vamos ahí!	거기 가자!
p128-10	¡Vamos a celebrar tu cumpleaños!	너의 생일을 축하하러 가자!

- 소유형용사는 명사의 수에 따라 변화합니다. **tu** (너의 : 남성/여성 단수) / **tus** (남성/여성 복수)
- **ahí** (거기), **celebrar** (축하하다/기념하다), **tu** (너의), **el cumpleaños** (생일)

④ 기본패턴의 응용!

p128-11	A) Tengo hambre.	나는 배가 고파.
p128-12	B) ¡Vamos a comer algo!	우리 뭐 좀 먹으러 가자!
p128-13	A) Hace buen tiempo hoy.	오늘 날씨가 좋다.
p128-14	B) ¡Vamos a dar un paseo!	우리 산책하러 가자!

- **tengo hambre** 는 '나는 배고픔을 가지고 있다 > 나는 배고프다'입니다.
- **Hace ~.** (날씨가 ~하다.) 비인칭의 **hacer** 동사는 주어가 없이 3인칭 단수로 사용합니다.
- **el hambre** (굶주림/허기), **bueno(a)** (아름다운/멋진), **el tiempo** (날씨/시간), **hoy** (오늘)

The focus is on **conversation** and **communication**. Start **speaking languages** immediately using **essential phrases**.

Learn foreign language!
Spanish

Part 1. It's a completely new way to learn foreign language! | Pattern 129

¡Déjeme ~! [데헤메 ~!]
나를 ~하게 해주세요!

① 기본패턴의 핵심!

❶ **dejar** (~하게 하다)는 영어의 **let** 에 해당합니다.
❷ **¡Déjeme ~!** 는 '(당신이) 나를 ~하게 해주세요!' (내가 ~해볼게요!)의 뜻입니다.
❸ 직접목적보어 **me** (나를)은 명령문에서는 명령어(동사)의 끝에 붙습니다.
❹ 2인칭 단수 **tú** 명령으로 바꾸면 **dejar** 동사의 직설법 3인칭 단수를 사용해서 **¡Déjame ~!** ((너는) 나를 ~하게 해라!)가 됩니다.

② 기본패턴의 연습!

p129-01	¡Déjeme	solo(a)!	나를 혼자 있게 놔두세요!
p129-02	¡Déjeme	tranquilo(a)!	나를 조용히 놔두세요!
p129-03	¡Déjeme	hacerlo!	내가 그것을 하게 해주세요!
p129-04	¡Déjeme	hablar!	내가 말하게 해주세요!
p129-05	¡Déjeme	pasar!	내가 지나가게 해주세요!
p129-06	¡Déjeme	probarlo!	내가 그것을 맛보게 해주세요! (내가 맛 좀 볼게요!)
p129-07	¡Déjeme	entrar!	나를 들어가게 해주세요!
p129-08	¡Déjeme	empezar!	내가 시작하게 해주세요!

● **¡Déjeme saborear!** 는 '나를 맛보게 해주세요! > 내가 맛 좀 볼게요!'입니다.
● **solo(a)** (혼자/홀로), **tranquilo(a)** (조용한/평온한), **hacer** (하다), **hablar** (말하다), **pasar** (지나가다), **probar** (맛보다/음미하다), **lo** (그것을), **entrar** (들어가다), **empezar** (시작하다)

The basics of grammar and sentence construction!
The most useful phrases and expressions!

다섯 번째 섹션 : 중요문법 패턴!

5th Section 은 **중요문법**을 정리하였습니다.
문법적으로 **난이도**도 높고, **사용빈도**도 높은 **표현**들을 정리했습니다.

P 129

③ 기본패턴의 확장!

p129-09 ¡Déjeme explicarles! 내가 당신(들)에게 설명하게 해주세요!

p129-10 ¡Déjeme reflexionar un momento! 내가 잠깐 숙고하게 해주세요!

- 명령문에서 간접목적대명사 **les** (당신(들)에게)의 위치는 명령어 끝에 붙거나, 동사원형이 나올 경우 원형 끝에 붙습니다. (**me** (나에게), **te** (너에게), **le** (그(녀)에게/당신에게), **nos** (우리들에게), **os** (너희들에게), **les** (그(녀)들에게/당신들에게))
- **explicar** (설명하다), **reflexionar** (숙고하다), **un(a)** (하나의), **un momento** (잠깐/순간)

④ 기본패턴의 응용!

p129-11 A) ¿Qué piensa usted sobre este vino? 당신은 이 와인에 대해 어떻게 생각하세요?

p129-12 B) ¡Déjeme probarlo! 내가 그것을 맛볼게요!

p129-13 A) ¿Qué le pasa? 무슨 일입니까?

p129-14 B) ¡Déjeme explicarle! 내가 당신에게 설명하게 해주세요!

- **pensar sobre ~** 는 '~에 대해 생각하다'입니다.
- **¿Qué le pasa?** (무엇이 당신에게 일어났나요?)에서 **le** 는 간접목적대명사로 동사 앞에 왔습니다.
- **qué** (무엇), **usted** (당신), **este** (이 : 지시대명사), **el vino** (와인)

Learn foreign language!
Spanish

Part 1. It's a completely new way to learn foreign language! | Pattern 130

¡Sea ~! [쎄아 ~!]
당신은 ~하세요!

① 기본패턴의 핵심!

❶ **sea** 는 **ser** (~이다/하다) 동사의 접속법 3인칭 단수로 **Ud.** (당신/당신들)에 대한 명령형입니다.
❷ **¡Sea(n)** + 형용사**!**는 '당신(들)은 ~하세요!'입니다. 형용사는 상대방의 수에 일치시킵니다.
❸ 2인칭 단수는 **¡Sé ~!** (너는 ~해라!), 1인칭 복수는 **¡Seamos ~!** (우리 ~합시다!)입니다.

② 기본패턴의 연습!

p130-01	¡Sea	simpático(a)!	상냥하세요!
p130-02	¡Sea	cortés!	공손하세요!
p130-03	¡Sea	optimista!	낙천적이 되세요!
p130-04	¡Sea	amable!	친절하세요!
p130-05	¡Sea	creativo(a)!	창조적이세요! (창조적으로 하세요!)
p130-06	¡Sea	prudente!	신중하세요!
p130-07	¡Sea	feliz!	행복하세요!
p130-08	¡Sea	generoso(a)!	너그러워지세요!

● 형용사의 여성형은 대부분 남성형에 **-a** 를 붙이지만, 자음이나 모음 **-e** 로 끝나면 남성형 그대로 씁니다.
● **simpático(a)** (친절한), **cortés** (예의바른/공손한), **optimista** (낙천적인), **amable** (친절한), **creativo(a)** (창조적인), **prudente** (신중한), **feliz** (행복한), **generoso(a)** (너그러운/관용적인)

The basics of grammar and sentence construction!
The most useful phrases and expressions!

pattern

다섯 번째 섹션 : 중요문법 패턴!

5th Section 은 **중요문법**을 정리하였습니다.
문법적으로 **난이도**도 높고, **사용빈도**도 높은 **표현**들을 정리했습니다.

P 130

③ 기본패턴의 확장!

p130-09	¡Sea trabajador(a)!	부지런하세요!
p130-10	¡Sea puntual!	시간을 지키세요!

● **trabajador(a)** (부지런한), **puntual** (시간을 잘 지키는)

④ 기본패턴의 응용!

p130-11	A) Estoy en cólera.	나는 화가 납니다.
p130-12	B) ¡Sea sosegada!	진정하세요!

p130-13	A) Me caso en junio.	나는 6월에 결혼합니다.
p130-14	B) ¡Felicidades! ¡Sea feliz!	축하해요! 행복하세요!

● **estar en cólera** 는 '화가 나다'입니다.
● **casarse** 는 '~와 결혼하다'이며, 재귀동사입니다.
● **en junio** (6월에), 달 앞에는 전치사 **en** 을 씁니다.
● **la cólera** (분노/화), **sosegado(a)** (침착한/차분한), **casar(se)** (결혼하다), **me** (나 : 재귀대명사), **junio** (6월), **la felicidad** (행복)

Learn foreign language!
Spanish

Part 1. It's a completely new way to learn foreign language! | **Pattern 131**

¡Tenga ~! [뗑가 ~!]
당신은 ~ 가지세요!

① 기본패턴의 핵심!

❶ **tenga** 는 **tener** (가지다) 동사의 접속법 3인칭 단수이며, (존칭) 명령형입니다.
❷ **¡Tenga(n)** + 명사! (당신(들)은 ~ 가지세요!)의 뜻입니다.
❸ 2인칭 단수형은 **¡Ten ~!** (너는 ~가져라!), 1인칭 복수의 명령형은 **¡Tengamos ~!** (우리 ~ 가집시다!)입니다.

② 기본패턴의 연습!

p131-01	**¡Tenga piedad!**	(당신은) 동정심을 가지세요!
p131-02	**¡Tenga coraje!**	용기를 가지세요!
p131-03	**¡Tenga risa!**	미소를 지으세요!
p131-04	**¡Tenga ánimo!**	힘을 내세요!
p131-05	**¡Tenga pasión!**	열정을 가지세요!
p131-06	**¡Tenga paciencia!**	인내를 가지세요! (참으세요!)
p131-07	**¡Tenga tolerancia!**	관용을 가지세요!
p131-08	**¡Tenga orgullo por su trabajo!**	당신의 일(직업)에 자부심을 가지세요!

● 셀 수 없는 명사는 관사 없이 **tener** + 무관사명사로 표현합니다.
● **la piedad** (동정심/연민), **el coraje** (용기), **la risa** (미소), **el ánimo** (정신/기분/마음), **la pasión** (열정), **la paciencia** (인내), **la tolerancia** (관용), **el orgullo** (자부심), **por** (~에 대한), **su** (당신의), **el trabajo** (일/직업)

pattern

다섯 번째 섹션 : 중요문법 패턴!

5th Section 은 **중요문법**을 정리하였습니다.
문법적으로 **난이도**도 높고, **사용빈도**도 높은 **표현**들을 정리했습니다.

P 131

③ 기본패턴의 확장!

p131-09	¡No tenga miedo!	두려움을 갖지 마세요!
p131-10	¡Tenga confianza en sí mismo!	자신감을 가지세요!

- **¡No tenga miedo!** 는 '두려움을 갖지 마세요! > 염려 마세요!/안심하세요!'입니다.
- **sí** (자기 자신 : 재귀대명사) **sí mismo** (자기 자신)은 강조의 의미가 있습니다.
- **tener confianza en** 은 '~에 자신감을 갖다'입니다.
- 전치사 뒤에는 전치격 인칭대명사를 사용합니다. (**mí** (나) / **ti** (너) / **él** (그) / **ella** (그녀) / **usted** (당신) / **nosotros** (우리들) / **vosotros** (너희들) / **ellos** (그들) / **ellas** (그녀들) / **ustedes** (당신들))
- **el miedo** (두려움/공포), **la confianza** (자신감), **mismo** (동일한), **en** (~에 대해), **sí mismo** (자기 자신)

④ 기본패턴의 응용!

p131-11	A) Trabajo a disgusto.	나는 억지로 일합니다.
p131-12	B) ¡Tenga pasión!	열정을 가지세요!

p131-13	A) Tengo miedo de hablar en público.	나는 사람들 앞에서 말하는 것이 두렵습니다.
p131-14	B) ¡Tenga confianza en sí mismo!	자신감을 가지세요!

- **disgusto** 는 '불쾌감/싫증'이고, **a disgusto** 는 숙어로 '억지로'라는 뜻입니다.
- **en público** 는 '사람들 앞에서/공적으로'입니다.
- 소유형용사는 명사의 수에 따라 변화합니다. **mi** (나의 : 남성/여성 단수), **mis** (나의 : 남성/여성 복수)
- **el disgusto** (싫증), **hablar** (말하다), **en** (~안에), **el público** (대중)

Learn foreign language!
Spanish

Part 1. It's a completely new way to learn foreign language! | Pattern 132

¡Hable ~! [아블레 ~!]
당신은 ~ 말하세요!

① 기본패턴의 핵심!

❶ **hable** 는 동사 **hablar** (말하다)의 접속법 3인칭 단수 명령형입니다.
❷ **¡Hable ~!** 는 '당신은 ~ 말하세요!'입니다.
❸ 2인칭 단수형은 **¡Habla ~!** (너는 ~ 말해라!)이고, 1인칭 복수형은 **¡Hablemos ~!** (우리 ~ 말합시다!)가 됩니다.

② 기본패턴의 연습!

p132-01	¡Hable,	por favor!	(당신은) 말씀해 주세요!
p132-02	¡Hable	claramente!	분명하게 말하세요!
p132-03	¡Hable	primero!	(당신이) 먼저 말하세요!
p132-04	¡Hable	más alto!	좀 더 크게 말하세요!
p132-05	¡Hable	más bajo!	좀 더 작게 말하세요!
p132-06	¡Hable	más lentamente!	좀 더 천천히 말하세요!
p132-07	¡Hable	en español!	스페인어로 말하세요!
p132-08	¡Hable	sin vacilar!	거리낌 없이 말하세요!

● **por favor** 는 정중함을 더하는 표현입니다. (= 영어의 **please**)
● **en español** (스페인어로) / **en inglés** (영어로), 전치사 **en** 또는 **de** 다음에 언어명이 올 때는 정관사 **el** 이 생략됩니다.
● **claramente** (명백하게/분명하게), **primero** (우선/먼저), **más** (~보다 더/좀 더), **alto** (큰 소리로), **bajo** (작은 소리로), **lentamente** (천천히), **sin** (~ 없이), **vacilar** (주저하다)

The basics of grammar and sentence construction!
The most useful phrases and expressions!

pattern

다섯 번째 섹션 : 중요문법 패턴!

5th Section 은 **중요문법**을 정리하였습니다.
문법적으로 **난이도**도 높고, **사용빈도**도 높은 **표현**들을 정리했습니다.

P 132

③ 기본패턴의 확장!

p132-09	¡No hable más!	더 이상 말하지 마세요!
p132-10	¡No hable con la boca llena!	입에 음식을 담고 말하지 마세요!

- 부정문은 동사 앞에 부정부사 **no** (아니다)를 씁니다.
- **¡No hable con la boca llena!** (가득 찬 입으로 말하지 마세요! > 음식을 입에 가득 담고 말하지 마세요!)
- **no ~ más** 는 '더 이상 ~ 아니다'입니다.
- **hablar** (말하다), **más** (더), **con** (~을 가지고/으로), **la boca** (입), **lleno(a)** (가득 찬)

④ 기본패턴의 응용!

p132-11	A) ¿Puedo hablar en inglés?	영어로 말해도 됩니까?
p132-12	B) No. ¡Hable en español!	아니오. 스페인어로 말하세요!

p132-13	A) A mi parecer ...	내 생각에는 ...
p132-14	B) ¡No hable con la boca llena!	음식을 입에 가득 담고 말하지 마세요!

- **¿Puedo + 동사원형?**은 '내가 ~해도 됩니까?'입니다.
- **a mi parecer ~** 는 '내 생각에는 ~'으로 말을 꺼낼 때 쓰는 표현입니다.
- 소유형용사는 명사의 수에 따라 변화합니다. **mi** (나의 : 남성/여성 단수), **mis** (나의 : 남성/여성 복수)
- **poder** (할 수 있다), **el inglés** (영어), **a** (~에 의하면), **mi** (나의), **el parecer** (생각/의견)

The focus is on **conversation** and **communication**.
Start **speaking languages** immediately using **essential phrases**.

Learn foreign language!
Spanish

Part 1. | Pattern 133

It's a completely new way to learn foreign language!

¡Haga ~! [아가 ~!]
당신은 ~하세요!

① 기본패턴의 핵심!

- ❶ **haga** 는 동사 **hacer** (하다)의 접속법 3인칭 단수이며, (존칭) 명령형입니다.
- ❷ **¡Haga ~!** 는 '당신은 ~하세요!'입니다.
- ❸ 2인칭 단수형은 **¡Haz ~!** (너는 ~해라!), 1인칭 복수형은 **¡Hagamos ~!** (우리 ~합시다!)입니다.

② 기본패턴의 연습!

p133-01	¡Haga	ejercicios!	(당신은) 운동하세요!
p133-02	¡Haga	lo mejor posible!	최선을 다하세요!
p133-03	¡Haga	la maleta!	짐을 싸세요!
p133-04	¡Haga	la cama!	잠자리를 준비하세요!
p133-05	¡Haga	esfuerzos!	노력하세요!
p133-06	¡Haga	el favor de venir!	좀 와주세요!
p133-07	¡Haga	cualquier cosa!	어떤 것이라도 하세요!
p133-08	¡Haga	su habitación!	당신의 방을 청소해주세요!

- **haga el favor de** 는 '~하는 호의를 베풀어주세요'라는 뜻으로 부탁할 때 사용합니다.
- **hacer** (하다)가 **habitación** (방)과 만나 '방을 청소하다/치우다'라는 뜻이 됩니다. (관용적 표현)
- **el ejercicio** (운동/연습), **lo mejor** (최선/최고), **posible** (가능한), **la maleta** (짐), **la cama** (침대), **el esfuerzo** (노력/수고), **el favor** (호의), **de** (~의), **venir** (오다), **cualquier** (어떤 ~라도), **la cosa** (사물/것), **su** (당신의), **la habitación** (방)

다섯 번째 섹션 : 중요문법 패턴!

5th Section 은 **중요문법**을 정리하였습니다.
문법적으로 **난이도**도 높고, **사용빈도**도 높은 **표현**들을 정리했습니다.

P 133

③ 기본패턴의 확장!

p133-09 ¡Haga la pregunta! 질문하세요!

p133-10 ¡No lo haga! 그것을 하지 마세요!

- 부정명령에서는 직접목적대명사 **lo** 가 동사 앞에 옵니다.
- **¡No lo haga!** 는 '그것을 하지 마세요! > 그러지 마세요!'입니다.
- **la pregunta** (질문), **no** (아니다), **lo** (그것 : 직접목적대명사)

④ 기본패턴의 응용!

p133-11 A) No lo entiendo. 나는 그것이 이해가 안됩니다.

p133-12 B) ¡Haga la pregunta! 질문하세요!

p133-13 A) Parto para Madrid la próxima semana. 나는 다음 주에 마드리드로 떠납니다.

p133-14 B) ¡Haga su habitación antes de partir! 떠나기 전에 당신의 방을 청소해주세요!

- **partir para ~** 는 '~로 떠나다'입니다.
- **entender** (이해하다), **la pregunta** (질문), **partir** (떠나다), **para** (~를 향해), **próximo(a)** (다음의), **la semana** (주), **su** (당신의), **la habitación** (방), **antes de** (~하기 전에)

The focus is on **conversation** and **communication**.

Start **speaking languages** immediately using **essential phrases**.

Learn foreign language!
Spanish

Part 1. It's a completely new way to learn foreign language! | Pattern 134

¡Deme ~! [데메 ~!]
당신은 나에게 ~을 주세요!

① 기본패턴의 핵심!

❶ **dar** (주다)는 주로 **dar + A + B** (**A** 를 **B** 에게 주다)의 형식으로 사용하는 수여동사입니다.
❷ **¡Deme ~!** 는 '(당신은) 나에게 ~을 주세요!'입니다.
❸ 간접목적보어 **me** (나에게)는 명령문에서 명령어(동사) 끝에 붙여씁니다.
❹ 2인칭 단수명령은 **¡Dame ~!** (너는 나에게 ~을 줘!)입니다.

② 기본패턴의 연습!

p134-01	¡Deme	esa carta!	나에게 그 편지를 주세요!
p134-02	¡Deme	una idea!	나에게 아이디어를 주세요!
p134-03	¡Deme	tiempo!	나에게 시간을 주세요!
p134-04	¡Deme	un poco de dinero!	나에게 약간의 돈을 주세요!
p134-05	¡Deme	un ejemplo!	나에게 예를 들어 주세요!
p134-06	¡Deme	su dirección!	나에게 당신의 주소를 주세요!
p134-07	¡Deme	más información!	나에게 더 많은 정보를 주세요!
p134-08	¡Deme	su número de teléfono!	나에게 당신의 전화번호를 주세요!

● **más** + 무관사명사는 '더 많은 ~'입니다.
● **ese(a)** (그것 : 지시형용사), **la carta** (편지), **un(a)** (하나의), **la idea** (아이디어), **el tiempo** (시간), **un poco de** (약간/조금의), **de** (~의), **el dinero** (돈), **el ejemplo** (사례/예시), **su** (당신의), **la dirección** (주소), **la información** (정보), **el número** (번호), **el teléfono** (전화)

The basics of grammar and sentence construction!
The most useful phrases and expressions!

다섯 번째 섹션 : 중요문법 패턴!

5th Section 은 **중요문법**을 정리하였습니다.
문법적으로 **난이도**도 높고, **사용빈도**도 높은 **표현**들을 정리했습니다.

P 134

③ 기본패턴의 확장!

p134-09 ¡Deme la mano! 나에게 손을 주세요! (도와주세요!)

p134-10 ¡Deme cualquier cosa que comer! 나에게 먹을 어떤 것이든 주세요!

- **dar la mano a ~** 는 '~에 도움의 손길을 주다'입니다.
- **cualquier cosa que** + 동사원형은 '~할 어떤 것이든'입니다.
cualquiera 뒤에 단수명사가 오면 **-a** 가 탈락하고, 복수명사가 오면 **cualesquiera** 가 됩니다.
cualquier persona (어떤 사람이든), **cualesquiera personas** (어떤 사람들이든)
- **la mano** (손/어떤), **a** (~에), **cualquier cosa** (어떤 것이든), **comer** (먹다)

④ 기본패턴의 응용!

p134-11 A) ¿Tiene usted hambre? 당신은 배가 고픕니까?

p134-12 B) Sí. ¡Deme cualquier cosa que comer! 네. 나에게 먹을 어떤 것이든 주세요!

p134-13 A) Usted debe escoger entre dos opciones. 당신은 두 개 옵션 중에서 골라야 합니다.

p134-14 B) ¡Deme tiempo! 나에게 시간을 주세요!

- **tener hambre** 는 '배고픔을 가지다 > 배고프다'입니다.
- **de comer** 전치사 **de** 는 이때 '~하기 위한'이라는 목적을 나타내고 있습니다. 뒤에는 동사 원형이 옵니다.
- **deber** + 동사원형은 '~해야만 한다'이며, 같은 의미로 **tener que** + 동사원형이 있습니다.
- **tener** (가지다), **usted** (당신), **el hambre** (굶주림/허기), **sí** (네), **deber** (~해야 한다),
escoger (고르다/선택하다), **entre** (~ 사이에서), **dos** (2), **la opción** (옵션/선택)

The focus is on **conversation** and **communication**.

Start **speaking languages** immediately using **essential phrases**.

¡No la deje ~! [노 라 데헤 ~!]
(당신은) 그녀를 ~하도록 내버려두지 마세요!

① 기본패턴의 핵심!

❶ **deje** 는 동사 **dejar** (~이다/있다)의 접속법 3인칭 단수로 존칭 명령형입니다.
❷ **¡No** + 목적대명사(**lo/la(s)**) + **deje** + 동사원형.은 '(당신은) 그/그녀(들)을 ~하게 내버려두지 마세요!' 라는 뜻의 부정명령문입니다. 부정명령문에서 직접목적대명사는 동사 앞에 오며, 동사 **dejar** 다음에 나오는 원형동사의 의미상의 주어가 됩니다.
❸ 부정명령형은 **no** 를 문장 앞에 둡니다.

② 기본패턴의 연습!

p135-01	¡No la deje	dormir!	그녀를 자게 내버려두지 마십시오!
p135-02	¡No la deje	fumar!	그녀가 담배를 피우게 하지 마십시오!
p135-03	¡No la deje	comer tanto!	그녀가 그렇게 많이 먹게 하지 마십시오!
p135-04	¡No la deje	estar sola!	그녀가 혼자 있게 하지 마십시오!
p135-05	¡No la deje	llorar!	그녀를 울게 내버려두지 마십시오!
p135-06	¡No la deje	subir a la montaña!	그녀가 산에 오르게 하지 마십시오!
p135-07	¡No la deje	levantarse tarde!	그녀가 늦게 일어나게 하지 마십시오!
p135-08	¡No la deje	ver la televisión todo el día!	그녀가 하루 종일 TV를 보게 하지 마십시오!

● **la** (그녀를 : 직접목적대명사)는 부정명령에서 명령어(동사) 앞에 위치합니다.
● **todo el día** 는 '하루 종일', **todos los días** 는 '매일'입니다.
● **dormir** (자다), **fumar** (담배 피우다), **comer** (먹다), **tanto** (그렇게 많은), **estar** (~이다/있다), **solo(a)** (혼자), **llorar** (울다), **subir** (오르다), **a** (~에), **la montaña** (산), **levantarse** (일어나다), **tarde** (늦게), **ver** (보다), **la televisión** (텔레비전), **todo el día** (하루 종일)

다섯 번째 섹션 : 중요문법 패턴!

5th Section 은 **중요문법**을 정리하였습니다.
문법적으로 **난이도**도 높고, **사용빈도**도 높은 **표현**들을 정리했습니다.

P 135

③ 기본패턴의 확장!

p135-09 ¡No me deje dormir mucho tiempo! 내가 오래 자도록 내버려두지 마세요!

p135-10 ¡No le deje gastar más dinero! 그가 돈을 많이 쓰게 하지 마십시오!

- **mucho tiempo** 는 '오래도록'입니다.
- **me** (나를), **mucho** (많은), **el tiempo** (시간), **le** (그/그녀/당신에게 : 간접목적어), **gastar** (쓰다), **más** (더욱), **el dinero** (돈)

④ 기본패턴의 응용!

p135-11 A) Más vale dormir un poco antes de estudiar. 공부하기 전에 조금 자는 것이 더 낫습니다.

p135-12 B) ¡No me deje dormir mucho tiempo! 내가 오래 자게 하지 마십시오!

p135-13 A) Voy de compras con mi hermano pequeño. 나는 내 남동생과 함께 쇼핑하러 갑니다.

p135-14 B) ¡No le deje gastar tanto dinero! 그가 돈을 너무 많이 쓰게 하지 마십시오!

- **más vale** (더 낫다)는 다음에 동사원형이 와서 '~하는 것이 더 낫다'가 됩니다.
- **hermano menor** 는 '동생'이고, **hermano mayor** 는 '형'입니다.
- **ir de compras** 는 '쇼핑하러 가다'입니다.
- **valer** (가치가 있다), **un poco** (약간), **antes de** (~하기 전에), **estudiar** (공부하다), **con** (~와 함께), **mi** (나의), **hermano** (형제), **pequeño(a)** (어린), **tanto** (그렇게 많은)

Learn foreign language!
Spanish

Part 1. It's a completely new way to learn foreign language! | Pattern 136

¡Muéstreme ~! [무에스뜨레메 ~!]
당신은 나에게 ~을 보여주세요!

① 기본패턴의 핵심!

❶ **mostrar** (보여주다) 동사는 주로 **mostrar + a + A** (**A** 에게 보여주다)의 형식으로 사용합니다.
❷ **¡Muéstreme ~!** (당신은 나에게 ~을 보여주세요!)입니다.
❸ 간접목적대명사 **me** (나에게)는 명령문에서 동사의 끝에 붙여씁니다.
❹ **¡Muéstrame ~!** 는 '너는 나에게 ~을 보여줘!'입니다.

② 기본패턴의 연습!

p136-01	¡Muéstreme	ese(a)!	(당신은) 나에게 그것을 보여주세요!
p136-02	¡Muéstreme	las fotos!	나에게 사진들을 보여주세요!
p136-03	¡Muéstreme	las pinturas!	나에게 그림들을 보여주세요!
p136-04	¡Muéstreme	la calle!	나에게 길을 보여주세요!(알려주세요!)
p136-05	¡Muéstreme	su billete!	나에게 당신의 티켓을 보여주세요!
p136-06	¡Muéstreme	su pasaporte!	나에게 당신의 여권을 보여주세요!
p136-07	¡Muéstreme	su tarjeta de identidad!	나에게 당신의 신분증을 보여주세요!
p136-08	¡Muéstreme	su carné de conducir!	나에게 당신의 운전면허증을 보여주세요!

● **la tarjeta de identidad** (신분증) / **el carné de conducir** (운전면허증)
● **ese(a)** (그것 : 지시대명사), **la foto** (사진), **la pintura** (그림), **la calle** (길), **su** (당신의), **el billete** (표/티켓), **el pasaporte** (여권), **la tarjeta** (증명서/표), **de** (~의), **la identidad** (신분), **el carné** (면허증), **conducir** (운전하다)

The basics of grammar and sentence construction!
The most useful phrases and expressions!

③ 기본패턴의 확장!

p136-09 **¡Muéstreme algo más barato!** 나에게 좀 더 싼 것을 보여주세요!

p136-10 **¡Muéstreme otros modelos!** 나에게 다른 모델들을 보여주세요!

- **otro** (그 외의/다른)은 뒤에 오는 명사의 성수에 따라 형태가 바뀝니다.
otro + 남성단수, **otra** + 여성단수, **otros** + 남성복수, **otras** + 여성복수
- **algo** (무엇인가/어떤 것), **más** (더), **barato(a)** (싼), **el modelo** (형식/모델)

④ 기본패턴의 응용!

p136-11 **A) ¡Muéstreme su pasaporte!** 나에게 당신의 여권을 보여주세요!

p136-12 **B) No lo llevo.** 나는 그것을 가지고 있지 않습니다.

p136-13 **A) ¿Puedo entrar ahora?** 이제 내가 들어가도 되겠습니까?

p136-14 **B) ¡Muéstreme su billete!** 나에게 당신의 티켓을 보여주세요!

- 부정문은 동사 앞에 부정부사 **no** (아니다)를 붙입니다.
- 직접목적대명사 **lo** (그것을)의 위치는 동사 바로 앞입니다.
- **¿Puedo + 동사원형?**은 '내가 ~할 수 있습니까?'입니다.
- **llevar** (가지고 다니다), **entrar** (들어가다), **ahora** (지금/이제)

Learn foreign language!
Spanish

Part 1. It's a completely new way to learn foreign language! | Pattern 137

¡Tráigame ~! [뜨라이가메 ~!]
당신은 나에게 ~을 가져오세요!

① 기본패턴의 핵심!

❶ **traer** (가져오다)는 주로 **traer + a + A** (**A** 에게 가져오다)의 형식으로 사용합니다.
❷ **¡Tráigame ~!** 는 '당신(들)은 나에게 ~을 가져오세요!'입니다.
❸ 간접목적대명사 **me** (나에게)는 명령문에서 동사 끝에 붙습니다.
❹ **¡Tráeme ~!** 는 '너는 나에게 ~을 가져와!'입니다.

② 기본패턴의 연습!

p137-01	¡Tráigame eso!	(당신은) 나에게 그것을 가져오세요!
p137-02	¡Tráigame el vino!	나에게 와인을 가져오세요!
p137-03	¡Tráigame el periódico!	나에게 신문을 가져오세요!
p137-04	¡Tráigame la revista!	나에게 잡지를 가져오세요!
p137-05	¡Tráigame el desayuno!	나에게 아침 식사를 가져오세요!
p137-06	¡Tráigame un vaso de agua!	나에게 물 한 잔을 가져오세요!
p137-07	¡Tráigame una taza de té!	나에게 차 한 잔을 가져오세요!
p137-08	¡Tráigame una botella de vino!	나에게 와인 한 병을 가져오세요!

● **agua** 는 원래 여성명사이지만 발음상의 이유로 단수일 때 남성정관사/부정관사를 붙입니다.
un agua/el agua 반면 복수는 **unas aguas/las aguas** 로 다시 여성관사가 붙습니다.
un vaso de agua (물 한 잔), **una taza de té** (차 한 잔), **una botella de vino** (와인 한 병)
● **eso** (그것 : 지시대명사), **el vino** (와인), **el periódico** (신문), **la revista** (잡지), **el desayuno** (아침 식사), **un(a)** (하나의/어떤), **el vaso** (잔/컵), **de** (~의), **el agua** (물), **la taza** (찻잔), **el té** (차), **la botella** (병)

다섯 번째 섹션 : 중요문법 패턴!

5th Section 은 **중요문법**을 정리하였습니다.
문법적으로 **난이도**도 높고, **사용빈도**도 높은 **표현**들을 정리했습니다.

P 137

③ 기본패턴의 확장!

p137-09 ¡Tráigame buenas noticias! 나에게 좋은 소식들을 가져오세요!

p137-10 ¡Tráigame el periódico de hoy! 나에게 오늘의 신문을 가져다 주세요!

● **bueno** 는 뒤에 나오는 명사의 성수에 따라 형태가 바뀝니다.
buen + 남성단수, **buena** + 여성단수, **buenos** + 남성복수, **buenas** + 여성복수
● **bueno(a)** (좋은), **la noticia** (소식/뉴스), **hoy** (오늘)

④ 기본패턴의 응용!

p137-11 A) ¿Qué quiere beber? 음료는 무엇을 원하십니까?

p137-12 B) ¡Tráigame un vaso de agua! 나에게 물 한 잔을 가져오세요!

---

p137-13 A) ¿Necesita usted alguna cosa? 당신은 무엇인가 필요합니까?

p137-14 B) Sí. ¡Tráigame el periódico, por favor! 네. 나에게 신문을 가져다 주세요!

● 긍정명령에서는 목적대명사가 동사(명령어)의 끝에 붙습니다. (**me** 나에게)
● **alguno** 는 뒤에 나오는 명사의 성수에 따라 형태가 바뀝니다.
algún + 남성단수, **alguna** + 여성단수, **algunos** + 남성복수, **algunas** + 여성복수
● **qué** (무엇), **querer** (원하다/바라다), **beber** (마시다), **necesitar** (필요하다),
usted (당신), **alguno** (어떤), **cosa** (것), **sí** (네), **por favor** (부탁합니다)

Learn foreign language!
Spanish

Part 1. It's a completely new way to learn foreign language! | Pattern 138

¡Llame ~! [야메 ~!]
당신은 ~을 불러주세요!

① 기본패턴의 핵심!

❶ **llame** 는 동사 **llamar** (부르다)의 존칭 명령형으로 접속법 3인칭 단수를 사용합니다.
❷ **¡Llame ~!** 는 '(당신은) ~를 불러주세요!'입니다.
❸ 2인칭 단수형은 **¡Llama ~!** (너는 ~을 불러라!),
1인칭 복수형은 **¡Llamemos ~!** (우리는 ~을 부릅시다!)입니다.

② 기본패턴의 연습!

p138-01	¡Llame	a la policía!	(당신은) 경찰을 불러주세요!
p138-02	¡Llame	al gerente!	지배인을 불러주세요!
p138-03	¡Llame	al encargado de aparcar!	주차담당자를 불러주세요!
p138-04	¡Llame	al médico!	의사를 불러주세요!
p138-05	¡Llame	a los bomberos!	소방관들을 불러주세요!
p138-06	¡Llame	a la ambulancia!	구급차를 불러주세요!
p138-07	¡Llame	al profesor!	교사를 불러주세요!
p138-08	¡Llame	al responsable!	책임자를 불러주세요!

● 전치사 **a** + 정관사 **el** 은 **al** 로 축약됩니다.
● **la policía** (경찰), **el gerente** (지배인), **el encargado** (담당자), **de** (~의), **aparcar** (주차하다), **el médico** (의사), **el bombero** (소방관), **la ambulancia** (구급차), **el profesor** (교사), **el responsable** (책임자)

The basics of grammar and sentence construction!
The most useful phrases and expressions!

다섯 번째 섹션 : 중요문법 패턴!

5th Section 은 **중요문법**을 정리하였습니다.
문법적으로 **난이도**도 높고, **사용빈도**도 높은 **표현**들을 정리했습니다.

P 138

③ 기본패턴의 확장!

p138-09 ¡Llame a un taxi! 택시를 불러주세요!

p138-10 ¡Llame al médico lo más pronto posible! 가능한 빨리 의사를 불러주세요!

- 간접목적대명사 **me** (나에게)는 긍정명령문에서 동사(명령어) 끝에 붙여씁니다.
- **lo más pronto possible** 는 '가능한 빨리'입니다. **lo** (중성관사) + 형용사는 명사화됩니다.
lo bueno (좋은 것), **lo de ayer** (어제의 일/것)
- **un(a)** (하나의), **el taxi** (택시), **lo** (관사), **más** (더), **pronto** (빨리), **posible** (가능한)

④ 기본패턴의 응용!

p138-11 A) ¡Llame a un taxi! 택시를 불러주세요!

p138-12 B) ¡De acuerdo enseguida! 즉시 그렇게 하겠습니다!

p138-13 A) ¿Tiene usted algún problema? 당신은 어떤 문제가 있습니까?

p138-14 B) ¡Llame al médico! ¡Estoy herida! 의사를 불러주세요! 나는 다쳤습니다!

- **De acuerdo.** 는 '알겠습니다.'입니다.
- **estar herido(a)** 는 '다치다/상처 입다'입니다.
- **el acuerdo** (동의/합의), **enseguida** (단박에/즉시), **tener** (가지다), **usted** (당신),
alguno (어떤), **el problema** (문제), **ser** (~이다), **herido(a)** (상처 입은/다친)

The focus is on **conversation** and **communication**.

Start **speaking languages** immediately using **essential phrases**.

Learn foreign language!
Spanish

Part 1. It's a completely new way to learn foreign language! | Pattern 139

¡Ponga ~! [뽕가 ~!]
~ 두세요!

① 기본패턴의 핵심!

❶ **ponga** 는 동사 **poner** (두다/넣다/얹다)의 3인칭 단수 **usted** (당신)의 긍정명령입니다.
❷ **¡Ponga ~!** (당신은 ~ 두세요/넣으세요!) 등으로 다양하게 표현할 수 있습니다.
❸ **poner** 동사의 접속법 현재 인칭변화형을 활용하여 다양한 주어의 문장을 만들 수 있습니다.
(**Yo ponga, Tú pongas, El/Ella/Ud. ponga, Nosotros pongamos, Vosotros pongáis, Ellos/Ellas/Uds. pongan**)

② 기본패턴의 연습!

p139-01	¡Ponga	la mesa!	식탁을 차리세요!
p139-02	¡Ponga	el libro sobre la mesa!	탁자 위에 책을 두세요!
p139-03	¡Ponga	azúcar en el café!	커피에 설탕을 넣으세요!
p139-04	¡Ponga	pimiento en la carne!	고기에 후추를 치세요!
p139-05	¡Ponga	los guantes a su hijo!	당신의 아이에게 장갑을 끼워주세요!
p139-06	¡Ponga	aire a los neumáticos!	타이어들에 공기를 넣으세요!
p139-07	¡Ponga	su firma aquí!	여기에 당신의 사인을 해주세요!
p139-08	¡Ponga	el despertador a las cinco!	자명종을 5시에 맞추어 놓으세요!

● **poner** 동사는 '~을 넣다/치다/입히다/끼우다/보내다/맞추다/설치하다' 등 다양한 의미로 사용합니다.
● 전치사 **a** 는 사람이 목적어로 나올 때에 명사 앞에서 '~을/를'로,
사물 앞에서는 '~에'(대상/목적지)의 의미입니다.
● **la mesa** (식탁/탁자), **el libro** (책), **sobre** (~ 위로), **el azúcar** (설탕), **en** (~ 안에), **el café** (커피), **el pimiento** (후추), **la carne** (고기), **el guante** (장갑), **a** (~에), **su** (당신의), **el/la hijo(a)** (아들/딸), **el aire** (공기), **el neumático** (타이어), **la firma** (사인), **aquí** (여기), **el despertador** (자명종), **cinco** (5)

The basics of grammar and sentence construction!
The most useful phrases and expressions!

다섯 번째 섹션 : 중요문법 패턴!

5th Section 은 **중요문법**을 정리하였습니다.
문법적으로 **난이도**도 높고, **사용빈도**도 높은 **표현**들을 정리했습니다.

P 139

③ 기본패턴의 확장!

p139-09 ¡Póngase el abrigo! 외투를 입으세요!

p139-10 ¡Póngase a estudiar! 공부를 시작해주세요!

- 긍정명령형에서 재귀대명사는 명령어의 끝에 붙습니다.
- **poner** 동사에 재귀대명사가 붙어서(**se**) '입다/착용하다'의 뜻이 됩니다.
- **ponerse** + 전치사 **a** + 동사원형은 '~하기 시작하다'입니다.
- **el abrigo** (외투), **estudiar** (공부하다)

④ 기본패턴의 응용!

p139-11 A) Hace mucho frío. 날씨가 매우 춥습니다.

p139-12 B) ¡Póngase el abrigo! 외투를 입으세요!

---

p139-13 A) Mañana voy a tener un examen. 내일 시험을 볼 거에요.

p139-14 B) Entonces, ¡póngase a estudiar ahora mismo! 그렇다면, 당장 공부를 시작해주세요!

- 날씨를 나타낼 때 **hacer** 동사의 3인칭 단수를 사용합니다.
- **ir** + **a** + 동사원형은 '~할 것이다/할 예정이다'입니다.
- **hacer** (~을 하다), **mucho** (많은), **el frío** (추위), **mañana** (내일), **ir** (가다), **tener** (가지다), **el examen** (시험), **entonces** (그렇다면), **ahora** (지금), **mismo** (당장/곧)

Learn foreign language!
Spanish

Part 1. Pattern 140

It's a completely new way to learn foreign language!

¡No haga ~! [노 아가 ~!]
~ 하지 마세요!

① 기본패턴의 핵심!

❶ **haga** 는 동사 **hacer** (하다)의 3인칭 단수 **usted** (당신)의 명령형입니다.
❷ **¡No haga ~!** 는 '(당신은) ~하지 마세요!'이며, 다양한 뜻을 표현할 수 있습니다.
❸ 부정부사 **no** 는 동사 앞에 쓰며, 목적대명사나 재귀대명사는 **no** 다음에 그리고 동사 앞에 씁니다.

② 기본패턴의 연습!

p140-01	**¡No haga mal!**	해치지 마세요!
p140-02	**¡No haga burla!**	놀리지 마세요!
p140-03	**¡No haga la maleta!**	짐을 싸지 마세요!
p140-04	**¡No haga por verme!**	나를 만나러 애쓰지 마세요!
p140-05	**¡No haga una llamada!**	전화를 걸지 마세요!
p140-06	**¡No haga mal uso!**	남용하지 마세요!
p140-07	**¡No haga daño!**	아프게 하지 마세요!
p140-08	**¡No haga la guerra!**	싸우지 마세요!

● **hacer la maleta** 는 '짐을 싸다'입니다.
● **mal uso** (남용), 형용사 **malo** (나쁜)은 남성 단수명사 앞에서 어미 **-o** 가 탈락합니다.
el uso (사용)이 남성 단수명사이므로 **-o** 가 탈락해서 **mal uso** 가 됩니다.
● **el mal** (악/악행), **la burla** (놀림/야유), **la maleta** (짐), **por** (~위하여),
ver (보다), **me** (나를), **la llamada** (통화), **malo(a)** (나쁜),
el uso (사용), **el daño** (손해/아픔), **la guerra** (전쟁)

③ 기본패턴의 확장!

p140-09	¡No lo haga usted!	당신은 그것을 하지 마세요!
p140-10	¡No se haga las uñas!	손톱을 깎지 마세요!

- 긍정명령에서는 목적대명사와 재귀대명사가 명령어(동사)의 끝에 붙여쓰지만, 부정명령의 경우에는 동사 앞에 씁니다.
- **lo** (그것), **usted** (당신), **la uña** (손톱), **hacerse** (깎다/자르다)

④ 기본패턴의 응용!

p140-11	A) Hoy estoy enferma.	나는 오늘 몸이 아픕니다.
p140-12	B) ¡Hoy no haga ayuno!	오늘 금식하지 마세요!

---

p140-13	A) Fernando siempre habla mal de mí.	페르난도는 항상 나를 험담해요.
p140-14	B) ¡No le haga caso!	그에게 신경쓰지 마세요!

- **hablar mal de** '~에 대해서 험담하다'입니다.
- **hacer caso** '~에게 주의를 기울이다'입니다.
- **hoy** (오늘), **el ayuno** (금식하다), **enfermo(a)** (아프다), **siempre** (항상), **hablar** (말하다), **mal** (나쁘게), **de** (~에 대해), **mí** (나), **el caso** (경우), **le** (그에게)

Learn foreign language!
Spanish

Part 2. It's a completely new way to learn foreign language! | Pattern 141

¿Está ~? [에스따 ~?]
당신은 ~하고 있습니까?

① 기본패턴의 핵심!

❶ **¿Está + 현재분사?**는 '당신은 ~하고 있습니까?'이며, '현재진행 의문문'입니다.
❷ 스페인어의 현재분사 만드는 방법은 **-ar** 로 끝나는 동사는 **-ando**,
-ir/-er 로 끝나는 동사는 **-iendo** 를 붙여주면 됩니다.
❸ 현재분사가 불규칙 형태를 갖는 동사들도 있습니다.
(**dormir** (자다) > **durmiendo**, **escuchar** (듣다) > **escuchando**, **pedir** (요청하다) > **pidiendo**, **seguir** (따르다) > **siguiendo**, **venir** (오다) > **viniendo**, **comer** (먹다) > **comiendo** 등입니다.)

② 기본패턴의 연습!

p141-01	¿Está usted durmiendo ahora?	당신은 지금 자고 있습니까?
p141-02	¿Está usted escuchando la música?	당신은 음악을 듣고 있습니까?
p141-03	¿Está usted pidiendo ayuda?	당신은 도움을 청하고 있습니까?
p141-04	¿Está usted siguiendo un camino?	당신은 길을 따라가고 있습니까?
p141-05	¿Está usted viniendo a casa?	당신은 집으로 오고 있습니까?
p141-06	¿Está usted comiendo pan?	당신은 빵을 먹고 있습니까?
p141-07	¿Está usted hablando con su hermano?	당신은 당신의 동생과 이야기하고 있습니까?
p141-08	¿Está usted leyendo el periódico?	당신은 신문을 읽고 있습니까?

● **hablar** (말하다) 동사는 다음에 전치사가 옵니다. **hablar** (말하다) > **hablando**
hablar con (~와 얘기하다), **hablar de** (~에 대해서 얘기하다)
● **leer** (읽다) > **leyendo**
● **usted** (당신), **ahora** (지금), **la música** (음악), **la ayuda** (도움), **un(a)** (하나의), **el camino** (길), **a** (~으로), **la casa** (집), **el pan** (빵), **su** (당신의), **el hermano** (동생), **el periódico** (신문)

The basics of grammar and sentence construction!
The most useful phrases and expressions!

pattern

다섯 번째 섹션 : 중요문법 패턴!

5th Section 은 **중요문법**을 정리하였습니다.
문법적으로 **난이도**도 높고, **사용빈도**도 높은 **표현**들을 정리했습니다.

P 141

③ 기본패턴의 확장!

p141-09 **¿Con quién está usted hablando?** 당신은 누구와 이야기하고 있습니까?

p141-10 **¿Dónde está usted poniéndose el traje?** 당신은 어디에서 드레스를 입고 있습니까?

- **quién** (누구)가 전치사 **con** (~와 함께)와 같이 쓰이면 **con quién** (누구와 함께)가 됩니다.
- **ponerse** 는 '~을 착용하다(입다)'입니다. 현재분사형은 **poniéndose** 입니다.
- 재귀동사가 현재진행형으로 쓰일 때, 재귀대명사는 현재분사의 끝에 붙습니다.

(**Usted está poniéndose el traje.** 당신은 드레스를 입고 있습니다.)

- **con** (~와 함께), **quién** (누구), **dónde** (어디), **ponerse** (입다), **el traje** (드레스)

④ 기본패턴의 응용!

p141-11 **A) ¿Con quién está usted hablando?** 당신은 누구와 얘기 중입니까?

p141-12 **B) Estoy hablando con mi jefe.** 저는 저의 상사와 이야기하고 있습니다.

p141-13 **A) ¿Qué está usted poniéndose?** 당신은 무엇을 입고 있습니까?

p141-14 **B) Estoy poniéndome el traje nuevo.** 나는 새 드레스를 입고 있습니다.

- **mi** (나의), **el jefe** (상사), **nuevo** (새로운)

Learn foreign language!
Spanish

Part 2. It's a completely new way to learn foreign language! | Pattern 142

Voy a ~. [보이 아 ~.]
나는 ~할 것입니다.

① 기본패턴의 핵심!

❶ **Voy a** + 동사원형.은 '나는 ~할 것입니다.'입니다.
❷ **ir** (가다) + 동사원형은 미래시제를 표현하며, 이를 '근접미래'라고 합니다.
❸ **ir** 동사는 불규칙변화동사이며, 인칭변화형을 활용하여 다양한 주어의 문장을 만들 수 있습니다.
(**Yo voy, Tú vas, Él/Ella/Ud. va, Nosotros vamos, Vosotros vais, Ellos/Ellas/Uds. van**)

② 기본패턴의 연습!

p142-01	Voy a	estar ahí.	나는 거기에 있을 것입니다.
p142-02	Voy a	probar.	나는 시도해볼 것입니다. (해보겠습니다.)
p142-03	Voy a	visitar Madrid.	나는 마드리드를 방문할 것입니다.
p142-04	Voy a	partir mañana.	나는 내일 떠날 것입니다.
p142-05	Voy a	mudarme de casa.	나는 이사할 것입니다.
p142-06	Voy a	hacer esfuerzos.	나는 노력을 할 것입니다.
p142-07	Voy a	quedarme en casa.	나는 집에 머물 것입니다.
p142-08	Voy a	ver a mi amigo.	나는 나의 친구를 만날 것입니다.

● 소유형용사는 명사의 성수에 따라 변화합니다. **mi** (나의 : 남성/여성 단수) / **mis** (남성/여성 복수)
● **estar** (~이다/있다), **ahí** (거기에), **probar** (시도하다), **visitar** (방문하다), **partir** (떠나다), **mañana** (내일), **mudarse** (이사하다/옮기다), **de** (~의), **la casa** (집), **hacer** (하다), **el esfuerzo** (노력/수고), **quedarse** (머물다), **en** (~에), **ver** (만나다), **a** (~을), **el amigo** (친구)

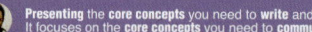

pattern

다섯 번째 섹션 : 중요문법 패턴!

5th Section 은 **중요문법**을 정리하였습니다.
문법적으로 **난이도**도 높고, **사용빈도**도 높은 **표현**들을 정리했습니다.

P 142

③ 기본패턴의 확장!

p142-09 **Voy a graduarme de la Universidad el año que viene.** 나는 내년에 대학을 졸업할 것입니다.

p142-10 **Voy a viajar en América del Sur.** 나는 남미로 여행갈 것입니다.

● 재귀대명사는 동사 앞에 쓰지만 동사원형이 올 때는 동사원형의 끝에 붙여 씁니다.
● 방위 **sur** (남), **norte** (북), **este** (동), **oeste** (서)는 정관사와 함께 표현합니다.
Corea del Sur (남한), **Corea del Norte** (북한)
● **el año que viene** (내년), **viene** 는 **venir** 동사의 3인칭 단수이고, **que** 는 관계대명사입니다.
el año (해/년)은 **viene** 의 주어가 되어 직역하면 '오는 해' 즉 '내년'이 됩니다.
● **graduarse** (졸업하다), **la Universidad** (대학), **viajar** (여행하다), **en** (~에서)

④ 기본패턴의 응용!

p142-11 **A) ¿Qué hace usted en estas vacaciones de verano?** 당신은 이번 여름 방학에 무엇을 할 것입니까?

p142-12 **B) Voy a estudiar una lengua extranjera.** 나는 외국어를 하나 공부할 생각입니다.

p142-13 **A) ¿Quiere usted cambiar de trabajo?** 당신은 직장을 바꾸길 원하십니까?

p142-14 **B) Sí. Voy a trabajar en un banco.** 네. 나는 은행에서 일해보려 합니다.

● '지시형용사 **este** (이) + 때를 나타내는 명사'는 가까운 그 때를 표현합니다.
지시형용사는 명사의 성수에 따라 변화합니다. **esta noche** (오늘 저녁), **este mes** (이번 달)
● **querer** + 동사원형은 '~하기를 원하다'입니다.
● **cambiar de** + 무관사명사는 '~을 바꾸다'입니다.
● **qué** (무엇), **usted** (당신), **las vacaciones** (방학), **el verano** (여름), **estudiar** (공부하다), **un(a)** (하나의/어떤), **la lengua** (언어), **extranjero(a)** (외국의), **cambiar** (바꾸다), **el trabajo** (직장), **sí** (네), **trabajar** (일하다), **el banco** (은행)

Learn foreign language!
Spanish

Part 2. It's a completely new way to learn foreign language! | Pattern 143

Me haré ~. [메 아레 ~.]
나는 ~이 될 것입니다.

① 기본패턴의 핵심!

❶ **haré** 는 동사 **hacer** (~이다/있다)의 단순미래 1인칭 단수형입니다.
❷ **hacerme** + 명사/형용사. 는 '나는 ~이(하게) 될 것입니다.'입니다.
재귀대명사(**me**)는 동사(**haré**) 앞에 옵니다.
❸ 단순미래시제는 '어간 + 규칙어미' 조합의 형태입니다.
❹ **hacerse** 는 '~이 되다'입니다. (**Yo me haré, Tú te harás, Él/Ella/Ud. se hará, Nosotros nos haremos, Vosotros os haréis, Ellos/Ellas/Uds. se harán**)

② 기본패턴의 연습!

p143-01	Me haré	artista.	나는 예술가가 될 것입니다.
p143-02	Me haré	piloto.	나는 파일럿이 될 것입니다.
p143-03	Me haré	cocinero(a).	나는 요리사가 될 것입니다.
p143-04	Me haré	bombero.	나는 소방관이 될 것입니다.
p143-05	Me haré	profesor.	나는 교사가 될 것입니다.
p143-06	Me haré	viejo(a).	나는 나이가 들 것입니다.
p143-07	Me haré	bello(a).	나는 아름다워질 것입니다.
p143-08	Me haré	delgado(a).	나는 날씬해질 것입니다.

● 형용사는 관계되는 명사의 성수에 일치시킵니다.,
bello (아름다운/멋진 : 남성단수), **bella** (여성단수), **bellos** (남성복수), **bellas** (여성복수)
● **el artista** (예술가), **el/la piloto** (파일럿), **el cocinero/la cocinera** (요리사), **el bombero** (소방관), **el profesor/la profesora** (교사), **viejo(a)** (나이 든), **bello(a)** (아름다운), **delgado(a)** (날씬한)

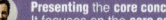

The basics of grammar and sentence construction!
The most useful phrases and expressions!

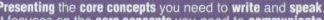

pattern

다섯 번째 섹션 : 중요문법 패턴!

5th Section 은 **중요문법**을 정리하였습니다.
문법적으로 **난이도**도 높고, **사용빈도**도 높은 **표현**들을 정리했습니다.

P 143

③ 기본패턴의 확장!

p143-09 **Me haré madre.** 나는 어머니가 될 것입니다.

p143-10 **Más tarde me haré actriz.** 나중에 나는 여배우가 될 것입니다.

● **más tarde** (나중에) > **más** (보다 더) + **tarde** (늦게)
● **la madre** (어머니), **el padre** (아버지), **más** (더), **tarde** (늦게),
la actriz (여자배우), **el actor** (남자배우)

④ 기본패턴의 응용!

p143-11 **A) ¿Cuál es su sueño?** 당신의 꿈은 어떤 것입니까?

p143-12 **B) Me haré actriz.** 나는 여배우가 될 것입니다.

---

p143-13 **A) ¿Qué se quiere hacer usted algún día?** 당신은 장차 무엇이 되고 싶습니까?

p143-14 **B) Me haré piloto.** 나는 파일럿이 될 것입니다.

● **querer** (원하다) + 동사원형 (~하기를 원하다)에서 **hacerse** (~이 되다)의 경우, **querer** 동사와 함께 사용하면 재귀대명사 **se** 는 **querer** 동사 앞에 쓰거나, **hacer** 동사 끝에 **se** 를 붙여씁니다.
● **alguno** (어떤)은 뒤에 오는 명사의 성수에 따라 변형됩니다. 남성단수 앞에서는 **-o** 가 탈락합니다.
algún mes (남성단수) / **alguna semana** (여성단수) / **algunos hombres** (남성복수) /
algunas mujeres (여성복수)
● **cuál** (어떤 것 : 의문대명사), **ser** (~이다), **su** (당신의), **el sueño** (꿈), **qué** (무엇),
usted (당신), **alguno(a)** (어떤), **el día** (날)

Learn foreign language!
Spanish

Part 2. It's a completely new way to learn foreign language! | Pattern 144

He estudiado ~. [에 에스뚜디아도 ~.]
나는 ~ 공부했습니다.

① 기본패턴의 핵심!

❶ **haber** 동사 + **p.p.**(과거분사)로 '현재완료시제'를 만듭니다.
❷ **p.p.** (과거분사) 만드는 법은 동사원형에서 어미 **-ar** 를 빼고 **-ado**, 어미 **-er/ir** 를 빼고 **-ido** 를 쓰면 됩니다. **hablar – ar + ado = hablado / comer – er + ido = comido / vivir – ir + ido = vivido**
❸ **haber** 동사 + **p.p.** 는 완료된 동작이나 과거의 동작이 현재까지 계속되고 있을 때 사용합니다.
❹ **haber** 동사의 인칭변화형을 활용하여 다양한 주어의 문장을 만들 수 있습니다.
(**Yo he, Tú has, Él/Ella/Ud. ha, Nosotros hemos, Vosotros habéis, Ellos/Ellas/Uds. han**)

② 기본패턴의 연습!

p144-01 **He venido esta mañana.** 나는 오늘 아침에 왔습니다.

p144-02 **He terminado mi tarea.** 나는 나의 과제를 끝냈습니다.

p144-03 **He vivido 3 años en México.** 나는 멕시코에서 3년간 살았습니다.

p144-04 **He estudiado español desde hace 3 años.** 나는 3년간 스페인어를 공부하고 있습니다.

p144-05 **He visitado el Museo del Prado.** 나는 프라도 박물관에 방문한 적이 있습니다.

p144-06 **He cumplido 20 años hoy.** 나는 오늘 20살이 되었습니다.

p144-07 **He sido tan feliz con usted.** 나는 당신과 함께 해서 너무 행복했습니다.

p144-08 **He estado enfermo(a) durante un mes.** 나는 한 달 동안 아팠습니다.

● '지시형용사 **este** (이) + 때를 나타내는 명사'는 가까운 그때를 표현합니다.
● **venir** (오다), **este(a)** (이), **la mañana** (아침), **terminar** (끝내다), **mi** (나의), **la tarea** (과제), **vivir** (살다), **tres** (3), **el año** (해/년), **en** (~에), **estudiar** (공부하다), **el español** (스페인어), **desde** (~이래), **hace** (~전에), **visitar** (방문하다), **el museo** (박물관), **de** (~의), **cumplir** (~살이 되다), **veinte** (20), **hoy** (오늘), **ser** (~이다/있다), **tan** (너무나), **feliz** (행복한), **con** (함께), **usted** (당신), **estar** (~이다/있다), **enfermo(a)** (아픈), **durante** (~동안), **un(a)** (하나의), **el mes** (달)

pattern

다섯 번째 섹션 : 중요문법 패턴!

5th Section 은 **중요문법**을 정리하였습니다.
문법적으로 **난이도**도 높고, **사용빈도**도 높은 **표현**들을 정리했습니다.

P 144

③ 기본패턴의 확장!

p144-09 **Todavía no he llegado a Pusan.** 나는 아직 부산에 도착 못했습니다.

p144-10 **Me he puesto traje esta tarde.** 나는 오늘 오후에 드레스를 입었습니다.

- 현재완료시제에서 재귀대명사(**me**)는 **haber** 동사 앞에 씁니다.
- **todavía** (아직), **ya** (이미), **esta(e)** +시간을 나타내는 부사는 현재완료시제와 함께 사용합니다.
- **todavía** (아직), **no** (아니다), **llegar** (도착하다), **a** (~에), **ponerse** (입다/착용하다), **el traje** (드레스), **la tarde** (오후)

④ 기본패턴의 응용!

p144-11 **A) ¿Puede usted hablar español?** 당신은 스페인어를 할 줄 아십니까?

p144-12 **B) Sí. He estudiado español desde hace 3 años.** 네. 나는 스페인어를 3년 전부터 공부하고 있습니다.

p144-13 **A) ¿Qué ha visitado usted esta semana?** 당신은 이번 주에 무엇을 방문하셨습니까?

p144-14 **B) He visitado el Museo del Prado.** 나는 프라도 박물관에 갔습니다.

- **poder** + 동사원형은 '~할 수 있다'입니다.
- **haber + p.p. + desde hace** +시간이 오면 '~동안 ~해오고 있다'라는 '계속의 의미'를 나타냅니다.
- 의문사가 문장 앞에 오면 주어와 동사가 도치되는데, 현재완료의 경우 주어는 **haber + p.p.** 뒤에 옵니다.
- **poder** (할 수 있다), **usted** (당신), **hablar** (말하다), **sí** (네), **qué** (무엇), **la semana** (주간)

Learn foreign language!
Spanish

Part 2. It's a completely new way to learn foreign language! | Pattern 145

¿Ha estudiado ~? [아 에스뚜디아도 ~?]
당신은 ~ 공부했습니까?

① 기본패턴의 핵심!

❶ ha 는 동사 haber (가지다)의 3인칭 단수형이고 뒤에 과거분사와 함께 와서 현재완료가 됩니다.
❷ ¿Ha estudiado usted ~? 은 '당신은 ~ 공부하셨나요?라는 '현재완료 의문문'입니다.
❸ 현재완료 시제는 과거의 사건이 지금까지 영향을 미치는 경우에 사용됩니다.
❹ haber 동사의 인칭변화형을 활용하여 다양한 주어의 문장을 만들 수 있습니다.
(Yo he, Tú has, Él/Ella/Ud. ha, Nosotros hemos, Vosotros habéis, Ellos/Ellas/Uds. han)

② 기본패턴의 연습!

- p145-01 ¿Ha estudiado usted español? 당신은 스페인어를 공부하셨나요?
- p145-02 ¿Ha desayunado usted? 당신은 아침식사를 하셨나요?
- p145-03 ¿Ha almorzado usted? 당신은 점심식사를 하셨나요?
- p145-04 ¿Ha cenado usted? 당신은 저녁식사를 하셨나요?
- p145-05 ¿Ha hecho usted el ejercicio esta mañana? 당신은 오늘 아침에 운동을 하셨나요?
- p145-06 ¿Ha visto usted el partido de futbol? 당신은 축구경기를 보셨나요?
- p145-07 ¿Ha escrito usted una carta? 당신은 편지를 쓰셨나요?
- p145-08 ¿Ha leído usted el periódico? 당신은 신문을 읽으셨나요?

● estudiar (공부하다), usted (당신), el español (스페인어), desayunar (아침을 먹다), almorzar (점심을 먹다), cenar (저녁을 먹다), hacer (하다), el ejercicio (운동), esta (이 : 지시형용사), la mañana (아침), ver (보다), el partido (경기), el futbol (축구), escribir (쓰다), uno(a) (하나의), la carta (편지), leer (읽다), el periódico (신문)

pattern

다섯 번째 섹션 : 중요문법 패턴!

5th Section 은 **중요문법**을 정리하였습니다.
문법적으로 **난이도**도 높고, **사용빈도**도 높은 **표현**들을 정리했습니다.

P 145

③ 기본패턴의 확장!

p145-09 **¿Se ha levantado usted temprano esta mañana?** 당신은 오늘 아침에 빨리 일어나셨습니까?

p145-10 **¿Ha sacado usted buenas notas este semestre?** 당신은 이번 학기에 좋은 성적을 받으셨습니까?

- 형용사는 관계되는 명사의 성수에 일치시킵니다.
buen (좋은 : 남성단수), **buena** (여성단수), **buenos** (남성복수), **buenas** (여성복수)
- 현재완료시제에서 재귀대명사(**se**)는 **haber** 동사 앞에 옵니다.
- **levantarse** (일어나다), **temprano** (일찍/빨리), **la mañana** (아침), **sacar** (얻다), **bueno(a)** (좋은), **la nota** (성적), **el semestre** (학기)

④ 기본패턴의 응용!

p145-11 **A) ¿Ha sacado usted buenas notas este semestre?** 당신은 이번 학기에 좋은 성적을 받으셨습니까?

p145-12 **B) ¡Claro que sí!** 물론입니다!

---

p145-13 **A) ¿Ha visto usted el partido de futbol?** 당신은 축구경기를 보셨습니까?

p145-14 **B) Sí, nuestro equipo ha pasado la eliminatoria.** 네, 우리 팀이 예선을 통과했습니다.

- **¡Claro que sí!** 는 '물론입니다!'로 관용적인 표현입니다.
- 대표적인 불규칙 과거분사형으로 **ver(visto)**(보다), **escribir(escrito)**(쓰다), **hacer (hecho)**(하다), **romper(roto)**(깨다), **abrir(abierto)**(열다), **poner(puesto)**(놓다) 등이 있습니다.
- **sí** (네), **nuestro** (우리의), **el equipo** (팀), **pasar** (통과하다), **la eliminatoria** (예선)

The focus is on **conversation** and **communication**.

Start **speaking languages** immediately using **essential phrases**.

Learn foreign language!
Spanish

Part 2. It's a completely new way to learn foreign language! | Pattern 146

Iba a ~. [이바 아 ~.]

나는 ~하려고 했습니다.

① 기본패턴의 핵심!

❶ **iba** 는 동사 **ir** 의 불완료과거형 1인칭(3인칭) 단수형입니다.
❷ **Iba a** + 동사원형.은 '나는 ~하려고 했었다.'로 '실행하지 않은 과거 사실'을 표현할 때 사용합니다.
❸ 인칭변화형을 활용하여 다양한 주어의 문장을 만들 수 있습니다.
(**Yo iba, Tú ibas, Él/Ella/Ud. iba, Nosotros íbamos, Vosotros ibais, Ellos/Ellas/Uds. iban**)

② 기본패턴의 연습!

p146-01	Iba a	ir a la escuela.	나는 학교에 가려고 했습니다.
p146-02	Iba a	visitar al profesor.	나는 교수님을 방문하려 했습니다.
p146-03	Iba a	salir de casa.	나는 집을 나가려고 했습니다.
p146-04	Iba a	casarme el próximo año.	나는 내년에 결혼하려고 했습니다.
p146-05	Iba a	ir al cine.	나는 영화관에 가려고 했습니다.
p146-06	Iba a	nadar en la piscina.	나는 수영장에서 수영하려고 했습니다.
p146-07	Iba a	estudiar francés.	나는 프랑스어를 배우려 했습니다.
p146-08	Iba a	tocar el piano.	나는 피아노를 치려고 했습니다.

● **tocar** (만지다)는 뒤에 악기가 오면 '연주하다'라는 뜻이 됩니다.
● **ir** (가다), **a** (~에/으로), **la escuela** (학교), **visitar** (방문하다), **el profesor** (교수), **salir** (나가다), **de** (~에서/로부터), **la casa** (집), **casarse** (결혼하다), **próximo** (다음의), **el año** (년/해), **el cine** (영화관), **nadar** (수영하다), **en** (~에서), **la piscina** (수영장), **estudiar** (공부하다), **el francés** (프랑스어), **tocar** (연주하다), **el piano** (피아노)

The basics of grammar and sentence construction!
The most useful phrases and expressions!

pattern

다섯 번째 섹션 : 중요문법 패턴!

5th Section 은 **중요문법**을 정리하였습니다.
문법적으로 **난이도**도 높고, **사용빈도**도 높은 **표현**들을 정리했습니다.

P 146

③ 기본패턴의 확장!

p146-09 ¿Qué iba a hacer en aquel entonces? 그때 당신은 무엇을 하려고 했습니까?

p146-10 Iba a viajar a España, pero no pude. 나는 스페인으로 여행가려고 했으나, 못했습니다.

- **en aquel entonces** (그 당시/그때)는 불완료과거와 호응하는 부사구입니다.
- **pude** 는 **poder** (할 수 있다)의 1인칭 단수 단순과거형입니다.
- **qué** (무엇), **hacer** (하다), **aquel** (저), **entonces** (그 당시), **viajar** (여행하다), **España** (스페인), **pero** (그러나), **no** (아니다), **poder** (할 수 있다)

④ 기본패턴의 응용!

p146-11 A) ¿Qué hizo usted durante las vacaciones? 당신은 휴가 동안에 무엇을 했습니까?

p146-12 B) Iba a viajar a España, pero fui de viaje por Italia.
나는 스페인으로 여행가려 했으나, 이탈리아로 여행갔습니다.

p146-13 A) ¿Qué hizo usted? 당신은 무엇을 했습니까?

p146-14 B) Iba a nadar en el mar, pero nadé en la piscina.
나는 바다에서 수영하려 했으나, 수영장에서 수영했습니다.

- **nadé** 는 **nadar** (수영하다)의 1인칭 단수 단순과거형이고, **hizo** 는 **hacer** (하다)동사의 3인칭 단수 단순과거형입니다.
- **hacer** (하다), **durante** (~동안), **las vacaciones** (휴가), **el mar** (바다), **por** (~를 향해), **Italia** (이탈리아), **la piscina** (수영장)

Learn foreign language!
Spanish

Part 2. It's a completely new way to learn foreign language! | Pattern 147

Estaba p.p.. [에스따바 ~.]
나는 ~였습니다.

① 기본패턴의 핵심!

❶ **Estaba + p.p..** 는 '나는 ~였습니다.'입니다. (불완료과거)
❷ **estar** 의 불완료과거형 **estaba** 뒤에 과거분사가 오면 '과거 한 시점의 상태'를 나타냅니다.
❸ **estar** 동사로 불완료과거형을 만들 때 **p.p.** (과거분사)는 반드시 주어의 성수에 일치시켜야 합니다.
❹ **estar** 동사의 인칭변화형을 활용하여 다양한 주어의 문장을 만들 수 있습니다.
(**Yo estaba, Tú estabas, Él/Ella/Ud. estaba, Nosotros estábamos, Vosotros estabais, Ellos/Ellas/Uds. estaban**)

② 기본패턴의 연습!

p147-01	Estaba	callado(a).	나는 말 없이 있었습니다.
p147-02	Estaba	enfermo(a).	나는 앓고 있었습니다.
p147-03	Estaba	casado(a).	나는 결혼한 상태였습니다.
p147-04	Estaba	divorciado(a).	나는 이혼한 상태였습니다.
p147-05	Estaba	aburrido(a).	나는 지루해하고 있었습니다.
p147-06	Estaba	enamorado(a).	나는 사랑에 빠져 있었습니다.
p147-07	Estaba	mojado(a).	나는 젖어 있었습니다.
p147-08	Estaba	enfadado(a).	나는 화가 나 있었습니다.

● **callado(a)** (말 없는), **enfermo(a)** (아픈), **casado(a)** (기혼의), **divorciado(a)** (이혼한), **aburrido(a)** (지루한), **enamorado(a)** (사랑에 빠진), **mojado(a)** (젖은), **enfadado(a)** (화난)

다섯 번째 섹션 : 중요문법 패턴!

5th Section 은 **중요문법**을 정리하였습니다.
문법적으로 **난이도**도 높고, **사용빈도**도 높은 **표현**들을 정리했습니다.

P 147

③ 기본패턴의 확장!

p147-09 **Estaba preocupado(a) por su enfermedad.** 나는 당신의 병을 걱정하고 있었습니다.

p147-10 **Estaba contento(a) al ganar el premio.** 나는 상을 받았을 때 기뻤습니다.

● **al** + 동사원형은 '~할 때'라는 뜻입니다. **al volver a casa** (집으로 돌아갈 때)
● **preocupado(a)** (걱정하는), **por** (~에 대해), **su** (당신의), **la enfermedad** (질병), **contento(a)** (기뻐하는/반가워하는), **al** (~할 때), **ganar** (받다), **el premio** (상)

④ 기본패턴의 응용!

p147-11 **A) ¿Por qué no ha castigado usted a Fernando?** 왜 페르난도를 벌하지 않았습니까?

p147-12 **B) Porque estaba segura de su pureza.** 나는 그의 결백을 확신하고 있었으니까요.

---

p147-13 **A) ¿Por qué ha aprendido a cocinar en España?** 당신은 왜 스페인에서 요리를 배웠습니까?

p147-14 **B) Estaba interesada en la comida mediterránea.** 나는 지중해 음식에 관심이 있었습니다.

● **por qué** (왜), **no** (아니다), **haber** (뒤에 과거분사가 와서 완료를 만드는 조동사), **castigar** (벌주다), **usted** (당신), **a** (~에 대해), **porque** (때문에), **seguro(a)** (확신하는), **su** (그의), **la pureza** (결백), **aprender** (배우다), **cocinar** (요리하다), **en** (~에서), **interesado(a)** (흥미가 있는), **la comida** (음식), **mediterráneo(a)** (지중해의)

Learn foreign language!
Spanish

Part 2. It's a completely new way to learn foreign language! | Pattern 148

¿Estaba ~ p.p.? [에스따바 ~?]
~한 상태로 있었습니까?

① 기본패턴의 핵심!

❶ **¿Estaba + p.p.~?** 는 '~한 상태로 있었습니까?'이며, '과거 한 시점의 상태'를 나타냅니다. (불완료과거)
❷ **estar** 동사로 불완료과거형을 만들 때 **p.p.** (과거분사)는 반드시 주어의 성수에 일치시켜야 합니다.
❸ 과거분사는 주어의 성수에 따라서 어미 **–o** 가 **–o / -a / -os / -as** 로 바뀝니다.
(**Yo estaba, Tú estabas, Él/Ella/Ud. estaba, Nosotros estábamos, Vosotros estabais, Ellos/Ellas/Uds. estaban**)

② 기본패턴의 연습!

- p148-01 **¿Estaba el plato roto?** 접시가 깨져 있었습니까?
- p148-02 **¿Estaba la ventana abierta?** 창문은 열려 있었습니까?
- p148-03 **¿Estaba la mesa puesta?** 식탁이 차려져 있었습니까?
- p148-04 **¿Estaba el ordenador apagado?** 컴퓨터가 꺼져 있었습니까?
- p148-05 **¿Estaba la cama quitada?** 침대가 정리되어 있었습니까?
- p148-06 **¿Estaba el cristal agrietado?** 유리가 금이 가 있었습니까?
- p148-07 **¿Estaba el cielo despejado?** 하늘이 맑게 개어 있었습니까?
- p148-08 **¿Estaba la bolsa hecha a mano?** 지갑은 손으로 만들어져 있었습니까?

● **el plato** (접시), **roto(a)** (부서진), **la ventana** (창문), **abierto(a)** (열려있는), **la mesa** (탁자), **puesto(a)** (놓여있는/차려져 있는), **el ordenador** (컴퓨터), **apagado(a)** (꺼져있는), **la cama** (침대), **quitado(a)** (정리된/치워진), **el cristal** (유리), **agrietado(a)** (금이 간), **el cielo** (하늘), **despejado(a)** (날씨가 갠), **la bolsa** (지갑/주머니), **hecho(a)** (만들어진), **a** (~으로), **la mano** (손)

다섯 번째 섹션 : 중요문법 패턴!

5th Section 은 **중요문법**을 정리하였습니다.
문법적으로 **난이도**도 높고, **사용빈도**도 높은 **표현**들을 정리했습니다.

P 148

③ 기본패턴의 확장!

p148-09 ¿Estaba usted preocupada por el examen? 당신은 시험을 걱정하고 있었습니까?

p148-10 ¿Estaba usted acostumbrada al trabajo? 당신은 직장에 익숙해져 있습니까?

● **preocupado(a)** (걱정하는), **por** (~ 때문에), **el examen** (시험), **acostumbrado(a)** (익숙한), **a** (~에), **el trabajo** (직장)

④ 기본패턴의 응용!

p148-11 A) ¿Estaba usted acostumbrada a la vida rural? 당신은 전원 생활에 익숙해졌습니까?

p148-12 B) Sí, disfrutaba de la paz en el campo. 네, 나는 시골에서 평화로움을 즐기고 있었습니다.

---

p148-13 A) ¿Estaba usted preocupada por el trabajo? 당신은 직장 때문에 걱정하고 있었습니까?

p148-14 B) Claro, es muy difícil cambiar de trabajo. 물론이죠, 직장을 바꾸는 것은 매우 어렵습니다.

● **acostumbrado(a)** (익숙해진), **la vida** (생활), **rural** (전원의), **sí** (네), **disfrutar** (즐기다), **de** (~로부터), **la paz** (평화), **en** (~에), **el campo** (시골), **claro** (물론/물론이다), **muy** (매우), **difícil** (어려운), **cambiar** (바꾸다)

Part 2. It's a completely new way to learn foreign language! | Pattern 149

¿Podría usted ~? [뽀드리아 우스뗃 ~?]
당신은 ~해주시겠습니까?

① 기본패턴의 핵심!

❶ **podría** 는 동사 **poder** (할 수 있다)의 조건시제 현재 3인칭 단수형입니다.
❷ **¿Podría usted** + 동사원형**?** 은 '당신은 ~해주실 수 있습니까? / 좀 해주시겠습니까?'이며 조건시제의 용법 중 하나인 공손한 표현입니다.
❸ **poder** 동사의 조건시제 현재 인칭변화형을 활용하여 다양한 주어의 문장을 만들 수 있습니다.
(**Yo podría, Tú podrías, Él/Ella/Ud. podría, Nosotros podríamos, Vosotros podríais, Ello/Ellas/Uds. podrían**)

② 기본패턴의 연습!

p149-01	**¿Podría usted venir?**	당신은 오실 수 있습니까?
p149-02	**¿Podría usted explicarlo?**	당신은 그것을 설명하실 수 있습니까?
p149-03	**¿Podría usted repetir?**	당신은 반복하실 수 있습니까?
p149-04	**¿Podría usted firmar aquí?**	당신은 여기에 서명해주실 수 있습니까?
p149-05	**¿Podría usted deletrear?**	당신은 철자를 불러주실 수 있습니까?
p149-06	**¿Podría usted abrir una cuenta?**	당신은 통장을 개설해주실 수 있습니까?
p149-07	**¿Podría usted enviar por e-mail?**	당신은 이메일로 보내실 수 있습니까?
p149-08	**¿Podría usted hablar más despacio?**	당신은 좀 더 천천히 말씀해주실 수 있습니까?

● **usted** (당신), **venir** (오다), **explicar** (설명하다), **lo** (그것을), **repetir** (반복하다), **firmar** (서명하다), **aquí** (여기), **deletrear** (철자를 말하다), **abrir** (열다), **un(a)** (하나의), **la cuenta** (통장), **enviar** (보내다), **por** (~를 통해서), **el e-mail** (이메일), **hablar** (말하다), **más** (더), **despacio** (천천히)

다섯 번째 섹션 : 중요문법 패턴!

5th Section 은 **중요문법**을 정리하였습니다.
문법적으로 **난이도**도 높고, **사용빈도**도 높은 **표현**들을 정리했습니다.

P 149

③ 기본패턴의 확장!

p149-09 **¿Podría usted recomendarme un buen restaurante?** 당신은 나에게 좋은 식당을 하나 추천해주실 수 있습니까?

p149-10 **¿Podría usted ayudarme?** 당신은 나를 도와주실 수 있습니까?

- 형용사는 관계되는 명사의 성수에 일치시킵니다.
buen (좋은 : 남성단수), **buena** (여성단수), **buenos** (남성복수), **buenas** (여성복수)
- 간접목적대명사 **me** (나에게)의 위치는 동사 앞입니다. 그러나 동사원형이 오면 동사 끝에 붙습니다.
- 직접목적대명사 **me** (나를)의 위치는 동사 앞입니다. 그러나 동사원형이 오면 동사 끝에 붙습니다.
- **recomendar** (추천하다), **bueno(a)** (좋은), **el restaurante** (식당), **ayudar** (돕다)

④ 기본패턴의 응용!

p149-11 **A) ¿Podría usted ayudarme?** 당신은 나를 도와주실 수 있습니까?

p149-12 **B) ¡Claro que sí!** 물론입니다!

p149-13 **A) ¿Podría usted recomendarme un buen restaurante?** 당신은 나에게 좋은 식당을 하나 추천해주실 수 있습니까?

p149-14 **B) Sí, hay muchos en el barrio.** 네, 그것은 동네에 많이 있습니다.

- **¡Claro que sí!** 는 '물론입니다!'입니다.
- **Hay ~.** (~이 있다.)는 무인칭 동사입니다.
Hay muchos estudiantes. (학생들이 많이 있습니다.)
- 형용사 **mucho** (많은)은 다음에 오는 명사를 생략할 수도 있습니다.
- **sí** (네), **mucho** (많은), **en** (~안에), **el barrio** (동네/구역)

Learn foreign language!
Spanish

Part 3. It's a completely new way to learn foreign language! | Pattern 150

Espero que ~. [에스뻬로 께 ~.]
나는 ~하기를 바랍니다.

① 기본패턴의 핵심!

❶ **espero** 는 동사 **esperar** (바라다 /원하다)의 직설법 1인칭 단수입니다.
❷ **Espero que** + 주어 + 접속법.은 '나는 (누구)가 ~하기를 바랍니다.'입니다.
❸ **espero** (원하다)의 주어와 **que** 절 안에 나오는 동사의 주어는 반드시 달라야 합니다
❹ **esperar** 동사의 접속법 현재 인칭변화형을 활용하여 다양한 주어의 문장을 만들 수 있습니다.
(**Yo espere, Tú esperes, Él/Ella/Ud. espere, Nosotros esperemos, Vosotros esperéis, Ellos/Ellas/Uds. esperen**)

② 기본패턴의 연습!

p150-01 **Espero que usted tenga un buen viaje.** 나는 당신이 여행을 잘 하시길 바랍니다.

p150-02 **Espero que usted tenga suerte.** 나는 당신이 행운을 갖기를 바랍니다.

p150-03 **Espero que usted tenga éxito.** 나는 당신이 성공하시기를 바랍니다.

p150-04 **Espero que usted haga un buen examen.** 나는 당신이 시험에 합격하기를 바랍니다.

p150-05 **Espero que usted lo pase bien.** 나는 당신이 재밌게 시간을 보내시길 바랍니다.

p150-06 **Espero que usted se divierta.** 나는 당신이 즐기길 바랍니다.

p150-07 **Espero que usted se haga rico(a).** 나는 당신이 부자가 되기를 바랍니다.

p150-08 **Espero que usted esté de acuerdo conmigo.** 나는 당신이 나에게 찬성해주시길 바랍니다.

● **lo pasar bien** (즐겁게 지내다)라는 의미로 **lo** 는 특별한 의미 없이 붙입니다.
● **hacerse** +형용사/명사는 '(노력해서) ~이 되다'라는 뜻입니다.
또 **estar de acuerdo con** 은 '(누구)의 의견에 찬성하다/동의하다'라는 뜻입니다.
● **un(a)** (하나의), **bueno(a)** (좋은), **el viaje** (여행), **tener** (가지다), **la suerte** (행운/운명), **el éxito** (성공), **hacer** (하다), **el examen** (시험), **lo** (목적대명사), **pasar** (시간을 보내다), **divertirse** (즐기다), **hacerse** (~이 되다), **el/la rico(a)** (부자), **el acuerdo** (동의), **conmigo** (나에게)

다섯 번째 섹션 : 중요문법 패턴!

5th Section 은 **중요문법**을 정리하였습니다.
문법적으로 **난이도**도 높고, **사용빈도**도 높은 **표현**들을 정리했습니다.

P 150

③ 기본패턴의 확장!

p150-09 **¡Que encuentres lo que buscas!** 나는 네가 찾고 있는 것을 찾기를 바란다!

p150-10 **¡Que venga María aquí!** 마리아가 여기 오기를!

- **¡Que** + (접속법)절**!**이 올 경우, **que** 앞에는 **espero** (나는 기대합니다), 혹은 **deseo** (나는 바랍니다)가 생략된 상태입니다.
- **lo que** (~인 것)은 선행사 없는 관계대명사로 문장에서 **encontrar** (발견하다) 동사와 **buscar** (찾다)동사의 목적어가 됩니다.
- **encontrar** (발견하다/찾아내다), **buscar** (찾다), **venir** (오다), **aquí** (여기)

④ 기본패턴의 응용!

p150-11 **A) Gracias por su ayuda.** 당신의 도움에 감사합니다.

p150-12 **B) De nada. ¡Que encuentres lo que buscas!** 천만에. 난 네가 찾는 것을 찾기를 바래!

---

p150-13 **A) Esta tarde van a venir mis amigos.** 오늘 오후에 내 친구들이 올 거야.

p150-14 **B) ¡Que venga María aquí!** 마리아가 여기 오기를!

- **De nada.** (천만에요.)는 '아무 것도 아니다'의 뜻으로 **Gracias.** (감사합니다.)의 답변입니다.
- **ir a** + 동사원형은 '~할 예정이다/~하려고 한다'의 가까운 미래를 나타냅니다.
- **lo que buscas** 는 '네가 찾고 있는 것'이며, **lo** (관사) + **que** (관계사)는 추상적으로 '~인 것'으로 해석하면 됩니다.
- **gracias por** (~에 대해 감사하다), **su** (당신의), **la ayuda** (도움), **este(a)** (이 : 지시형용사), **la tarde** (오후), **mis** (나의 : 복수형), **el amigo** (친구)

The focus is on conversation and communication. Start speaking languages immediately using essential phrases.

Learn foreign language!
Spanish

Part 3. It's a completely new way to learn foreign language! | Pattern 151

Le pido que ~. [레 삐도 께 ~.]
나는 ~할 것을 요청합니다.

① 기본패턴의 핵심!

❶ **pido** 는 동사 **pedir** (요청하다)의 직설법 현재 1인칭 단수형입니다.
❷ **Le pido + que +** 주어 **+** 접속법.은 '나는 (당신)이 ~하기를 요청하다.'입니다.
❸ **pedir** 동사와 같이 요청을 나타내는 동사로는 **rogar, suplicar, exigir** 등이 있습니다.
(**Yo pido, Tú pides, Él/Ella/Ud. pide, Nosotros pedimos, Vosotros pedís, Ellos/Ellas/Uds. piden**)

② 기본패턴의 연습!

p151-01 **Le pido que usted regrese temprano.** 당신이 빨리 돌아가기를 요청합니다.

p151-02 **Le pido que usted abra la ventana.** 당신이 창문을 열어주기를 요청합니다.

p151-03 **Le pido que usted me dé el dinero.** 당신이 나에게 돈을 주기를 요청합니다.

p151-04 **Le pido que usted me escriba una carta.** 당신이 나에게 편지를 써주기를 요청합니다.

p151-05 **Le pido que usted ayude a mis amigos.** 당신이 내 친구들을 도와주기를 요청합니다.

p151-06 **Le pido que usted pague en efectivo.** 당신이 현금으로 지불해주기를 요청합니다.

p151-07 **Le pido que usted llene esta ficha.** 당신이 이 카드에 기입해주기를 요청합니다.

p151-08 **Le pido que usted se inscriba en el seguro.** 당신이 보험에 가입해주기를 요청합니다.

● **Le pido que ~.** 에서 **pedir** 동사의 주어와 **que** 이하 문장의 주어는 서로 달라야 합니다.
(Yo) pido que usted abra la ventana. 에서 **pedir** 의 주어는 **Yo** 이고 **abra** 의 주어는 **usted** 입니다.
● **usted** (당신), **regresar** (돌아가다), **temprano** (일찍), **abrir** (열다), **la ventana** (창문), **me** (나에게), **dar** (주다), **el dinero** (돈), **escribir** (쓰다), **un(a)** (하나의), **la carta** (편지), **ayudar** (돕다), **a** (~에), **mi** (나의), **el amigo** (친구), **pagar** (지불하다), **el efectivo** (현금), **en efectivo** (현금으로), **llenar** (기입하다), **esta** (이), **la ficha** (카드), **inscribirse** (가입하다), **en** (~에), **el seguro** (보험)

pattern

다섯 번째 섹션 : 중요문법 패턴!

5th Section 은 **중요문법**을 정리하였습니다.
문법적으로 **난이도**도 높고, **사용빈도**도 높은 **표현**들을 정리했습니다.

P 151

③ 기본패턴의 확장!

p151-09 Le pido a usted que se acueste. 당신이 잠자리에 들기를 요청합니다.

p151-10 Le ruego a usted que asista a la cumbre. 당신이 정상회담에 참석해주기를 요청합니다.

- **rogar** (요청하다)도 청유형 표현입니다. **que** 이하의 주어는 **usted** 입니다.
- **le** 는 간접목적대명사로 **a usted** (당신에게)를 받습니다. 간접목적대명사는 중복해서 사용합니다.
- **acostarse** (잠자리에 들다), **le** (그/그녀/당신에게), **rogar** (요청하다), **que** (관계접속사), **asistir** (참석하다), **a** (~에), **la cumbre** (정상회담)

④ 기본패턴의 응용!

p151-11 A) Voy a empezar la peregrinación de Santiago. 나는 산티아고 순례를 시작할 것입니다.

p151-12 B) Le pido que viaje ligero de equipaje. 짐을 가볍게 싸고 여행하기를 부탁드립니다.

---

p151-13 A) Hay una amenaza terrorista aquí. 여기 테러의 위협이 있습니다.

p151-14 B) Le pido a usted que tenga cuidado. 당신이 조심하기를 부탁드립니다.

- **ir + a +** 동사원형은 '~할 것이다'입니다.
- **tener guidado** 는 '조심을 가지다 > 조심하다'입니다.
- 비인칭 동사 **hay** 다음에는 정관사가 오지 않습니다. **Hay una mesa.** (책상 하나가 있습니다.)
- **empezar** (시작되다), **la peregrinación** (순례), **de** (~의), **les** (그들/그녀들/당신들에게), **viajar** (여행하다), **ligero** (가벼운), **el equipaje** (짐), **amenaza** (위협/협박), **terrorista** (테러의), **aquí** (여기), **tener** (가지다), **el cuidado** (조심)

Part 3. It's a completely new way to learn foreign language! | Pattern 152

No creo que ~. [노 끄레오 께 ~.]
나는 ~라고 생각하지 않습니다.

① 기본패턴의 핵심!

❶ **creo** 는 동사 **creer** (생각하다/믿다)의 직설법 현재 1인칭 단수형입니다.
❷ **No creo que** + 접속법.은 '나는 ~라고 생각하지 않습니다.'로
que 이하의 사실을 화자가 부인하거나 확신하지 못할 때 접속법을 사용합니다.
❸ **creer** 동사의 조건법 현재 인칭변화형을 활용하여 다양한 주어의 문장을 만들 수 있습니다.
(**Yo creo, Tú crees, Él/Ella/Ud. cree, Nosotros creemos, Vostoros creéis, Ellos/Ellas/Uds. creen**)
❹ **Dudo que ~.** (~를 의심하다.)는 접속법을 사용하고, 부정의 **No dudo que ~.** 는 직설법을 사용합니다.

② 기본패턴의 연습!

p152-01 **No creo que venga Carmen.** 나는 까르멘이 올 것 같지 않습니다.

p152-02 **No creo que Carlos lo devuela.** 나는 까를로스가 그것을 돌려줄 것 같지 않습니다.

p152-03 **No creo que despegue a tiempo el avión.** 나는 비행기가 정시에 이륙할 것 같지 않습니다.

p152-04 **No creo que mi hermano tenga éxito.** 나는 동생이 성공할 것 같지 않습니다.

p152-05 **Dudo que Carmen se levante temprano.** 나는 까르멘이 일찍 일어날지 의심스럽습니다.

p152-06 **Dudo que la gente viva en Marte.** 나는 사람이 화성에 살지가 의심스럽습니다.

p152-07 **Dudo que mi hijo se haga médico.** 나는 내 아들이 의사가 될지 의심스럽습니다.

p152-08 **Dudo que mi hermana dé a luz mañana.** 나는 누이가 내일 출산할지 의심스럽습니다.

● **dar a luz** 는 '세상에 밝히다/출산하다'입니다.
● **venir** (오다), **lo** (그것을), **devolver** (되돌려주다), **despegar** (이륙하다), **a tiempo** (정시에), **el avión** (비행기), **mi** (나의), **el hermano** (동생/형), **tener** (가지다), **el éxito** (성공), **dudar** (의심하다), **levantarse** (일어나다), **temprano** (일찍), **la gente** (사람), **vivir** (살다), **el Marte** (화성), **el hijo** (아들), **hacerse** (~이 되다), **el médico** (의사), **la hermana** (언니/여동생), **dar** (주다), **la luz** (빛), **mañana** (내일)

다섯 번째 섹션 : 중요문법 패턴!

5th Section 은 **중요문법**을 정리하였습니다.
문법적으로 **난이도**도 높고, **사용빈도**도 높은 **표현**들을 정리했습니다.

P 152

③ 기본패턴의 확장!

p152-09 **No creo que ella sea escogida como presidenta.** 그녀가 회장으로 선출될 것 같지 않습니다.

p152-10 **No dudo que mi equipo gana la copa.** 나는 나의 팀이 우승할 것을 의심하지 않습니다.

- **sea** 는 **ser** 동사(~이다)의 접속법 현재 3인칭 단수입니다.
- 부정의 **No dudo que ~.** (~을 의심지 않는다.)는 직설법을 사용합니다.
- **ella** (그녀), **escogido(a)** (선출된), **como** (~으로), **la presidenta** (여자 회장), **mi** (나의), **el equipo** (팀), **ganar** (이르다/얻다/이기다), **la copa** (우승컵)

④ 기본패턴의 응용!

p152-11 **A) No creo que ella sea escogida como presidenta.** 나는 그녀가 회장으로 선출될 것 같지 않아.

p152-12 **B) ¿No crees que ella es la más popular?** 너는 그녀가 제일 인기 있다고 생각 안 하니?

---

p152-13 **A) No creo que mi equipo pase la eliminatoria.** 나는 나의 팀이 예선을 통과할 것 같지 않습니다.

p152-14 **B) No dudo que mi equipo gana la copa.** 나는 나의 팀이 우승할 것을 의심하지 않습니다.

- 정관사 + **más** + 형용사는 '가장 ~한'의 최상급 구문입니다.
- **dudar** (의심하다)는 긍정문에서 접속법을 사용하고, 부정문에서는 직설법을 씁니다.
Dudo que venga Carmen. (까르멘이 올 지 의심스럽습니다.) /
No dudo que viene Carmen. (까르멘이 오는 것을 의심치 않습니다.)
- **más** (더욱), **popular** (인기 있는), **pasar** (통과하다), **la eliminatoria** (예선)

The focus is on **conversation** and **communication**.

Start **speaking languages** immediately using **essential phrases**.

Learn foreign language!
Spanish

Part 3. It's a completely new way to learn foreign language! | Pattern 153

Es importante que ~. [에스 임뽀르딴떼 께 ~.]
~하는 것이 중요합니다.

① 기본패턴의 핵심!

❶ **Es importante que ~.** 는 '~하는 것이 중요하다.'이며, **que** 절 이하에는 접속법이 쓰입니다.
❷ **ser** 동사의 3인칭 단수형을 사용하며 감정이나 느낌, 의심이나 불확실성 등을 표현하는 형용사나 명사가 오고, **que** 절에는 접속법을 씁니다.
❸ **Es** + 형용사/명사 + **que** + 접속법.은 '~하는 것이 ~하다.'입니다.

② 기본패턴의 연습!

- p153-01 **Es importante que la economía mejore.** 경제가 나아지는 것이 중요합니다.
- p153-02 **Es posible que le ayudemos a usted.** 우리가 당신을 도와주는 것이 가능합니다.
- p153-03 **Es extraño que Carmen no venga a la boda.** 까르멘이 결혼식에 안 오는 게 이상합니다.
- p153-04 **Es indispensable que usted vaya a la fiesta.** 당신이 파티에 가는 것은 필수입니다.
- p153-05 **Es preciso que usted se ponga el abrigo.** 당신은 코트를 입을 필요가 있습니다.
- p153-06 **Es urgente que usted lo lleve al hospital.** 당신이 그를 병원으로 데려가는 게 급합니다.
- p153-07 **Es mejor que usted tome café.** 당신은 커피를 마시는 게 더 좋습니다.
- p153-08 **Es probable que nuestro equipo gane.** 우리 팀이 이길 것 같습니다.

● **importante** (중요한), **la economía** (경제), **mejorar** (개선하다), **posible** (가능한), **ayudar** (돕다), **a** (~에), **usted** (당신), **extraño** (이상한), **venir** (오다), **la boda** (결혼식), **indispensable** (필수적인), **ir** (가다), **la fiesta** (파티), **preciso** (필요한), **ponerse** (입다), **el abrigo** (외투), **urgente** (급한), **lo** (그를), **llevar** (데리고 가다), **el hospital** (병원), **mejor** (더 좋은), **tomar** (먹다), **el café** (커피), **probable** (~할 것 같은), **nuestro** (우리들의), **el equipo** (팀), **ganar** (이기다)

pattern

다섯 번째 섹션 : 중요문법 패턴!

5th Section 은 **중요문법**을 정리하였습니다.
문법적으로 **난이도**도 높고, **사용빈도**도 높은 **표현**들을 정리했습니다.

P 153

③ 기본패턴의 확장!

p153-09 Es imposible que los menores conduzcan. 미성년자들이 운전하는 것은 불가능합니다.

p153-10 Es una pena que su abuelo esté enfermo. 당신의 할아버지가 아프셔서 유감입니다.

- **Es una pena que ~.** 는 '~가 유감이다.'라는 뜻이며, 접속법을 사용합니다.
- **imposible** (불가능한), **el menor** (미성년자), **conducir** (운전하다), **la pena** (고통/유감), **su** (당신의), **el abuelo** (할아버지), **enfermo** (아픈)

④ 기본패턴의 응용!

p153-11 A) Es una lástima que usted no venga. 당신이 못 온다니 유감입니다.

p153-12 B) Lo siento. Estoy muy ocupada por mis negocios. 미안해요. 나의 일들 때문에 매우 바빠서요.

---

p153-13 A) Es una pena que su abuelo esté enfermo. 당신의 할아버지가 아프셔서 유감입니다.

p153-14 B) Es mejor que mi abuelo viaje. 나의 할아버지는 여행하시는 게 더 낫습니다.

- **Es una lástima que ~.** (~ 유감이다.)에서 **que** 이하에는 반드시 접속법이 옵니다.
- **la lástima** (유감), **sentir** (송구하다), **estar** (~이다), **muy** (매우), **ocupado(a)** (바쁜), **por** (때문에), **mi** (나의), **el negocio** (일/용무), **mejor** (더 낫다), **viajar** (여행하다)

The focus is on **conversation** and **communication**.

Start **speaking languages** immediately using **essential phrases**.

Le presto atención ~ para que ~. [레 쁘레스또 아뗀시온 ~ 빠라 께 ~.]
나는 ~하기 위해서 신경 씁니다.

① 기본패턴의 핵심!

❶ **Le presto atención ~ para que ~.** 는 '나는 ~하기 위해서 신경 씁니다.'이며, **que** 이하에는 접속법을 사용합니다. (**para que ~** ~하기 위해서)
❷ **Le presto atención a ~.** 는 '나는 ~에게 관심을 갖다/신경을 쓰다.'이며, **le** (그/그녀/당신에게: 간접목적대명사)는 뒤에 나오는 '**a** +사람'을 받는 간접목적대명사입니다.
❸ '주어1+ 동사1 ~ **para que** 주어2 + 동사2.'의 형식이며, 동사2는 접속법으로 씁니다.

② 기본패턴의 연습!

p154-01 **Le presto atención a mi hijo para que estudie.** 나는 나의 아들이 공부를 하도록 신경 씁니다.

p154-02 **Le presto atención a mi niño para que no se caiga.** 나는 나의 아이가 넘어지지 않게 신경 씁니다.

p154-03 **Le presto atención a ella para que no esté enferma.** 나는 그녀가 아프지 않게 신경 씁니다.

p154-04 **Le presto atención a mi familia para que esté bien.** 나는 나의 가족이 잘 지내도록 신경 씁니다.

p154-05 **Le presto atención al niño para que no se pierda.** 나는 아이가 길을 잃지 않게 신경 씁니다.

p154-06 **Le presto atención a mi padre para que duerma bien.** 나는 나의 아버지가 푹 주무시게 신경 씁니다.

p154-07 **Le presto atención a mi amigo para que lo pase bien.** 나는 나의 친구가 즐겁게 지내도록 신경 씁니다.

p154-08 **Le presto atención al alumno para que se porte bien.** 나는 학생이 행실을 잘하게 신경 씁니다.

● **prestar** (빌려주다), **la atención** (주목), **a** (~에게), **mi** (나의), **el hijo** (아들), **estudiar** (공부하다), **el niño** (아이), **no** (아니다), **caerse** (넘어지다), **ella** (그녀), **estar** (~이다), **enfermo(a)** (아픈), **la familia** (가족), **bien** (잘), **perderse** (길을 잃다), **el padre** (아버지), **dormir** (자다), **el amigo** (친구), **pasar** (지내다), **el alumno** (학생), **portarse** (행동하다)

다섯 번째 섹션 : 중요문법 패턴!

5th Section 은 **중요문법**을 정리하였습니다.
문법적으로 **난이도**도 높고, **사용빈도**도 높은 **표현**들을 정리했습니다.

P 154

③ 기본패턴의 확장!

p154-09 **Le presto atención a mi abuelo para que no esté enfermo.**
나는 나의 할아버지가 아프지 않게 신경을 씁니다.

p154-10 **Le presto atención a mi cliente para que utilice el producto bien.**
나는 나의 고객이 제품을 잘 사용할 수 있도록 신경을 씁니다.

● **utilizar** (사용하다)의 접속법 3인칭 단수 현재형은 **utilice** 가 됩니다. 스페인어 단어 중에서 **-zar** 로 끝나는 동사의 접속법은 **z** 를 **c** 로 고쳐야 합니다. **-z** 뒤에 **e** 가 오는 것은 철자법에서 어긋나기 때문입니다.
● **el abuelo** (할아버지), **estar** (~이다), **esfermo(a)** (아프다), **el/la cliente** (고객), **utilizar** (사용하다), **el producto** (제품), **bien** (잘)

④ 기본패턴의 응용!

p154-11 **A) ¿Cómo le va bien a su abuelo?** 당신의 할아버지는 잘 계신가요?

p154-12 **B) Sí, le presto atención a mi abuelo para que no esté enfermo.**
네, 나는 나의 할아버지가 아프지 않게 신경을 씁니다.

p154-13 **A) ¿Explica usted el modo de usar a su cliente?**
당신은 당신의 고객에게 사용법을 설명하시나요?

p154-14 **B) Le presto atención a mi cliente para que utilice el producto bien.**
나는 나의 고객이 제품을 잘 사용할 수 있도록 신경을 씁니다.

● **¿Cómo le va bien ~?** 은 '잘 지냅니까?/안녕하십니까?'라는 인사말입니다.
여기서 **le** 는 간접목적대명사로 뒤에 나오는 **a su abuelo** (할아버지에게)를 뜻합니다.
● **cómo** (어떻게), **le** (그에게), **ir** (가다), **bien** (잘), **explicar** (설명하다), **el modo** (방식), **de** (~의), **usar** (사용하다), **a** (~에게), **su** (당신의)

The focus is on conversation and communication.

Start speaking languages immediately using essential phrases.

Learn foreign language!
Spanish

Part 3. It's a completely new way to learn foreign language! | Pattern 155

¡Ojalá (que) ~! [오할라 (께) ~!]
나는 부디 ~하기를 희망합니다!

① 기본패턴의 핵심!

❶ ¡**Ojalá que ~!** 는 '나는 부디(**que** 이하)하기를 희망한다!'입니다. **que** 이하에는 반드시 접속법이 옵니다.
❷ **Ojalá que** 다음에는 접속법 시제가 다양하게 올 수 있습니다.
❸ **¡Ojalá que** + 접속법 현재**!**는 현재나 미래에 일어날 일에 대한 희망을 나타냅니다.
❹ **¡Ojalá que** + 접속법 현재완료**!** 는 과거에 일어난 일에 대한 가능성을 나타냅니다.

② 기본패턴의 연습!

- p155-01 **¡Ojalá él me quiera!** 그가 부디 나를 좋아해 주기를 희망합니다!
- p155-02 **¡Ojalá él me invite!** 그가 부디 나를 초대해 주기를 희망합니다!
- p155-03 **¡Ojalá ella venga a la fiesta!** 그녀가 부디 파티에 오기를 희망합니다!
- p155-04 **¡Ojalá que a ella le salga bien el examen!** 그녀가 부디 시험에 합격하기를 희망합니다!
- p155-05 **¡Ojalá que mi madre haya tomado el tren!** 나의 어머니가 그 기차를 타셨기를 희망합니다!
- p155-06 **¡Ojalá que él haya ganado mucho dinero!** 그가 돈을 많이 벌었기를 희망합니다!
- p155-07 **¡Ojalá que haya ascendido a jefe!** 내가 부장으로 승진하기를 희망합니다!
- p155-08 **¡Ojalá que mi equipo haya ganado la copa!** 우리 팀이 우승했기를 희망합니다!

● **haya** 는 **haber** 동사의 접속법 현재 3인칭 단수입니다. **haya + p.p.** 로 접속법 현재완료 구문입니다.
● **él** (그), **me** (나를), **querer** (원하다), **invitar** (초대하다), **ella** (그녀), **venir** (오다), **a** (~에/으로), **la fiesta** (파티), **salir** (나가다), **bien** (잘), **el examen** (시험), **mi** (나의), **la madre** (어머니), **tomar** (잡다), **el tren** (기차), **mucho** (많은), **ganado(a)** (돈을 버는), **el dinero** (돈), **ascender** (승진하다), **el jefe** (부장), **el equipo** (팀), **la copa** (우승컵), **ganado la copa** (우승컵을 얻는)

The basics of grammar and sentence construction!
The most useful phrases and expressions!

다섯 번째 섹션 : 중요문법 패턴!

5th Section 은 **중요문법**을 정리하였습니다.
문법적으로 **난이도**도 높고, **사용빈도**도 높은 **표현**들을 정리했습니다.

P 155

③ 기본패턴의 확장!

p155-09 ¡Ojalá que ella venga a verme! 그녀가 나를 보러 오면 좋을 텐데!

p155-10 ¡Ojalá que ella me hubiera visitado! 그녀가 나를 방문했더라면 좋을 텐데!

● **¡Ojalá que** + 접속법 과거완료! 는 과거에 일어나지 못한 일로 실현 불가능한 일을 희망할 때 사용됩니다. 접속법 과거완료는 **haber** 동사의 접속법 과거(**hubiera**) + 과거분사(**p.p.**)로 이루어져 있습니다.
● **ver** (보다), **visitar** (방문하다), **me** (나를)

④ 기본패턴의 응용!

p155-11 A) Carmen está tan ocupada que no puede visitarla. 까르멘은 너무 바빠서 당신을 방문할 수 없습니다.

p155-12 B) ¡Ojalá que ella venga a verme! 그녀가 나를 보러 오면 좋을 텐데!

---

p155-13 A) Carmen volvió ayer a España. 까르멘은 어제 스페인으로 돌아갔습니다.

p155-14 B) ¡Ojalá que ella me hubiera visitado! 그녀가 나를 방문했더라면 좋을 텐데!

● **tan ~ que ~** 는 '너무 ~해서 ~하다'입니다.
● **ocupado(a)** (바쁜), **no** (아니다), **poder** (~할 수 있다), **visitar** (방문하다), **ella** (그녀), **volver** (돌아가다), **ayer** (어제)

The focus is on **conversation** and **communication**.

Start **speaking languages** immediately using **essential phrases**.

Learn foreign language!
Spanish

Part 3. It's a completely new way to learn foreign language! | Pattern 156

Si yo fuera usted, ~. [씨 요 푸에라 우스뗃, ~.]
만약에 내가 당신이라면, ~.

① 기본패턴의 핵심!

❶ **Si yo fuera usted, ~.** 은 '만약에 내가 당신이라면, 나는 ~.'입니다.
❷ **fuera** 는 동사 **ser** (이다) 동사의 접속법과거로 가정절이고, 귀결절에는 조건시제가 옵니다.
❸ **Si** + 접속법 과거, 주어 + 조건시제.는 현재사실에 대한 반대로 '만약 ~한다면, ~할 텐데.'의 뜻입니다.
❹ **ser** 동사 접속법 과거의 인칭변화형을 활용하여 다양한 주어의 문장을 만들 수 있습니다.
(**Yo fuera, Tú fueras, Él/Ella/Ud. fuera, Nosotros fuéramos, Vosotros fuerais, Ellos/Ellas/Uds. fueran**)

② 기본패턴의 연습!

p156-01	Si yo fuera usted, lo rechazaría.	내가 당신이라면, 나는 그것을 거절할 텐데.
p156-02	Si yo fuera usted, continuaría.	내가 당신이라면, 나는 계속할 텐데.
p156-03	Si yo fuera usted, diría la verdad.	내가 당신이라면, 나는 진실을 말할 텐데.
p156-04	Si yo fuera usted, consultaría al médico.	내가 당신이라면, 나는 의사의 진료를 받을 텐데.
p156-05	Si yo fuera usted, respetaría las reglas.	내가 당신이라면, 나는 규칙들을 존중할 텐데.
p156-06	Si yo fuera usted, me quedaría en casa.	내가 당신이라면, 나는 집에 머물 텐데.
p156-07	Si yo fuera usted, esperaría su respuesta.	내가 당신이라면, 나는 그의 대답을 기다릴 텐데.
p156-08	Si yo fuera usted, aceptaría su proposición.	내가 당신이라면, 나는 그의 제안을 받아드릴 텐데.

● **si** (만일/만약), **lo** (그것을), **rechazar** (거절하다), **continuar** (계속하다), **decir** (말하다), **la verdad** (진실), **consultar** (진료하다), **a** (~에게), **el médico** (의사), **respetar** (존중하다), **la regla** (규칙), **quedar(se)** (머물다), **en** (~에), **la casa** (집), **esperar** (기다리다), **su** (그의), **la respuesta** (대답/회답), **aceptar** (받아들이다/승낙하다), **la proposición** (제안)

다섯 번째 섹션 : 중요문법 패턴!

5th Section 은 **중요문법**을 정리하였습니다.
문법적으로 **난이도**도 높고, **사용빈도**도 높은 **표현**들을 정리했습니다.

P 156

③ 기본패턴의 확장!

p156-09 Yo que usted, no lo haría así nunca. 내가 당신이라면, 결코 그것을 그렇게 하지 않을 텐데.

p156-10 Yo que usted, dejaría de fumar en seguida. 내가 당신이라면, 당장 흡연을 멈출 텐데.

- **Si yo fuera usted, ~** 은 간단하게 **Yo que usted, ~** 라고 하기도 합니다.
- **dejar de** + 동사원형은 '~하는 것을 멈추다'입니다. **Dejo de comer.** (나는 먹기를 멈춥니다.)
- 조건시제는 동사원형 + **ía / ías / ía / íamos / íais / ían** 이지만, 동사에 따라 불규칙형도 있습니다. **hacer** 는 **haría / ías / ía / íamos / íais / ían** 으로 불규칙입니다.
- **no** (아니다), **así** (그렇게/그런 식으로), **nunca** (결코 ~않다), **dejar** (그만두다), **de** (~의), **fumar** (흡연하다), **en seguida** (즉시/당장)

④ 기본패턴의 응용!

p156-11 A) ¿Qué tengo que hacer? 내가 무엇을 해야할까요?

p156-12 B) Si yo fuera usted, diría la verdad. 내가 당신이라면, 나는 진실을 말할 텐데.

p156-13 A) Tengo mucha tos estos días. 나는 요즘 기침을 많이 합니다.

p156-14 B) Yo que usted, dejaría de fumar en seguida. 내가 당신이라면, 당장 흡연을 멈출 텐데.

- **qué** (무엇), **tener que** (~해야만 한다), **mucho** (많이), **la tos** (기침), **este** (이 : 지시형용사), **el día** (날/하루), **estos días** (최근의), **seguido** (잇달아/계속), **en seguida** (즉시)

Learn foreign language!
Spanish

Part 3. It's a completely new way to learn foreign language! | Pattern 157

Si yo hubiera sido ~. [씨 요 후비에라 시도 ~.]
만약에 내가 ~였다면.

① 기본패턴의 핵심!

❶ **Si yo hubiera sido ~.** 는 '만약에 내가 ~였다면.'입니다.
❷ **hubiera** 는 동사 **haber** (~이다)의 접속법 과거 1인칭 단수형이며,
뒤에 과거분사(**p.p.**)가 와서 과거에 대한 반대를 가정하는 표현입니다.
❸ **haber** 의 접속법 과거는 동사의 인칭에 따라 다른 형태입니다.
(**Yo hubiera, Tú hubieras, Él/Ella/Ud. hubiera, Nosotros hubiéramos, Vosotros hubierais, Ello/Ellas/Uds. hubieran**)

② 기본패턴의 연습!

p157-01 **Si yo hubiera sido usted, lo habría hecho.** 만약에 내가 당신이었다면 그것을 했을 텐데.

p157-02 **Si yo hubiera sido pájaro, habría volado a usted.** 만약에 내가 새였다면 당신에게 날아갔을 텐데.

p157-03 **Si yo hubiera sido inteligente, lo habría hecho así.** 만약에 내가 똑똑했다면 그렇게 했을 텐데.

p157-04 **Si yo hubiera sido rico(a), le habría ayudado.** 만약에 내가 부자였다면 당신을 도왔을 텐데.

p157-05 **Si yo hubiera sido libre, habría viajado.** 만약에 내가 한가했다면 여행했을 텐데.

p157-06 **Si yo no hubiera estado enfermo(a), habría salido.** 만약에 내가 아프지 않았다면 외출했을 텐데.

p157-07 **Si yo hubiera prestado atención, no me habría perdido.** 만약에 내가 주의했다면 길을 잃지 않았을 텐데.

p157-08 **Si yo hubiera sido joven, habría estudiado.** 만약에 내가 젊었다면 공부했었을 텐데.

● **Si yo hubiera sido ~, + 귀결절.**에서 귀결절에는 **haber** 동사의 조건시제 + 과거분사가 옵니다.
'만약에 내가 ~였다면, ~했을 텐데.'입니다.
● **hecho** 는 **hacer** (하다)의 과거분사이고, **hacerse** 는 '~이 되다', **sido** 는 **ser** (~이다)의 과거분사입니다.
● **usted** (당신), **lo** (그것을), **el pájaro** (새), **volar** (날다), **inteligente** (영리한), **así** (그렇게), **el/la rico(a)** (부자), **ayudar** (돕다), **libre** (한가한), **viajar** (여행하다), **no** (아니다), **enfermo(a)** (아픈), **salir** (나가다), **prestar** (기울이다), **la atención** (주의), **me** (나 스스로를), **perderse** (길을 잃다), **joven** (젊은), **estudiar** (공부하다)

The basics of grammar and sentence construction!
The most useful phrases and expressions!

pattern

다섯 번째 섹션 : 중요문법 패턴!

5th Section 은 **중요문법**을 정리하였습니다.
문법적으로 **난이도**도 높고, **사용빈도**도 높은 **표현**들을 정리했습니다.

P 157

③ 기본패턴의 확장!

p157-09 **Si yo hubiera tenido dinero, te habría ayudado.** 내가 돈이 있었다면, 너를 도왔을 텐데.

p157-10 **Si yo hubiera tenido tiempo, habría viajado.** 내가 시간이 있었다면, 여행 갔었을 텐데.

- '가정절 + 결과절'의 구조입니다. (만약에 ~였다면, ~했었을 텐데)
- **Si** + **hubiera**(**haber** 의 접속법과거) + 과거분사(가정절), ~ **habría**(**haber** 동사의 조건시제) + 과거분사(결과절). 은 '~했었다면, ~했었을 텐데.'로 과거에 대한 반대를 가정하는 표현입니다.
- **tener** (가지다), **el dinero** (돈), **te** (너를), **ayudar** (돕다), **el tiempo** (시간), **viajar** (여행하다)

④ 기본패턴의 응용!

p157-11 **A) Lo pasábamos bien durante estas vacaciones.** 우리는 이번 방학 동안 잘 보냈어.

p157-12 **B) Si yo hubiera tenido tiempo, habría viajado.** 내가 시간이 있었다면, 여행 갔었을 텐데.

---

p157-13 **A) Tuve que trabajar por falta de dinero.** 나는 돈이 부족해서 일을 해야만 했습니다.

p157-14 **B) Si yo hubiera tenido dinero, te habría ayudado.** 내가 돈이 있었다면, 너를 도왔을 텐데.

- **Lo pasábamos** 는 **pasar** (보내다/지내다)의 불완료과거 1인칭 복수입니다. **lo** 는 직접목적대명사입니다.
- **tuve que** ~ 는 '~해야만 했다', **por falta de** ~ 는 '~이 부족해서'입니다.
- **bien** (잘), **durante** (~동안), **estas** (이 : 지시형용사), **las vacaciones** (방학/휴가), **trabajar** (일하다), **por** (~때문에), **la falta** (결여/부족), **de** (~의), **el dinero** (돈)

● The focus is on **conversation** and **communication**.

● Start **speaking languages** immediately using **essential phrases**.

appendix

pattern spanish

부록

부록 1. 30분 만에 끝내는 알파벳과 발음법!
부록 2. 문법 핵심 한눈에 요약정리!

with **fluency** and confidence.
It focuses on conversation with fluency and confidence.
With this book you will **learn languages**
with thousands **of customizable phrases**.

appendix

pattern Spanish

부록 1.

30분 만에 끝내는 알파벳과 발음법!

보다 더 인상적이고 부담 없는 **알파벳**과 **발음법 학습**을 위해
가장 선호하는 **이름 베스트 100 리스트**를 **활용**하여 **학습**해 보겠습니다.

부록 1.
30분 만에 끝내는 알파벳과 발음법!

스페인 사람 이름으로 알파벳과 발음법을 끝내자!

'자신 있게 말씀드릴 수 있는 스페인어에 대한 진실 한 가지!'

보다 더 인상적이고 부담 없는 스페인어의 알파벳과 발음법 학습을 위해
스페인 남녀가 가장 선호하는 이름 베스트 100 리스트를 활용하여 학습해 보겠습니다.
(여러분께서 조만간 만나게 될 스페인 사람들의 이름입니다.)
자! 그러면 바로 시작해볼까요?

appendix

부록 1.
30분 만에 끝내는 알파벳과 발음법!

1. 스페인어 알파벳, 이미 알고 있다!

웃으면서 배울 수 있는 외국어, 바로 '스페인어'입니다.
우리에게 이미 친근한 알파벳이 스페인어 문자입니다.
스페인어 기본 알파벳 (**alfabeto**) [알파베또]는 영어와 비슷합니다.

문자를 알고 있다는 것은 언제든지 본격적으로 시작할 수 있다는 뜻입니다.
자! 그러면 알파벳의 이름과 발음값을 알아보겠습니다. ([괄호] 안은 우리말에 가장 가까운 음가입니다.)

a1-00

A a 아 [ㅏ]	**B b** 베 [ㅂ]	**C c** 쎄 [ㅆ/ㄲ]
D d 데 [ㄷ]	**E e** 에 [ㅔ]	**F f** 에페 [ㅍ]
G g 헤 [ㄱ/ㅎ]	**H h** 아체 [묵음]	**I i** 이 [ㅣ]
J j 호따 [ㅎ]	**K k** 까 [ㄲ]	**L l** 엘레 [ㄹ]
M m 에메 [ㅁ]	**N n** 에네 [ㄴ]	**Ñ ñ** 에녜 [녜]
O o 오 [ㅗ]	**P p** 뻬 [ㅃ]	**Q q** 꾸 [ㄲ]
R r 에레 [ㄹ]	**S s** 에세 [ㅅ]	**T t** 떼 [ㄸ]
U u 우 [ㅜ]	**V v** 우베 [ㅂ]	**W w** 우베 도블레 [ㅜ]
X x 에끼스 [엑스/ㅎ]	**Y y** 예 [ㅣ]	**Z z** 쎄따 [ㅆ]

2. 스페인어의 모음, 발음 그대로다!

스페인어 모음의 기본은 **A** (아), **E** (에), **I** (이), **O** (오), **U** (우) 5개입니다.
음가는 그대로 [ㅏ], [ㅔ], [ㅣ], [ㅗ], [ㅜ] 입니다.

보다 더 인상적이고 부담 없는 **알파벳**과 **발음법 학습**을 위해
가장 선호하는 **이름 베스트 100 리스트**를 **활용**하여 **학습**해 보겠습니다.

A 01

다음은 스페인어 대표 모음의 발음법을 한방에 해결해주는 여자 이름입니다.
자! 그러면 각각의 모음을 알아볼까요?

a2-01	**A a** [아]	**Ana** 아나	a2-02	**E e** [에]	**Ernesto** 에르네스또
a2-03	**I i** [이]	**Isabel** 이사벨	a2-04	**O o** [오]	**Ortega** 오르떼가
a2-05	**U u** [우]	**Úrsula** 우르술라			

3. 스페인어의 매력점, 철자부호!

스페인어 모음에는 한눈에 스페인어임을 알려주는 독특한 '철자부호'들이 있습니다.
[´] (acento) [악센또], **[¨] (diéresis)** [디에레시스]는 영어에는 없는 철자부호입니다.
어떠한 철자부호가 붙어도 음가는 항상 원래 모음의 발음과 동일합니다.

a3-01	**Mónica** 모니까	a3-02	**Güell** 구엘

4. 스페인어의 이중모음!

스페인어에는 모음이 둘 또는 셋이 합쳐져서 하나의 발음을 내는 예가 많습니다.
강모음인 **a, e, o** 와 약모음 **i, u** 가 연달아 오면 이중모음이 되어
한 음절과 같이 발음합니다.

1) **ie** : [이예]

i [이]는 짧게 발음하고 **e** [에]는 그에 비해 조금 더 길게 강조하여 발음하면 '예'에 가까운 발음이 됩니다 .

a4-01	**Daniela** 다니옐라

부록 1.
30분 만에 끝내는 알파벳과 발음법!

2) **ai** : [아이]

마찬가지로 강모음인 **a** [아]는 길고 강하게, **i** [이]는 짧고 약하게 발음합니다.

a4-02 **Jaime**
하이메

3) **au** : [아우]

a [아]는 길고 강하게 **u** [우]는 짧고 약하게 발음합니다.

a4-03 **Laura**
라우라

5. 스페인어의 자음!

영어와 똑같은 우리에게 이미 익숙한 스페인어 자음들이 있습니다.
b [ㅂ], **d** [ㄷ], **f** [ㅍ], **l** [ㄹ], **m** [ㅁ], **n** [ㄴ], **v** [ㅂ], **z** [ㅅ]이 그렇습니다.
덕분에 몇 가지만 정리하면 자음도 간단히 해결할 수 있습니다.

지금부터 조금만 더 신경을 써야 하는 자음들부터 하나씩 설명을 드리겠습니다.
나머지 자음은 우리가 이미 알고 있는 음가 그대로입니다.

1) 스페인어의 딱딱한 자음들!

스페인어의 자음은 기본적으로 딱딱하게 발음 합니다.
특히 **p** [ㅃ], **t** [ㄸ], **c** [ㄲ], **k** [ㄲ] 의 발음이 영어에서와 다릅니다.

a5-01 **Pablo**
빠블로

a5-02 **Tomás**
또마스

보다 더 인상적이고 부담 없는 **알파벳**과 **발음법 학습**을 위해
가장 선호하는 **이름 베스트 100 리스트**를 **활용**하여 **학습**해 보겠습니다.

A 01

a5-03 **Carlos** 까를로스 a5-04 **Kiara** 끼아라

2) 영어와 다른 스페인어 자음들!

영어에서 유성음으로 발음되던 자음들이 스페인어에서는 무성음으로 발음됩니다.
z 의 경우에는 [즈]로 발음하지 않고 [쓰]로 발음해야 합니다.
이는 스페인과 라틴아메리카가 발음이 서로 다르기 때문이며,
스페인에서는 영어의 **thirty** 의 **[th]** 에 해당되는 발음([Θ])을 하고,
라틴아메리카에서는 그냥 **[s]** 로 발음하면 됩니다.

a5-05 **Liza** 리싸

그리고 **j** (호따) 역시 스페인어에서는 영어와 달리 [ㅎ]로 발음합니다.
입 천장을 둥글게 하고 목구멍 깊은 곳에서부터 나오는 [ㅎ]이어야 합니다.
마치 목 안의 이물질을 뱉어내듯이 말입니다.

a5-06 **Javier** 하비에르

3) 스페인어 대표 발음 **r**

초심자들이 가장 발음하기 어려워하는 스페인어 자음 **r** 은 단어 제일 앞에서는 **[rr]** 로 소리 납니다.
그리고 단어 중간에서는 **r** 와 **rr** 의 발음법이 달라지는데, 전자의 경우는 그냥 영어의 **r** 과 같이 발음하고,
후자의 경우에는 앞에서 얘기한 것처럼 **[rr]** 로 굴려 발음합니다.
(발음이 잘 굴려지지 않으면 '아' 소리가 날 때의 입모양을 하고 '아르'라고 소리내면 발음하기가 쉽습니다.)
아울러 **s/n** 앞에 나오는 **r** 은 **[rr]** 로 발음합니다.

a5-07 **Rosa** 르로사 a5-08 **Perla** 뻬를라

부록 1.
30분 만에 끝내는 알파벳과 발음법!

a5-09 **Fernando**
페르르난도

4) 두 얼굴의 c / g

c 는 2가지 경우의 소리를 갖고 있습니다. 우선 자음과 **a, o, u** 앞에서는 [ㄲ] 소리가 되어 각각 [까/꼬/꾸], **e, i** 앞에서는 [ㅆ] 소리가 되어 [쎄/씨]가 됩니다.
특히 모음 **e, i** 가 올 때 스페인에서는 **[Θ]** 로 발음하고, 중남미에서는 **[s]** 로 발음됩니다.

a5-10 **Carolina**
까롤리나

a5-11 **Cecilia**
쎄씰리아

g 도 2가지 소리가 납니다.
우선 자음과 **a, o, u** 앞에서는 [ㄱ] 소리가 되어 각각 [가/고/구]가 되고,
e, i, 앞에서는 [ㅎ] 소리가 되어 [헤/히]로 발음됩니다.

a5-12 **Gabriel**
가브리엘

a5-13 **Germán**
헤르만

5) h 와 친구들 ch

스페인어의 **h** (아체)는 음가가 없습니다.
즉, 아예 없다고 생각하고 발음하지 않으면 됩니다.
무성 **h** 의 정체는 자음이지만 발음에서는 무시하고 뒤에 나오는 모음만 발음해주면 됩니다.

ch 는 영어에서는 **school** 처럼 [ㅋ]으로 발음되거나 **church** 처럼 [ㅊ]으로 발음되지만 스페인어에서는 [ㅊ]으로만 발음됩니다.

a5-14 **Hugo**
우고

a5-15 **Chacón**
차꼰

6) 새롭게 다른 **j**

j 는 뒤에 오는 모음에 상관 없이 항상 [ㅎ]으로 발음됩니다.
마치 **e, i** 앞의 **g** 와 발음이 똑같습니다.

a5-16	**José** 호세	a5-17	**Jesús** 헤쑤스

7) 다양하게 발음되는 **x**

x 는 특별한 규정 없이 단어에 따라서 조금씩 다르게 발음됩니다.
기본적으로 [ㅅ]이나 [ㄱㅅ/ㄱㅆ]이며, 드물게 **México** [메히꼬], **Texas** [떼하스]처럼 [ㅎ]으로 발음되기도 합니다.

a5-18	**Xeno** 쎄노	a5-19	**Félix** 펠릭스

8) **gue** 는 [게]

gue 는 [구에]가 아닌 [게]로 발음합니다. [구에]로 발음하려면 모음 **u** 위에 [¨](**dieresis**)가 붙여 **güe** 라고 쓰면 됩니다.
마찬가지로 **gui** 는 [구이]가 아니라 [기]로 발음합니다. [구이]로 발음하려면 **güi** 라고 쓰면 됩니다.
같은 방식으로 **que** 는 [꾸에]가 아니고 [께]로 발음합니다.

a5-20	**Guillermo** 기예르모	a5-21	**Enrique** 엔리께

이상으로 스페인어 주요 발음의 소개를 마칩니다.
발음은 **MP3** 청취/발음 연습자료를 이용하는 것이 가장 좋습니다.

appendix

pattern spanish

부록 2.
문법 핵심 한눈에 요약정리!

문법 핵심을 한눈에 파악할 수 있도록 **요약정리**했습니다!
궁금한 **문법사항**은 **그때그때** 찾아서 **확인**이 가능합니다.

부록 2.
문법 핵심 한눈에 요약정리!

문법 핵심을 한눈에 파악할 수 있도록 **요약정리**했습니다!
궁금한 **문법사항**은 **그때그때** 찾아서 **참고**하시면 되겠습니다.

1. 스페인어 인칭대명사
2. 스페인어 ser / estar 동사
3. 스페인어 tener 동사
4. 스페인어 hacer 동사
5. 스페인어 동사의 인칭변화 (ar/er/ir 규칙동사)
6. 스페인어 명사의 성과 수
7. 스페인어 정관사
8. 스페인어 부정관사
9. 스페인어 목적대명사
10. 스페인어 형용사

11. 스페인어 소유형용사
12. 스페인어 재귀동사
13. 스페인어 조동사
14. 스페인어 명령법
15. 스페인어 시제 (미래)
16. 스페인어 시제 (조건)
17. 스페인어 시제 (현재완료)
18. 스페인어 시제 (불완료과거)
19. 스페인어 접속법
20. 스페인어 전치사

21. 스페인어 접속사
22. 스페인어 어순

appendix

Learn foreign language!
Spanish

부록 2.
문법 핵심 한눈에 요약정리!

It's a completely new way to learn foreign language!

1. 스페인어 인칭대명사

한줄요약 : 스페인어 문장의 주어가 될 수 있는 인칭대명사(주격)입니다!

스페인어 인칭대명사

Yo [요] 나	**Nosotros/-as** [노소뜨로스/라스] 우리들
Tú [뚜] 너	**Vosotros/-as** [보소뜨로스/라스] 너희들/당신
Él / Ella / Ud. [엘] 그 / [에야] 그녀 / [우스뗏] 당신	**Ellos / Ellas / Uds.** [에요스] 그들 / [에야스] 그녀들 / [우스떼데스] / 당신들

❶ 스페인어 인칭대명사는 문장의 주어가 될 수 있습니다. (주격인칭대명사)
❷ 인칭대명사 **tú** (너)는 친한 사이의 호칭입니다.
이에 반해, **Ud.** (당신)은 자신보다 나이가 많거나 처음 만나는 사람에게 사용합니다.
❸ 인칭대명사 **nosotros** (우리들) / **vosotros** (너희들)은 성수를 구분합니다. 구성원 모두가 여자일 경우에만, **-as** 형을 쓰고, 모두 남자이거나 남자가 한 명이라도 포함되어 있으면, **-os** 형을 씁니다.
❹ 스페인어에서는 일반적으로 문장에서 인칭대명사 주어(**Yo, Tú, Nosotro(a)s, Vosotro(a)s**)를 생략합니다. 동사의 활용형을 보면 주어를 알 수 있기 때문입니다.
단, 주어를 강조하거나 서로 비교할 때에는 1, 2인칭 주격인칭대명사도 사용합니다.

2. 스페인어 ser / estar 동사

한줄요약 : 영어의 be 동사에 해당되는 스페인어 ser (~이다)동사와 estar (~있다) 동사입니다!

ser [세르] ~이다

pattern

문법 핵심을 한눈에 파악할 수 있도록 **요약정리**했습니다!
궁금한 **문법사항**은 **그때그때** 찾아서 **확인**이 가능합니다.

A 02

Yo soy ~ [요 소이 ~] 나는 ~이다	**Nosotros/-as somos ~** [노소뜨로스/라스 소모스 ~] 우리들은 ~이다
Tú eres ~ [뚜 에레스 ~] 너는 ~이다	**Vosotros/-as sois ~** [보소뜨로스/라스 소이스 ~] 너희들은 ~이다
Él / Ella / Ud. es ~ [엘 / 에야 / 우스뗏 에스 ~] 그/그녀/당신은 ~이다	**Ellos / Ellas / Uds. son ~** [에요스 / 에야스 / 우스떼데스 손 ~] 그들/그녀들/당신들은 ~이다

estar [에스따르] ~에/~한 상태에 있다

Yo estoy ~ [요 에스또이 ~] 나는 ~한 상태다	**Nosotros/-as estamos ~** [노소뜨로스/라스 에스따모스 ~] 우리들은 ~한 상태다
Tú estás ~ [뚜 에스따스 ~] 너는 ~한 상태다	**Vosotros/-as estáis ~** [보소뜨로스/라스 에스따이스 ~] 너희들은 ~한 상태다
Él / Ella / Ud. está ~ [엘 / 에야 / 우스뗏 에스따 ~] 그/그녀/당신은 ~한 상태다	**Ellos / Ellas / Uds. están ~** [에요스 / 에야스 / 우스떼데스 에스딴 ~] 그들/그녀들/당신들은 ~한 상태다

❶ 스페인어 **ser** 와 **estar** 동사는 영어의 **be** 동사와 같습니다.
❷ **ser** (~이다) 동사는 사람이나 사물의 본질적인 특성을 나타낼 때 사용됩니다.
예를 들면 이름, 직업, 국적, 외모 등이 이에 해당됩니다.
❸ **estar** (~있다) 동사는 일시적인 상태나 변하기 쉬운 특성을 나타낼 때 사용됩니다.
❹ **ser** 와 **estar** 동사를 암기하실 때는 **Yo soy ~**, **Tú eres ~**, **Él / Ella / Ud. es ...**처럼
인칭대명사와 동사를 통째로 기억하는 것이 좋습니다.

Learn foreign language!
Spanish

부록 2.
문법 핵심 한눈에 요약정리!

It's a completely new way to learn foreign language!

3. 스페인어 tener 동사

한줄요약 : 스페인어 tener (~가지고 있다) 동사는 영어의 have 동사입니다!

tener [떼네르] ~가지고 있다

Yo tengo ~ [요 뗑고 ~] 나는 ~가지고 있다	**Nosotros/-as tenemos ~** [노소뜨로스/라스 떼네모스 ~] 우리들은 ~가지고 있다
Tú tienes ~ [뚜 떼네이스 ~] 너는 ~가지고 있다	**Vosotros/-as tenéis ~** [보소뜨로스/라스 떼네이스 ~] 너희들은 ~가지고 있다
Él / Ella / Ud. tiene ~ [엘 / 에야 / 우스뗃 띠에네 ~] 그/그녀/당신은 ~가지고 있다	**Ellos / Ellas / Uds. tienen ~** [에요스 / 에야스 / 우스떼데스 띠에넨 ~] 그들/그녀들/당신들은 ~가지고 있다

❶ 스페인어 **tener** 동사는 영어의 **have** 동사와 같습니다.
❷ **tener** 동사는 1인칭 단수만 **tengo** 로 변화하며, 나머지 인칭은 어간의 모음이 **e** 에서 **ie** 로 변화됩니다. (**e > ie**)
단, 1인칭 복수 **tenemos** 와 2인칭 복수 **tenéis** 는 어간 **–e** 가 바뀌지 않습니다.
❸ **tener** 동사는 뒤에 나오는 명사와 함께 관용적인 표현을 하기도 합니다.
Tengo miedo. [뗑고 미에도.](나는 무섭다. **el miedo** [미에도] 두려움) **Tengo sueño.** [뗑고 수에뇨.](나는 졸립다. **el sueño** [수에뇨] 꿈)
❹ **tener** 동사를 암기하실 때는 인칭대명사와 함께 통째로 기억하는 것이 좋습니다.

4. 스페인어 hacer 동사

한줄요약 : 스페인어 hacer [아쎄르](하다) 동사는 영어의 do 나 make 동사와 유사합니다!

문법 핵심을 한눈에 파악할 수 있도록 **요약정리**했습니다!
궁금한 **문법사항**은 **그때그때** 찾아서 **확인**이 가능합니다.

A 02

hacer [아쎄르] ~하다

Yo hago ~ [요 아고 ~] 나는 ~한다	**Nosotros/-as hacemos ~** [노소뜨로스/라스 아쎄모스 ~] 우리들은 ~한다
Tú haces ~ [뚜 아쎄스 ~] 너는 ~한다	**Vosotros/-as hacéis ~** [보소뜨로스/라스 아쎄이스 ~] 너희들은 ~한다
Él / Ella / Ud. hace ~ [엘 / 에야 / 우스뗏 아쎄 ~] 그/그녀/당신은 ~한다	**Ellos / Ellas / Uds. hacen ~** [에요스 / 에야스 / 우스떼데스 아쎈 ~] 그들/그녀들/당신들은 ~한다

❶ 스페인어 **hacer** 동사는 영어의 **do** 나 **make** 동사와 같습니다.
❷ **hacer** 동사는 1인칭 단수(**yo**)만 **hago** 로 변화하며, 나머지 인칭에서는 규칙활용을 하는 불규칙동사입니다.
❸ **hacer** 동사는 관용적인 표현으로 자주 사용됩니다. **Hago la maleta.** [아고 라 말레따.](나는 짐을 쌉니다.)

5. 스페인어 동사의 인칭변화

한줄요약 : 스페인어 동사의 대부분은 인칭에 따라서 규칙적인 어미(-ar/-er/-ir)변화를 합니다!

-ar 동사 : **hablar** [아블라르] 말하다

인칭	인칭어미		인칭	인칭어미	
Yo [요 아블로] 나는 말한다	**-o**	**hablo**	**Nosotros/-as** [노소뜨로스/라스 아블라모스] 우리들은 말한다	**-amos**	**hablamos**
Tú [뚜 아블라스] 너는 말한다	**-as**	**hablas**	**Vosotros/-as** [보소뜨로스/라스 아블라이스] 너희들은 말한다	**-áis**	**habláis**
Él / Ella / Ud. [엘 / 에야 / 우스뗏 아블라] 그/그녀/당신은 말한다	**-a**	**habla**	**Ellos / Ellas / Uds.** [에요스 / 에야스 / 우스떼데스 아블란] 그들/그녀들/당신들은 말한다	**-an**	**hablan**

부록 2.
문법 핵심 한눈에 요약정리!

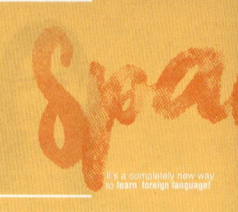

-er 동사 : **beber** [베베르] 마시다

인칭	인칭어미		인칭	인칭어미	
Yo [요 베보] 나는 마신다	**-o**	**bebo**	**Nosotros/-as** [노소뜨로스/라스 베베모스] 우리들은 마신다	**-emos**	**bebemos**
Tú [뚜 베베스] 너는 마신다	**-es**	**bebes**	**Vosotros/-as** [보소뜨로스/라스 베베이스] 너희들은 마신다	**-éis**	**bebéis**
Él/Ella/Ud. [엘 / 에야 / 우스뗏 베베] 그/그녀/당신은 마신다	**-e**	**bebe**	**Ellos/Ellas/Uds.** [에요스 / 에야스 / 우스떼데스 베벤] 그들/그녀들/당신들은 마신다	**-en**	**beben**

-ir 동사 : **abrir** [아브리르] 열다

인칭	인칭어미		인칭	인칭어미	
Yo [요 아브로] 나는 연다	**-o**	**abro**	**Nosotros/-as** [노소뜨로스/라스 아브리모스] 우리들은 연다	**-imos**	**abrimos**
Tú [뚜 아브레스] 너는 연다	**-es**	**abres**	**Vosotros/-as** [보소뜨로스/라스 아브리스] 너희들은 연다	**-ís**	**abrís**
Él/Ella/Ud. [엘 / 에야 /우스뗏 아브레] 그/그녀/당신은 연다	**-e**	**abre**	**Ellos/Ellas/Uds.** [에요스 / 에야스 / 우스떼데스 아브렌] 그들/그녀들/당신들은 연다	**-en**	**abren**

❶ 스페인어 동사는 인칭에 따라 6가지로 어미변화를 합니다.
❷ 스페인어 동사 중에서 어간에는 변화가 없고 어미(**-ar, -er, -ir**)만 인칭에 따라 변화하는 동사들을 '규칙동사'라고 부릅니다. 이에 반해서 어미뿐 아니라, 어간도 함께 변화는 동사들을 '불규칙동사'라고 합니다.
❸ 스페인어 동사는 크게, 어간 **e > ie** 로 바뀌는 동사와 어간 **e > i** 로 바뀌는 동사들, 그리고 어간 **o > ue** 로 바뀌는 동사들로 나누어지고, 1인칭 단수가 **–go** 로 바뀌는 동사들, 그리고 이러한 변화들이 동시에 2개 이상 일어나는 동사 등등 몇 가지로 분류됩니다.

문법 핵심을 한눈에 파악할 수 있도록 **요약정리**했습니다!
궁금한 **문법사항**은 **그때그때** 찾아서 **확인**이 가능합니다.

A 02

6. 스페인어 명사의 성과 수

한줄요약 : 스페인어의 명사는 남성/여성이 있습니다!

스페인어 명사의 성과 수

un hombre [운 옴브레] 남자	**una mujer** [우나 무헤르] 여자
unos hombres [우노스 옴브레스] 남자들	**unas mujeres** [우나스 무헤레스] 여자들
un lápiz [운 라피스] 연필	**una casa** [우나 까사] 집
unos lápices [우노스 라피세스] 연필들	**unas casas** [우나스 까사스] 집들

❶ 스페인어 명사는 고유명사(사람 이름, 도시 이름 등)을 제외한 모든 명사가 남성/여성으로 구분됩니다.
❷ 생물은 자연성을 따르지만, 무생물은 대부분 임의적으로 부여되어 있습니다. 예를 들면 '아버지'는 남성, '어머니'는 여성 등으로 자연성을 따릅니다만, '연필'은 남성, '집'은 여성 등으로 임의적입니다.
❸ 명사의 여성형을 만드는 방법은 여러 가지가 있는데 기본적으로 **-o** 로 끝나는 남성명사의 경우, 남성명사에 **-a** 를 붙입니다. (**un gato** [운 가또] 수고양이 > **una gata** [우나 가따] 암고양이)(**un** 하나의 : 부정관사)
❹ 명사의 수는 '단수와 복수'를 말하며, 관사를 통해 구별할 수 있습니다.
❺ 아울러 명사의 단수를 복수로 만들 때는 여러 가지 방법이 있습니다.
복수형 어미(**-es**)가 붙는 것, 단수와 복수의 형태가 같은 것, 단수형과 복수형이 완전히 다른 경우 등이 있습니다.
어미가 **-z** 로 끝나는 경우 복수가 되면, **z** 가 **c** 로 바뀌고 **-es** 가 붙어서 **-ces** 가 됩니다.

7. 스페인어 정관사

한줄요약 : 스페인어 정관사는 4가지 형태입니다!

스페인어 정관사

	남성	여성
단수	**el** [엘]	**la** [라]
복수	**los** [로스]	**las** [라스]

The focus is on **conversation** and **communication**.

Start **speaking languages** immediately using **essential phrases**.

부록 2.
문법 핵심 한눈에 요약정리!

❶ 스페인어 정관사는 특정명사를 지칭하거나, 어떤 것을 총칭하는 의미로 명사 앞에 붙습니다.
영어의 **the** 에 해당합니다.
❷ 스페인어 단어의 정관사를 보면, 그 명사의 성과 수를 알 수 있습니다. (남성/여성 단수, 남성/여성 복수)
❸ 남성 단수 정관사 **el** 이 전치사 **a** 뒤에 오면 **al** 로 축약되고, 전치사 **de** 뒤에 오면 **del** 로 축약됩니다.
a + el > al, de + el > del

8. 스페인어 부정관사

한줄요약 : 스페인어 부정관사는 4가지 형태가 있습니다!

스페인어 부정관사

	남성	여성
단수	**un** [운]	**una** [우나]
복수	**unos** [우노스]	**unas** [우나스]

❶ 스페인어의 부정관사는 영어의 부정관사 **a(n)** 처럼 특정하지 않은 명사 앞에 사용되어, '어떤/하나의'의 뜻입니다.
❷ 부정관사는 남성, 여성의 단수형과 복수형이 있습니다.
❸ 영어의 부정관사 **a(an)** 은 단수명사 앞에서만 사용되지만, 스페인어의 부정관사는 복수명사 앞에서도 사용되어 '몇몇의'(영어의 **some**)으로 해석됩니다.

9. 스페인어 목적대명사

한줄요약 : 스페인어의 목적대명사에는 직접목적대명사와 간접목적대명사가 있고, 인칭에 따라 형태가 다릅니다.

스페인어 직접목적대명사

나를	**me** [메]
너를	**te** [떼]
그/그녀/당신/그것을	**lo/la** [로/라]

스페인어 간접목적대명사

나에게	**me** [메]
너에게	**te** [떼]
그/그녀/당신에게	**le** [레]

pattern

문법 핵심을 한눈에 파악할 수 있도록 **요약정리**했습니다!
궁금한 **문법사항**은 **그때그때** 찾아서 **확인**이 가능합니다.

A 02

우리를	**nos** [노스]	우리에게	**nos** [노스]
너희들을	**os** [오스]	너희에게	**os** [오스]
그들/그녀들/당신들/그것들을	**los/las** [로스/라스]	그들/그녀들/당신들에게	**les** [레스]

❶ 스페인 일부지역에서는 3인칭 단수 직접목적대명사 **lo** [로](그를/당신을) 대신에 **le** [레]를 쓰기도 합니다.
Me alegro mucho de conocerle. [메 알레그로 무초 데 꼬노쎄르레.] (당신을 만나게 되어 반갑습니다.)
❷ 3인칭 간접목적대명사가 오면, 누구를 지칭하는지 명확히 하기 위해 '**a** + 인칭대명사'의 형태로 '중복형'을 쓰기도 합니다. **Yo le doy una casa a ella.** [요 레 도이 우나 까사 아 에야.](나는 그녀에게 집 한 채를 줍니다.)
❸ 목적대명사의 위치는 평서문에서 동사 앞이고, 동사원형이 쓰였을 경우나 긍정 명령의 경우는 동사어미 바로 뒤에 붙여 쓰거나, 동사원형을 목적어로 취하는 조동사 앞에 위치합니다.
그리고 부정 명령의 경우에는 평서문에서와 같이 **no** 와 변형동사 사이에 둡니다.
Te entrega un libro. [떼 엔뜨레가 운 리브로.](나는 너에게 하나의 책을 건네준다.)
Te quiero entregar un libro. [떼 끼에로 엔뜨레가르 운 리브로.](나는 너에게 하나의 책을 건네주고 싶다.)
또는 **Quiero entregarte un libro.** [끼에로 엔뜨레가르떼 운 리브로.](나는 너에게 하나의 책을 건네주고 싶다.)

10. 스페인어 형용사

한줄요약 : 스페인어 형용사는 수식하는 명사의 성수에 따라 변화합니다!

스페인어 형용사

	남성	여성
단수	**gordo** [고르도] 뚱뚱한	**gorda** [고르다]
복수	**gordos** [고르도스]	**gordas** [고르다스]
단수	**inteligente** [인뗄리헨떼] 위대한	**inteligente** [인뗄리헨떼]
복수	**inteligentes** [인뗄리헨떼스]	**inteligentes** [인뗄리헨떼스]

부록 2.
문법 핵심 한눈에 요약정리!

❶ 스페인어 형용사는 수식하는 명사의 성수에 따라 변화합니다.
❷ **-o** 로 끝나는 형용사는 남성/여성, 단수/복수에 따라서 4가지 형태로 바뀝니다.
❸ 한편, 끝이 **-o** 로 끝나지 않거나 자음으로 끝나는 경우는 성에는 변화가 없고 단수/복수의 경우에만 바뀝니다.
❹ 스페인어 형용사 중에는 명사 앞에 붙어 뜻이 바뀌는 것들이 있습니다.
nueva casa [누에바 까사](이사한 집) / **casa nueva** [까사 누에바](새로 지은 집)
❺ 일부 형용사 중에는 남성단수 명사 앞에서 **-o** 가 탈락하는 것들이 있습니다.
bueno [부에노](좋은), **malo** [말로](나쁜), **primero** [쁘리메로](첫째의), **tercero** [떼르세로](세 번째의).
buen día [부엔 디아](좋은 날), **tercer día** [떼르세르 디아](세 번째 날)

11. 스페인어 소유형용사

한줄요약 : 스페인어 소유형용사는 소유자와 소유대상이 되는 명사의 성수에 따라 변합니다!

스페인어 소유형용사

	남성/여성단수		남성/여성 복수	
나의	**mi** [미]		**mis** [미스]	
너의	**tu** [뚜]		**tus** [뚜스]	
그(들)의/ 그녀(들)의	**su** [쑤]		**sus** [쑤스]	
	남성단수	여성단수	남성복수	여성복수
우리의	**nuestro** [누에스뜨로]	**nuestra** [누에스뜨라]	**nuestros** [누에스뜨로스]	**nuestras** [누에스뜨라스]
너희들의	**vuestro** [부에스뜨로]	**vuestra** [부에스뜨라]	**vuestros** [부에스뜨로스]	**vuestras** [부에스뜨라스]

❶ 스페인어 소유형용사는 명사 앞에서 관사 대신 쓰이며, 명사의 성과 수에 일치시켜야 합니다. 소유형용사는 1, 2인칭 복수를 제외하고는 **-o** 로 끝나지 않기 때문에 성과 상관 없이 단수/복수에 따라서만 2가지로 구분됩니다.

pattern

문법 핵심을 한눈에 파악할 수 있도록 **요약정리**했습니다!
궁금한 **문법사항**은 **그때그때** 찾아서 **확인**이 가능합니다.

A 02

❷ 스페인어 소유형용사의 성은 소유자가 아닌 소유대상인 명사의 성에 의해 결정됩니다.
❸ **su** 는 3인칭 단/복수를 모두 가리키므로 6가지로 해석할 수 있습니다.
한편, 소유형용사 대신, '**de** + 인칭대명사/일반명사/고유명사'의 형태를 사용할 수 있습니다.
el libro de ellos [엘 리브로 데 에요스] (그들의 책), **el libro de Carmen y Fernando** [엘 리브로 데 까르멘 이 페르난도] (까르멘과 페르난도의 책), **el libro de los estudiantes** [엘 리브로 데 로스 에스뚜디안떼스](학생들의 책)

12. 스페인어 재귀동사

한줄요약 : 스페인어 재귀동사는 주어와 목적어가 동일한 경우에 재귀대명사를 동반하는 동사입니다!

levantarse [레반따르쎄] 일어나다

Yo me levanto. [요 메 레반또] 나는 일어난다.	**Nosotros nos levantamos.** [노소뜨로스 노스 레반따모스.] 우리들은 일어난다.
Tú te levantas. [뚜 떼 레반따스.] 너는 일어난다.	**Vosotros os levantáis.** [보소뜨로스 오스 레반따이스.] 너희들은 일어난다.
Él/Ella/Ud. se levanta. [엘/에야/우스뗏 쎄 레반따.] 그/그녀/당신은 일어난다.	**Ellos/Ellas/Uds. se levantan.** [에요스/에야스/우스떼데스 쎄 레반딴.] 그들/그녀들/당신들은 일어난다.

❶ 스페인어 재귀동사는 동사 앞에 재귀대명사가 붙어 '자기 자신을 ~하게 하다'라는 의미가 됩니다.
❷ 재귀동사는 주어의 인칭에 따라 재귀대명사(**me, te, se, nos, os, se**)를 동반합니다.
❸ 재귀대명사의 위치는 평서문의 경우 동사 앞에, 조동사 + 동사원형으로 쓰인 경우 동사원형의 끝에, 또는 조동사 앞에 놓습니다. **Me levanto temprano.** [메 레반또 뗌쁘라노.](나는 일찍 일어납니다.) **Quiero levantarme temprano.** [끼에로 레반따르메 뗌쁘라노.](나는 일찍 일어나고 싶습니다.) 또는 **Me quiero levantar temprano.** [메 끼에로 레반따르 뗌쁘라노.](나는 일찍 일어나고 싶습니다.)

13. 스페인어 조동사

한줄요약 : 스페인어 조동사는 뒤에 동사원형이나 현재분사 및 과거분사 등 다른 동사가 따라옵니다!
(**poder** (~할 수 있다), **querer** (~하고 싶다), **deber** (~해야 한다) 동사가 가장 대표적입니다.)

부록 2.
문법 핵심 한눈에 요약정리!

스페인어 조동사

	poder ~할 수 있다	querer ~하고 싶다	deber ~해야 한다
Yo	puedo	quiero	debo
Tú	puedes	quieres	debes
Él/Ella/Ud.	puede	quiere	debe
Nosotros	podemos	queremos	debemos
Vosotros	podéis	queréis	debéis
Ellos/Ellas/Uds.	pueden	quieren	deben
	saber ~할 줄 안다	desear ~을 좋아하다	
Yo	sé	deseo	
Tú	sabes	deseas	
Él/Ella/Ud.	sabe	desea	
Nosotros	sabemos	deseamos	
Vosotros	sabéis	deseáis	
Ellos/Ellas/Uds.	saben	desean	

❶ **poder** [뽀데르]는 '~할 수 있다'의 의미로 '가능'을 나타냅니다.
❷ **querer** [께레르]는 '~하고 싶다'의 의미로 '의지'를 나타냅니다.
❸ **deber** [데베르]는 '~해야 한다'의 의미로 '의무'를 나타냅니다.
❹ **saber** [싸베르]는 '~할 줄 안다'로 '능력'을 나타냅니다.
❺ **desear** [데쎄아르]는 '~을 좋아하다'는 뜻으로 '기호'를 나타냅니다.

14. 스페인어 명령법

한줄요약 : 스페인어 명령문은 2인칭 단수/복수형과 3인칭 단수/복수형, 그리고 1인칭 복수형이 존재합니다!

스페인어 명령법

	venir 오다	ir 가다	hablar 말하다
(Tú)	Ven	Ve	Habla
(Nosotros)	Vengamos	Vamos	Hablemos
(Vosotros)	Venid	Id	Hablad
(Ud.)	Venga	Vaya	Hable
(Uds.)	Vengan	Vayan	Hablen

문법 핵심을 한눈에 파악할 수 있도록 **요약정리**했습니다!
궁금한 **문법사항**은 **그때그때** 찾아서 **확인**이 가능합니다.

A 02

	ser ~이다	**tener** ~을 가지다	**saber** ~할 줄 안다
(Tú)	**Sé**	**Ten**	**Sabe**
(Nosotros)	**Seamos**	**Tengamos**	**Sepamos**
(Vosotros)	**Sed**	**Tened**	**Sabed**
(Ud.)	**Sea**	**Tenga**	**Sepa**
(Uds.)	**Sean**	**Tengan**	**Sepan**

❶ 2인칭 단수 명령은 규칙과 불규칙이 있는데, 규칙은 직설법 3인칭 단수형과 동일하고 불규칙은 암기해야 합니다.
❷ 1인칭 복수형 명령문 '~하자!'는 청유의 의미입니다. 접속법 1인칭 복수형을 사용하는데,
ir (가다) 동사의 경우 예외적으로 **¡Vamos!** [바모스!](갑시다!)라고 합니다.
❸ 3인칭 명령은 접속법 3인칭 단수/복수형을 사용하고 우리말로는 '~해주세요'의 의미입니다.
(**¡Hable usted!** [아블레 우스뗏!](말씀해 주세요!)
❹ 2인칭 단수 명령에서 불규칙인 동사는 **ir/venir/ser/tener/valer/salir/decir/hacer/poner** 입니다.
ir 의 경우, 재귀대명사와 함께 쓰이는 경우가 많습니다. **¡Vete!** [베떼!] (가버려/꺼져!)
❺ 2인칭 단수 부정 명령은 접속법 2인칭 단수형을 사용합니다. 또 2인칭 복수 명령의 긍정일 때는
동사원형에 **-r** 을 빼고 **-d** 를 넣고, 부정일 때는 접속법 2인칭 복수를 씁니다.
¡Vete! [베떼!](가버려!), **¡No te vayas!**[노 떼 바야스!](가지 마!),
¡Volved! [볼벳!](돌아와!), **¡No volváis!** [노 볼바이스!](돌아오지 마!)

15. 스페인어 시제 (미래)

한줄요약 : 스페인어 미래시제는 미래의 일을 나타내기도 하지만, 현재에서의 추측을 표현하기도 합니다!

스페인어 시제 (미래)

	venir 오다	**salir** 가다	**hablar** 말하다
Yo	**vendré**	**saldré**	**hablaré**
Tú	**vendrás**	**saldrás**	**hablarás**
Ud.	**vendrá**	**saldrá**	**hablará**
Nosotros	**vendremos**	**saldremos**	**hablaremos**
Vosotros	**vendréis**	**saldréis**	**hablaréis**
Uds.	**vendrán**	**saldrán**	**hablarán**

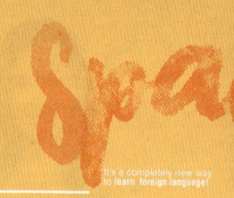

부록 2.
문법 핵심 한눈에 요약정리!

	poder ~할 수 있다	tener ~을 가지다	saber ~할 줄 안다
Yo	podré	tendré	sabré
Tú	podrás	tendrás	sabrás
Ud.	podrá	tendrá	sabrá
Nosotros	podremos	tendremos	sabremos
Vosotros	podréis	tendréis	sabréis
Uds.	podrán	tendrán	sabrán

❶ **ir** 동사를 이용해서 **ir a** + 동사원형의 형태로 가까운 미래를 표현할 수 있습니다.
이때 **ir** 동사는 불규칙 활용으로 **Yo voy, Tú vas, Él/Ella/Ud. va, Nosotros(as) vamos, Vosotros(as) vais, Ellos/Ellas/Uds. van** 입니다.
❷ 스페인어의 미래시제는 현재에서의 추측을 표현하기도 합니다.
Ella tendrá 20 años. [에야 뗀드라 베인떼 아뇨스.] (그녀는 20살 인 것 같습니다.)

16. 스페인어 시제 (조건)

한줄요약 : 스페인어의 조건시제는 가능성/상상/가정을 표현합니다!

스페인어 시제 (조건)

	venir 오다	salir 나가다	hablar 말하다
Yo	vendría	saldría	hablaría
Tú	vendrías	saldrías	hablarías
Ud.	vendría	saldría	hablaría
Nosotros	vendríamos	saldríamos	hablaríamos
Vosotros	vendríais	saldríais	hablaríais
Uds.	vendrían	saldrían	hablarían

문법 핵심을 한눈에 파악할 수 있도록 **요약정리**했습니다!
궁금한 **문법사항**은 **그때그때** 찾아서 **확인**이 가능합니다.

A 02

	poder ~할 수 있다	tener ~을 가지다	saber ~할 줄 안다
Yo	**podría**	**tendría**	**sabría**
Tú	**podrías**	**tendrías**	**sabrías**
Ud.	**podría**	**tendría**	**sabría**
Nosotros	**podríamos**	**tendríamos**	**sabríamos**
Vosotros	**podríais**	**tendríais**	**sabríais**
Uds.	**podrían**	**tendrían**	**sabrían**

❶ 스페인어 조건시제는 실제와 상관 없이 가능성과 상상 혹은 가정을 표현합니다. **Yo que usted, consultaría con un médico.** [요 께 우스뗏, 꼰술따리아 꼰 운 메디꼬.] (내가 당신이라면 의사에게 진찰을 받을 텐데.)
❷ **poder** [뽀데르] 동사의 경우, 조건시제를 사용하면 '~해주시겠습니까?'라는 공손한 표현이 됩니다.
¿Podría usted abrir la ventana? [뽀드리아 우스뗏 아브리르 라 벤따나?] (창문을 열어주실 수 있습니까?)
❸ 조건시제는 과거에서 바라본 미래를 표현하기도 합니다. **Ella dijo que vendría hoy.** [에야 디호 께 벤드리아 오이.] (그녀는 오늘 올 거라고 말했습니다.)

17 스페인어 시제 (현재완료)

한줄요약 : 스페인어에서 가장 많이 사용하는 시제 중 하나가 '현재완료'입니다.

현재완료 시제

haber + p.p. (과거분사)

❶ 스페인어의 복합시제는 현재완료/과거완료/미래완료/조건완료/접속법현재완료/접속법과거완료 등이 있습니다.
❷ 현재완료는 동작이 끝난 현재의 상태나 경험, 오늘, 이달, 금년 등에 있었던 일 등을 모두 표현합니다.
❸ 현재완료는 명칭대로 복합시제이며 조동사를 필요로 합니다.
영어의 **have + p.p.** 처럼 **haber** 가 사용됩니다.
❹ **haber + p.p.** 에서 과거분사는 주어의 성수에 일치시키지 않습니다.
❺ 한편, **tener** 동사 + **p.p.** 로도 완료를 만들 수 있는데 이때 과거분사는 반드시 목적어의 성수에 일치시켜야 합니다.
He reservado la habitación. [에 레세르바도 라 아비따시온.](나는 방을 예약했습니다.)
Tengo reservada la habitación. [뗑고 레세르바다 라 아비따시온.](나는 방을 예약했습니다.)

부록 2.
문법 핵심 한눈에 요약정리!

18. 스페인어 시제 (불완료과거)

한줄요약 : 스페인어의 불완료과거는 미완료된 과거를 나타내는 시제입니다.

스페인어 불완료과거

	jugar 놀다	ser ~이다	tener ~을 가지다
Yo	jugaba	era	tenía
Tú	jugabas	eras	tenías
Él/Ella	jugaba	era	tenía
Nosotros	jugábamos	éramos	teníamos
Vosotros	jugabais	erais	teníais
Ellos/Ellas	jugaban	eran	tenían

❶ 스페인어 불완료과거는 주로 '과거에 완료되지 않고 진행 중인 사건이나 상태', '과거의 습관이나 반복행위'를 표현합니다.
❷ 불완료과거는 과거 한 순간을 포착하여 '~하고 있었다'는 과거 진행의 의미도 있습니다.
❸ 불완료과거 어미는 **-ar** 로 끝나는 동사는 **-aba, -abas, -aba, -ábamos, -abais, -aban** 으로 동일합니다. 그리고 **-er** 나 **-ir** 로 끝나는 동사는 **-ía, -ías, -ía, -íamos, -íais,-ían** 입니다.

19. 스페인어 접속법

한줄요약 : 스페인어 접속법은 화자의 바램이나 요구/감정/가정/추측/의심 등을 표현하는 화법입니다.

스페인어 접속법

	ser ~이다	tener 가지다	vivir 살다	poder ~할 수 있다	hablar 말하다
Yo	sea	tenga	viva	pueda	hable
Tú	seas	tengas	vivas	puedas	hables
Él/Ella	sea	tenga	viva	pueda	hable
Nosotros	seamos	tengamos	vivamos	podamos	hablemos
Vosotros	seáis	tengáis	viváis	podáis	habléis
Ellos/Ellas	sean	tengan	vivan	puedan	hablen

pattern

문법 핵심을 한눈에 파악할 수 있도록 **요약정리**했습니다!
궁금한 **문법사항**은 **그때그때** 찾아서 **확인**이 가능합니다.

A 02

❶ 스페인어 접속법은 기본적으로 '가정문'이나 '기원문'을 만드는데 사용합니다.
❷ '접속법 과거'는 '현재 사실과 반대되는 가정적인 조건'을 표현합니다.
'만약에 ~라면 ~일 텐데'라는 '희망사항'을 나타내는 구문으로 영어의 가정법과 같습니다.
❸ 스페인어의 접속법은 '**Si** ~ 동사의 접속법 과거, ~동사의 조건 현재.' 형태입니다.
❹ '접속법 과거' 구문을 만드는 방법은 '가정절(~라면) + 귀결절(~할 텐데)'로 이루어집니다.
(**Si tuviera dinero, compraría un coche.** 만약에 내가 돈이 있다면, 차를 한 대 살 텐데.)
❺ 접속법 현재의 경우, **-ar** 로 끝나는 동사는 **-e/es/e/emos/éis/en** 이 되고, **-er** / **-ir** 로 끝나는 동사는 **-a/as/a/amos/áis/an** 이 됩니다. 한편, 접속법 과거의 경우는, 단순과거 3인칭 복수형에서 **-on** 을 빼고 **-a/as/a/amos/ais/an** 이 됩니다. (**hablara/hablaras/hablara/habláramos/hablarais/hablaran**)

20. 스페인어 전치사

한줄요약 : 스페인어 전치사는 대부분 짧은 음절로 이루어져 있고 형태는 변하지 않습니다.

스페인어 전치사

de : ~의 / ~로부터

en : ~에 (장소/시간) / ~으로

para : ~을 위해 / ~을 향해

sobre : ~ 위에 / ~에 대해

sin : ~ 없이

a : ~에게 / ~에

después : ~ 후에

con : ~와 함께

por : ~를 통해 / ~으로

desde : ~ 이래로

❶ 스페인어의 전치사는 기본적으로 명사 앞에 놓여 다른 단어(동사/형용사/다른 명사 등)과의 의미관계를 만들어 냅니다.
❷ 전치사는 대부분 짧은 음절로 이루어져 있고 형태는 변하지 않습니다.
❸ 전치사 다음에 목적어가 올 경우(영어의 예 : **for him**)에는 **mí/ti** 를 사용합니다.
(**mí, ti, él, ella, Ud., nosotros, vosotros, ellos, ellas, Uds.**)
❹ 사용 빈도수가 많은 전치사 **a** 또는 **de** 뒤에 정관사 **el** 이 오면 축약이 일어납니다.
(**a + el > al, de + el > del**)

부록 2.
문법 핵심 한눈에 요약정리!

21. 스페인어 접속사

한줄요약 : 스페인어 접속사는 등위접속사와 종속접속사가 있습니다.

등위접속사 :

y 그리고	**pero** 그러나	**o** 혹은	**porque** 왜냐하면

종속접속사 :

que ~인 것	**como** ~ 라서/~해서	**cuando** ~할 때	**si** 만약에/~인지 아닌지
puesto que ~이기 때문에	**en cuanto** ~하자마자	**así que** ~하자마자	**mientras que** ~하는 동안에
después de que ~한 이후에	**antes de que** ~하기 이전에	**sin embargo** ~임에도 불구하고	

❶ '등위접속사'는 접속사를 중심으로 좌우의 요소가 대등하다는 뜻입니다.
❷ '종속접속사'는 종속절과 주절을 연결하는 역할을 합니다.
❸ 스페인어 종속접속사 중 다수는 전치사, 부사 등이 **que** 에 붙은 형태입니다.

22. 스페인어 어순

한줄요약 : 스페인어 어순은 문장의 성격에 따라 다릅니다.

평서문

1) 주어 + 동사 + ...

2) 주어 + 동사1 + 동사2 ...

Aprendo español.
(나는 스페인어를 배웁니다.)
Sé hablar español.
(나는 스페인어를 말할 수 있습니다.)

의문문

1) 동사 + 주어?

¿Puede usted hablar español?
(당신은 스페인어를 할 수 있습니까?)

pattern

문법 핵심을 한눈에 파악할 수 있도록 **요약정리**했습니다!
궁금한 **문법사항**은 **그때그때** 찾아서 **확인**이 가능합니다.

A
02

2) 의문사 + 동사 + 주어? — **¿Qué aprende usted?** (당신을 무엇을 배웁니까?)

종속문

1) 주문 + 종속접속사 + 부문. — **Sé que Ud. aprende español.** (나는 당신이 스페인어를 배운다는 것을 압니다.)

2) 종속접속사 + 부문 + 주문. — **Si usted me ayudara, aprendería mucho español.** (당신이 나를 도와준다면, 나는 스페인어를 열심히 배울 텐데.)

직접(간접)목적대명사

1) (현재형)

주어 + 직(간)접목적보어 + 동사. — **Lo aprendo.** (나는 그것을 배웁니다.) / **Le explico.** (나는 당신에게 설명합니다.)

2) (현재완료시제형)

주어 + 직(간)접목적보어 + 조동사 + **p.p.** — **Lo he aprendido.** (나는 그것을 배웠습니다.) / **Le he explicado.** (나는 당신에게 설명했습니다.)

3) (명령형)

동사 - 직(간)접목적보어! — **¡Apréndalo!** (그것을 배우세요!) / **¡Explíqueme!** (나에게 설명해주세요!)

❶ 스페인어의 기본 어순은 주어 + 동사... 입니다.
❷ 조동사, 완료시제 등 동사가 2개 이상일 경우에도 순서대로 씁니다.
완료시제는 '주어 + 조동사 + 과거분사' 순서입니다.
❸ 의문사가 없는 의문문은 주어와 동사의 위치를 도치시킵니다.
의문사가 있는 의문문은 의문사가 제일 먼저 오고 두 번째 위치에 동사가 옵니다.
목적대명사가 있는 경우, 대명사가 의문사와 동사 사이에 들어갑니다.
❹ 종속문은 주절의 내용을 보완하는 부속문으로 종속접속사로 연결됩니다. 종속절의 어순은 기본 어순을 따릅니다.
❺ 스페인어의 목적대명사는 긍정명령문을 제외하고 동사 바로 앞에 옵니다.
완료시제일 때는 조동사 바로 앞에 놓습니다. 목적대명사가 동사 뒤에 오는 영어와 다른 점입니다.
(**I love you.** / **Te quiero.** (나는 너를 사랑해.))
❻ 긍정명령문에서 목적대명사는 동사 바로 뒤에 놓입니다.

The focus is on **conversation** and **communication**.
Start **speaking languages** immediately using **essential phrases**.

start speaking languages immediately using essential phrases.

pattern Spanish